文献信息检索、分析与应用

陈振标　著

海洋出版社

2016 年 · 北京

图书在版编目（CIP）数据

文献信息检索分析与应用/陈振标著. —北京：海洋出版社，2016.6
ISBN 978 - 7 - 5027 - 9366 - 1

Ⅰ.①文… Ⅱ.①陈… Ⅲ.①情报检索 Ⅳ.①G252.7

中国版本图书馆 CIP 数据核字（2016）第 094202 号

责任编辑：杨海萍 张 欣
责任印制：赵麟苏

海洋出版社 出版发行

http://www.oceanpress.com.cn
北京市海淀区大慧寺路 8 号 邮编：100081
北京朝阳印刷厂有限责任公司印刷 新华书店发行所经销
2016 年 6 月第 1 版 2016 年 6 月北京第 1 次印刷
开本：787mm×1092mm 1/16 印张：21.75
字数：379 千字 定价：32.00 元
发行部：62132549 邮购部：68038093 总编室：62114335
海洋版图书印、装错误可随时退换

前　言

据不完全统计，国内关于文献信息检索书籍不下 600 种，面向对象主要是高校学生。从内容上看，这些书籍大同小异，以传授文献获取途径与方法为核心，大部分篇幅用于介绍各类检索工具及其基本使用方法，所用检索示例大多较为简单，缺乏从实践应用角度归纳出的检索案例，导致许多学生仅仅把检索工具，特别是数据库，当成在校学习时获取文献的途径，而非一种普遍性获取文献信息，应用文献信息的途径。另外，大部分文献信息检索书籍仅限于编者所在高校内使用，因此，往往把数据库环境设置为校内网，导致学生毕业后不知从何处检索文献信息。

鉴于此，本书旨在商榷为理工科学生、科研人员利用现有检索工具检索、获取文献，以及通过检索工具获取有用信息（情报）的方法，从整体上侧重检索工具的情报学应用。在内容组织上，本书第一章为文献信息检索的基础知识；第二至六章为搜索引擎、学术文献、引文文献、专利文献等常用文献检索工具，以及标准、产品样本、集成电路布图设计、商标、指数等特种文献信息检索工具的介绍，每个章节均选用可反映检索系统功能和特色的案例进行示范，这些案例均来自于笔者所从事的文献情报服务活动，侧重于检索工具的深度检索和实践性应用。第七章着重介绍文献信息检索在科学研究、新产品研制与上市、人才引进、产业现状调研等实践中的应用，并以实际案例详细阐述文献检索在发掘经典、高水平和前沿文献，以及技术方案筛选、产品先进性分析、专利侵权规避、人才评估、产业调查分析中的应用。第八章和第九章侧重文献信息可视化分析方法及实践应用，用实际案例详细阐述可视化分析在挖掘核心研究机构（专利权人）、研究者（发明人），研究产业技术生命周期、关键技术发展趋势，以及产业竞争环境与竞争态势等领域的应用。

本书由五位作者共同完成，每位作者分工如下：

陈振标：负责统筹全书，提出全书编撰思路，并完成第一章第三、四节，第五章第一、二、三节，第六章第五节，第七章第一、二、四节，第八章第一、三、四节及第五节案例 3 内容的编撰任务。

王征清：完成第四章，第六章第三、四节，第七章第三节内容的编撰任务。

陈建芳：完成第三章，第五章第四节内容的编撰任务。

王玲艳：完成第一章第一、二节，第二章，第六章第一、二节内容的编撰任务。

陈慧琪：完成第八章第二节及第五节案例1、案例2内容的编撰任务。

本书由陈振标统稿，陈建芳初校稿，陈振标总校稿。在本书的编写过程中得到了相关老师、朋友的热情帮助，在此深表谢意。特别感谢发起本书编写的黄元石老师，以及为推动本书顺利完成和出版，不辞辛苦、来回奔波，不断创造优良条件的刘敏榕老师。衷心感谢我的爱人，正是她的不断督促和全心照顾孩子，为我编写本书提供了良好时间保证；感谢给我无私的爱和不间断鼓励与支持的家人。

由于作者水平有限、时间仓促，书中难免有疏漏和不足，敬请读者谅解，并欢迎批评指正，以便我们共同努力，继续研究和推动文献情报服务向更广更深的方向发展。

编者

2015 年 9 月 30 日

目　录

第一章 文献与检索

第一节 信息与文献

1. 信息

信息是指一切事物自身存在方式以及它们之间相互关系、相互作用等运动状态的表达。信息资源是指各种载体和形式的信息的集合，包括文字、音像、印刷品、电子信息、数据库等。

2. 文献

"文献"一词最早见于《论语·八佾》，南宋朱熹《四书章句集注》认为"文，典籍也；献，贤也"，即，文指的是典籍文章，献指的是古代先贤的见闻、言论以及他们所熟悉的各种礼仪和自己的经历。1983 年公布的中华人民共和国国家标准《文献著录总则》（GB/T 3792.1－1983）将"文献"定义为：记录有知识的一切载体。根据该定义，除书籍、期刊等出版物外，凡载有文字的甲骨、金石、简帛、拓本、图谱乃至缩微胶片、视盘、声像资料等等，皆属文献的范畴。

3. 信息、文献之间的关系

文献和信息是从不同角度对同一种事物的表述：文献侧重于载体的概念，强调其作为载体记录人类客观知识的价值；而信息侧重效用性，无论其载体形式如何，强调其作为一种智力资源的开发与利用。本书在后续章节中统一将其称为文献信息。

第二节 文献类型与识别

一、文献类型

文献信息种类繁多，一般可按载体形式、出版类型、加工层次等方式进行分类。

（一）按物质载体形式进行划分

1. 印刷型：是文献的最基本方式，包括铅印、油印、胶印、石印等各种资料。其优点是可直接阅读，使用方便；其缺点是存储密度低、收藏占用空间大。

2. 缩微型：是以感光材料为载体的文献，又可分为缩微胶卷和缩微平片。其优点是存储密度大、体积小、便于保存、转移和传递。缺点是阅读时须用阅读器。

3. 机读型：是利用计算机进行存储和阅读的一种文献信息形式。它通过编码和程序设计，把文献变成符号和机器语言，输入计算机，存储在磁带或磁盘上，阅读时，再由计算机输出。其优点是它能存储大量信息，可按多种形式组织这些信息，并能以极快的速度从中取出所需信息。

4. 声像型：又称直感型或视听型，是以声音和图像形式记录在载体上的文献，如唱片、录音带、录像带、科技电影、幻灯片等。

（二）按文献出版类型划分

按出版类型的不同，文献可分为图书、期刊、特种文献三大类。其中，特种文献包括：专利文献、标准文献、学位论文、科技报告、会议文献、政府出版物、档案资料、产品资料等。

（三）按文献内容加工层次划分

1. 零次文献：指未经正式发表或未形成正规载体的一种文献形式。如：书信，手稿，会议记录，笔记等。零次文献在原始文献的保存、原始数据的核对、原始构思的核定（权利人）等方面有着重要的作用。

2. 一次文献：又称原始文献，指以作者本人的工作经验、观察或者实际研究成果为依据而创作的具有一定新见解的原始文献。如，期刊论文、研究报告、专利说明书、会议论文、学位论文、技术标准等。

3. 二次文献：是指文献工作者对一次文献进行加工、提炼和压缩之后所得到的产物，即对无序的一次文献的外部特征如题名、作者、出处等进行著录，或将其内容压缩成简介、提要或文摘，并按照一定的学科或专业加以有序化而形成的文献形式，如目录、题录、文摘杂志（包括简介式检索刊物）等。二次文献都可用作文献检索工具，能比较全面、系统地反映某个学科、专业或专题在一定时空范围内的文献线索，是积累、报道和检索文献资料的有效手段。检索工具书和网上搜索引擎都是典型的二次文献。

4. 三次文献：是按给定的课题，利用二次文献选择有关的一次文献加以分析、综合而编写出来的专题报告或专著。如，综述报告、专题述评、学科年度总结、进展报告、研究报告、技术预测、数据手册等。人们常把这类文献称为"情报研究"的成果。

二、常用文献及识别

（一）图书

凡由出版社（商）出版的不包括封面和封底在内49页以上的印刷品，具有特定的书名和著者名，编有国际标准书号，有定价并取得版权保护的出版物称为图书。

图书的内容比较系统、全面、成熟、可靠，但出版周期较长，传递信息速度较慢。

1. 图书特征

在形式上，图书在其封面上具有书名、责任者、出版社等信息，在扉页中有出版时间、ISBN、版次、印刷时间、页数、字数等信息，如图1.2-1。

书　名：专利分析实务手册
作　者：杨铁军　主编
出版社：知识产权出版社
出版时间：2012-10-1
ＩＳＢＮ：978-7-5130-1402-1
版　次：1
印刷时间：2012-10-1
印　次：1
页　数：221
开　本：16开
包　装：平装
字　数：345000

图1.2-1　图书

ISBN号是识别图书的最主要依据。如果是馆藏图书，一般还有索书号。

（1）ISBN

国际标准书号（International Standard Book Number，简称ISBN）是由EAN. UCC前缀、组区号、出版者号、出版序号、校验码四部分共13个数字组成。前缀与数字之间有半个汉字宽的间隔，数字间用连字符隔开。其中：

　　EAN. UCC 前缀：由三位数字组成，是国际物品编码协会分配的产品标识编码。图书的 EAN. UCC 前缀为 978。

　　组区号：代表一个语言或地理区域，国家或集团的代码，由国际标准书号中心分配。取值范围为：0 - 7，80 - 94，950 - 995，9960 - 9989，99900 - 99999，共 199 个，按出版量愈大，组号愈短的原则分配。我国大陆地区组区号为 7，香港为 962，澳门为 972，台湾为 957。

　　出版者号：由组区或国家 ISBN 中心分配，并按出版社出版量愈大，出版者号愈短的原则分配。其中非连续出版的电子出版物的出版者号均为 6 位数。

　　出版序号：由出版社自行分配，一个图书一个号码，也称为书名号。出版者号和出版序号连在一起共为 8 位数字。

　　校验号：固定用一位数字表示。采用模数 10 的加权算法对前 12 位数字计算后得出。

　　如：ISBN978 - 7 - 115 - 23158 - 1，978 是 EAN. UCC 前缀，表示该商品是图书；7 代表中国大陆出版的图书；115 表示人民邮电出版社；23158 则是人民邮电出版社给该书的出版序号；1 为校验号。

　　国际标准书号的使用范围包括：教科书、印刷品、缩微制品、教育电视或电影、混合媒体出版物、微机软件、地图集和地图、盲文出版物、电子出版物。

　　（2）索书号

　　索书号是图书馆藏书排架用的编码，又称索取号。索书号是文献外借和馆藏清点的主要依据，也是向图书馆借阅图书的最重要线索。

　　索书号一般由分行排列的几组号码组成，一个索书号代表一种书，常被印在目录卡片的左上角、书脊下方的书标上以及图书书名页或封底的上方。按图书馆藏书排架方法的不同，索书号可分为分类索书号和形式索书号两大类。

　　通常情况下，索书号由两部分组成：第一部分是分类号，即根据图书的学科主题所取用的分类号码；第二部分是书次号，即按照图书作者姓名所编排的著者号码，或者是按照图书进入馆藏时间的先后所取用的顺序号码。

　　如：王小宁主编的《电子商务物流管理》索书号为：F713. 365. 1/884。其中，F713. 365. 1 是中图分类号，884 是著者号。

　　注：著者号根据著者姓名拼音字母编排得到，其对应顺序如表 1. 2 - 1。

表 1.2 - 1　著者号编排规则

拼音字母	对应数字	拼音字母	对应数字
ABC	0	PQ	5
DEF	1	RS	6
GHI	2	TU	7
JKL	3	WX	8
MNO	4	YZ	9

（3）图书分类号

图书分类法又叫图书分类词表，是按照图书的内容、形式、体裁和读者用途等，在一定的哲学思想指导下，运用知识分类的原理，采用逻辑方法，将所有学科的图书按其学科内容分成几大类，每一大类下分许多小类，每一小类下再分子小类。最后，每一种书都可以分到某一个类目下，每一个类目都有一个类号。《中国图书馆分类法》（简称《中图法》）和《中国科学院图书馆图书分类法》（简称《科图法》）是国内常用的图书分类法。

《中国图书馆分类法》（原称《中国图书馆图书分类法》）是我国建国后编制出版的一部具有代表性的大型综合性分类法，是当今国内图书馆使用最广泛的分类法体系。《中图法》初版于 1975 年，2010 年出版了第五版。第五版对与人类生活息息相关的经济、生产和生活服务业（包括金融、房地产、公共设施、社会福利、娱乐业等），以及发展迅速的通信业、交通运输业、计算机技术等方面的大类进行了重点修订，使其更符合社会发展趋势。目前，《中图法》已普遍应用于全国各类型的图书馆，国内主要大型书目、检索刊物及各类型机读数据库等都著录《中图法》分类号。

《中图法》使用字母与数字相结合的混合号码，分为五大部类，二十二个大类，51 881 个类目（包括通用类目），如表 1.2 - 2。

表 1.2 - 2　中图法

五大部类	22 个大类
第一部类	A 马克思主义、列宁主义 毛泽东思想、邓小平理论
第二部类	B 哲学、宗教

续表

五大部类	22 个大类
第三部类 （社会科学）	C 社会科学总论 D 政治法律 E 军事 F 经济 G 文化、科学、教育、体育 H 语言、文字 I 文学 J 艺术 K 历史、地理
第四部类 （自然科学）	N 自然科学总论 O 数理科学和化学：O1 数学 O3 力学 O4 物理学 O6 化学 O7 晶体学 P 天文学、地球科学 Q 生物科学 R 医药、卫生 S 农业科学 T 工业技术： U 交通运输 V 航空、航天： X 环境科学安全科学
第五部类	Z 综合性图书

2. 图书种类

图书按其用途可分为以下 3 种类型：

①阅读用书：包括教科书、专著、文集等。

②参考工具书：包括字典、词典、百科全书、年鉴、手册、名录、图录、年表、历表等，是供人们释疑解难、翻检查考的出版物。

③检索用书：以图书形式刊行的书目、题录、文摘等，供人们查找一定范围内信息线索的出版物。

3. 图书检索入口

图书检索入口一般有：书名、作者、主题词、ISBN、出版社、出版日期、丛书名、中图法分类号、索书号，部分检索系统还提供目次、全文检索入口。

（二）期刊

期刊，也称杂志，是指有固定名称、每期版式基本相同、定期或不定期的连续出版物。它的内容一般是围绕某一主题、某一学科或某一研究对象，由多位作者的多篇文章编辑而成，用卷、期或年、月顺序编号出版。

1. 期刊特征

期刊具有如下特点：①定期连续出版，有出版序号；②有长期固定统一的刊名，开本、篇幅、栏目等基本稳定；③内容新颖，时效性强；④信息量大，作者众多。

刊名：功能材料与器件学报
Journal of Functional Materials and Devices
主办：中国科学院上海微系统与信息技术研究所;中国材料研究学会
周期：双月
出版地：上海市
语种：中文;
开本：大16开
ISSN：1007-4252
CN：31-1708/TG
邮发代号：4-737

图 1.2－2　期刊

从形式上，识别期刊的最主要特征是期刊具有国际标准期刊号（ISSN）。如果是国内刊物，还有国内统一刊号（CN）。

（1）国际标准期刊号（ISSN）

国际标准期刊号（International Standard Serial Number，简称 ISSN），也称国际标准连续出版物编号，是根据国际标准 ISO3297 制定的连续出版物国际标准编码，其目的是使世界上每一种不同题名、不同版本的连续出版物都有一个国际性的唯一代码标识。

ISSN 由设在法国巴黎的国际 ISDS 中心管理。该编号是以 ISSN 为前缀，由 8 位数字组成。8 位数字分为前后两段各 4 位，中间用连接号相连，格式如下：ISSN XXXX－XXXX，如：Science（Print ISSN 0036－8075；online ISSN 1095－9203），前 7 位数字为顺序号，最后一位是校验位。ISSN 通常都印在期刊的封面或版权页上。

1985 年我国政府正式批准 ISSN 中国国家中心成立，中国国家中心设在国家图书馆内。ISSN 中国国家中心负责经国家新闻出版署正式批准出版的连续出版物 ISSN 的分配、管理、使用和咨询，中国连续出版物书目数据送交 ISSN

国际中心数据库等项工作。

（2）国内统一刊号（CN）

国内统一刊号是指我国报刊的代号，是报刊管理部门为了便于报刊统计、管理而按一定规则进行编排的号码总称。

国内统一刊号以《世界各国和地区名称代码》（GB 2659 – 1986）所规定的中国国别代码"CN"为识别标志，由报刊登记号和分类号两部分组成，两部分之间以斜线"/"分隔。

报刊登记号为定长的 6 位数字，由地区号（2 位数字）和序号（4 位数字）两部分组成，其间以连字符"–"相接，亦即：报刊登记号 = 地区号 – 序号。

① 地区号按《中华人民共和国行政区划编码表》（GB2260 – 82）所规定的省、自治区、直辖市地区代号前两位数字给出。

② 序号由报刊登记所在的省、自治区、直辖市新闻出版行政管理部门分配，各地区的刊号范围一律从 0001 ~ 9999，其中 0001 ~ 0999 统一作为报纸的序号，1000 ~ 4999 统一作为期刊的序号，5000 ~ 9999 暂不使用。

根据国家质量监督检验检疫局发布《中国标准连续出版物号》（GB/T 9999 – 2001），中国标准连续出版物号由国际标准连续出版物号和国内统一连续出版物号两部分组成，结构为：

ISSN：×××× – ××××CN：×× – ××××/××

如：《CAD/CAM 与制造业信息化》的中国标准连续出版物号为：ISSN：1671 – 8186 CN：11 – 4838/TP。

2. 期刊种类

根据期刊内容划分，可将期刊分为：

① 一般期刊：强调知识性与趣味性，读者面广，如我国的《人民画报》、《大众电影》，美国的《时代》、《读者文摘》等；

② 学术期刊：主要刊载学术论文、研究报告、评论等文章，以专业工作者为主要对象；

③ 行业期刊：主要报道各行各业的产品、市场行情、经营管理进展与动态，如中国的《摩托车信息》、《家具》、日本的《办公室设备与产品》等；

④ 检索期刊：如我国的《全国报刊索引》、《全国新书目》，美国的《化学文摘》等。

根据期刊的出版周期划分，可将期刊分为：

① 周刊：出版周期为每周一期；

② 旬刊：出版周期为 10 天；

③ 半月刊：出版周期为 15 天；

④ 月刊：出版周期为 30 天；

⑤ 双月刊：出版周期为两个月；

⑥ 季刊：出版周期为一个季度，即 3 个月；

⑦ 半年刊：出版周期为 6 个月；

⑧ 年刊：出版周期为 1 年。

3. 期刊论文检索入口

期刊检索入口一般有：篇名、摘要、关键词、全文、作者、作者单位、刊名、ISSN、CN、基金、参考文献等。部分检索系统还把篇名、摘要和关键词合并成"主题"检索字段。

（三）学位论文

学位论文是高等学校或研究机构的学生为取得学位，在导师指导下完成的科学研究、科学实验成果的书面报告。

1. 学位论文特征

在形式上，学位论文在其封面上一般都会注明"学位论文"字样，并附有学位授予单位、指导老师等信息，如图 1.2 - 3。

图 1.2 - 3　学位论文

在内容上，学位论文具有两个特点：

① 选题新颖，理论性、系统性较强，阐述详细；

② 参考文献多、全面，有助于对相关文献进行追踪检索。

2. 学位论文种类

根据《中华人民共和国学位条例》的规定，学位论文分为学士论文、硕士论文、博士论文三种。其中，博士学位论文具有较高的学术参考价值。

按照研究方法不同，学位论文可分理论型、实验型、描述型三类。理论型论文一般运用理论证明、理论分析、数学推理等研究方法获得科研成果；实验型论文一般运用实验方法，进行实验研究获得科研成果；描述型论文一般运用描述、比较、说明方法，对新发现的事物或现象进行研究而获得科研成果。

按照研究领域不同，学位论文又可分人文科学学术论文、自然科学学术论文与工程技术学术论文三大类。

3. 学位论文检索入口

学位论文检索入口一般有：篇名、摘要、关键词、全文、作者、作者单位、学位授予单位、学科专业、指导老师、参考文献、基金等。

（四）会议文献

会议文献是指在学术会议上宣读和交流的论文、报告及其他有关资料。会议文献多数以会议录、会议论文集的形式出现。

1. 会议文献特征

会议文献的特点是传递情报比较及时，内容新颖，专业性和针对性强，种类繁多，出版形式多样。会议论文是科技文献的重要组成部分，质量较高，能及时反映科学技术中的新发现、新成果、新成就以及学科发展趋向，是一种重要的情报源。

2. 会议文献种类

会议文献可分为会前、会中和会后 3 种文献。

① 会前文献：包括征文启事、会议通知书、会议日程表、预印本和会前论文摘要等。其中预印本是在会前发至与会者或公开出售的会议资料，比会后正式出版的会议录要早一些，但内容完备性和准确性不及会议录。有些会议因不再出版会议录，故预印本就显得更加重要。

② 会议期间文献：一般有开幕词、讲话或报告、讨论记录、会议决议和

闭幕词等。

③ 会后文献：包括有会议录、汇编、论文集、报告、学术讨论会报告、会议专刊等。其中，会议录是会后将论文、报告及讨论记录整理汇编而公开出版或发表的文献。

3. 会议文献检索入口

会议文献检索入口一般有：篇名、摘要、关键词、全文、作者、作者单位、会议名称、论文集名称、参考文献等。

（五）专利文献

专利（patent）一词来源于拉丁语 Litterae patentes，意为公开的信件或公共文献，是中世纪的君主用来颁布某种特权的证明，后来指英国国王亲自签署的独占权利证书。专利是世界上最大的技术信息源，据实证统计分析，专利包含了世界科技信息的 90% ~ 95%。

在日常生活中，专利一词从不同角度，具有不同的含义：

从法律意义上说，专利是专利权的简称，指依法定程序确认的专利权人对发明创造享有的专有权。即，一项发明创造向国家审批机关提出专利申请，经依法审查合格后向专利申请人授予的，在该国规定的时间内对该项发明创造享有的专有权，并需要定时缴纳年费来维持这种国家保护状态。

从形式上说，专利是指记载发明创造内容的文献，即"专利文献"，它详细记载了发明创造的内容，方案和权利要求（技术保护范围）。

本书介绍的专利主要是指专利文献，以及从文献中获得的专利发明内容、人物、时间、权利等信息。

1. 专利特征

从形式上看，专利具有申请人（权利人）、发明人、代理人等信息，获得授权的专利还具有授权公告号、授权公告日等信息，如图 1.2 - 4 是一篇已获得授权的发明专利的著录信息。

从内容上看，专利具有以下特点：

① 编写格式统一、出版快、内容新颖、技术性强、实用性强并具有法律效力等特点。它是寓技术、法律和经济于一体的带有启发性的一种重要文献；

② 专利说明书内容比较详细具体，多数附有图案，对了解某项新技术、新产品、新工艺的技术内容具有重要作用；

③ 专利法明文规定申请专利必须具备新颖性，不得事先将内容发表为论文，因此许多发明成果只有通过专利文献公开，没有在图书、期刊、报纸等

(19) 中华人民共和国国家知识产权局

(12) 发明专利

(10) 授权公告号 CN 102111936 B

(45) 授权公告日 2013.07.17

(21) 申请号 201010562457.3

(22) 申请日 2010.11.26

(73) 专利权人 深圳市聚作照明股份有限公司
地址 518000 广东省深圳市福田区深南西路
车公庙工业区天安数码时代大厦副楼
508

(72) 发明人 黄鹤鸣

(74) 专利代理机构 广州市越秀区哲力专利商标
事务所（普通合伙）44288

代理人 廖平

(51) Int. Cl.
H05B 37/02 (2006.01)

(56) 对比文件
CN 101539251 A, 2009.09.23,
CN 201069088 Y, 2008.06.04,

CN 2543317 Y, 2003.04.02,
CN 101227778 A, 2008.07.23,
EP 0802702 B1, 1997.04.08,

审查员 梁柱杰

权利要求书1页　说明书2页　附图3页

(54) 发明名称
LED 驱动电源

(57) 摘要
本发明 LED 驱动电源包括一比较器，一光耦
部分，具有初级主绕组、次级主绕组、初级辅助绕

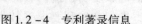

图 1.2-4　专利著录信息

公布，使得专利文献是许多技术信息的唯一来源。从情报学意义上讲，专利文献有其突出的优点。

2. 专利种类

专利的种类在不同的国家/地区有不同规定。在我国，专利分为以下三种：

① 发明专利：是指对产品、方法或者其改进所提出的新的技术方案；

② 实用新型专利：是指对产品的形状、构造或者其结合所提出的适于实用的新的技术方案；

③ 外观设计专利：是指对产品的形状、图案或者其结合以及色彩与形状、图案所作出的富有美感并适于工业上应用的新设计。

3. 专利检索入口

专利文献检索入口较为丰富，一般包括：发明名称、摘要、权利要求、说明书、发明人、申请人、代理人、代理机构、申请号、公告号、分类号、优先权号、国省代码、申请日、公告日、优先权日、申请人地址等。其中：

① 发明人：为发明创造的实质性特点做出创造性贡献的人，一般作为著录项目在专利公开或公告时公布（发明人也可以选择不公开自己的姓名）。

② 申请人：就一项发明创造向专利局申请专利的个体，也是专利授权的拥有者。可以为个自然人，单位或团体。

③ 主权利要求：发明或者实用新型专利申请中包含该专利申请技术方案的最基础必要技术特征的技术方案，一般写在权利要求书第一条。

④ 优先权：是巴黎联盟各成员国给予本联盟任一国家的专利申请人的一种优惠权，即联盟内某国的专利申请人已在某成员国第一次正式就一项发明创造申请专利，当申请人就该发明创造在规定的时间内向本联盟的其他国家申请专利时，申请人有权享有第一次申请的申请时间。发明和实用新型的优先权期限为 12 个月，外观设计的优先权期限为 6 个月。

⑤ 同族专利：具有共同优先权的由不同国家公布的内容相同或基本相同的一组专利申请或专利称为一个专利家族（Patent Family），专利族中的每件专利文献称作同族专利（Patent Family Members）。

⑥ 说明书：专利申请文件的组成部分，其主要作用是公开所要求保护的全部技术信息，通常包括专利申请的发明名称、所属技术领域、背景技术、发明内容、附图、实施例等。

（六）标准文献

标准是对重复性事物和概念所做的统一规定。它以科学、技术和实践经验的综合成果为基础，经有关方面协商一致，由主管机构批准，以特定形式发布，作为共同遵守的准则和依据。

标准文献则是由各级标准化组织主持制定和颁布，记录各类及其他具有标准性质文件的文献，主要包括技术标准、管理标准、政府文件、标准化专著、标准化会议文献等。

1. 标准文献特征

从形式上看，标准一般在其著录格式上提供标准级别、名称、编号等信息，如图 1.2 - 5。

从内容上看，标准一般具有如下特点：

图 1.2 – 5　标准文献

① 每个国家对于标准的制订和审批程序都有专门的规定，并有固定的代号，标准格式整齐划一；

② 标准是从事生产、设计、管理、产品检验、商品流通、科学研究的共同依据，在一定条件下具有某种法律效力，有一定的约束力；

③ 时效性强，标准只以某时间阶段的科技发展水平为基础，具有一定的陈旧性。随着经济发展和科学技术水平的提高，标准不断地进行修订、补充、替代或废止；

④ 一个标准一般只解决一个问题，文字准确简练；

⑤ 不同种类和级别的标准在不同范围内贯彻执行；

⑥ 标准文献具有其自身的检索系统。

2. 标准种类

按照标准发生作用的范围或审批权限，可以分为：国际标准、区域标准、国家标准、行业标准、地方标准和企业标准。

按照标准对象的名称归属及在实施过程中的作用，可以分为：产品标准、工程建设标准、工艺标准、方法标准、原材料标准、零部件标准、环境保护标准、数据标准、文件格式标准、接口标准等。

按照标准的属性，通常分为：产品标准、技术基础标准、方法标准、安全卫生与环境保护标准、基础标准、技术标准、管理标准、工作标准。

按成熟程度划分，有：法定标准、推荐标准、试行标准、标准草案。

在我国，标准分为四类，分别是国家标准、行业标准、地方标准和企业标准。标准类别可通过标准文献首页标注的级别信息或标准号进行识别。标准号由标准代号和编号构成，具体如下：

（1）国家标准的代号和编号

国家标准的代号由大写汉字拼音字母构成，强制性国家标准代号为"GB"，推荐性国家标准的代号为"GB/T"。

国家标准的编号由国家标准代号、标准发布顺序号和标准发布年代号（四位数组成，示例如下：

① 强制性国家标准编号

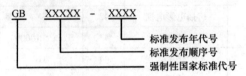

图 1.2 - 6　强制性国家标准编号

如：《GB 14887 - 2003》是国家制定的道路交通信号灯强制性标准。

② 推荐性国家标准编号

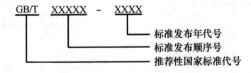

图 1.2 - 7　推荐性国家标准编号

如：《GB/T 21733 - 2008》是国家制定的茶饮料推荐性标准。

（2）行业标准代号和编号

行业标准代号由汉字拼音大写字母组成，国务院公布的行业标准代号如下：

表 1.2 – 3　行业标准代号

序号	代号	含义	序号	代号	含义
1	BB	包装	30	MZ	民政
2	CB	船舶	31	NY	农业
3	CH	测绘	32	QB	轻工
4	CJ	城镇建设	33	QC	汽车
5	CY	新闻出版	34	QJ	航天
6	DA	档案	35	QX	气象
7	DB	地震	36	SB	商业
8	DL	电力	37	SC	水产
9	DZ	地质矿产	38	SH	石油化工
10	EJ	核工业	39	SJ	电子
11	FZ	纺织	40	SL	水利
12	GA	公共安全	41	SN	商检
13	GY	广播电影电视	42	SY	石油天然气
14	HB	航空	43	SY（＞10000）	海洋石油天然气
15	HG	化工	44	TB	铁路运输
16	HJ	环境保护	45	TD	土地管理
17	HS	海关	46	TY	体育
18	HY	海洋	47	WB	物资管理
19	JB	机械	48	WH	文化
20	JC	建材	49	WJ	兵工民品
21	JG	建筑工业	50	WM	外经贸
22	JR	金融	51	WS	卫生
23	JT	交通	52	XB	稀土
24	JY	教育	53	YB	黑色冶金
25	LB	旅游	54	YC	烟草
26	LD	劳动和劳动安全	55	YD	通信
27	LY	林业	56	YS	有色冶金
28	MH	民用航空	57	YY	医药
29	MT	煤炭	58	YZ	邮政

行业标准编号由行业标准代号、标准发布顺序及标准发布年代号（四位数）组成，示例如下：

① 强制性行业标准编号

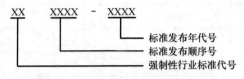

图 1.2 - 8　强制性行业标准编号

如：《YC 264 - 2008》是烟草行业的烟用内衬纸强制性标准。

② 推荐性行业标准编号

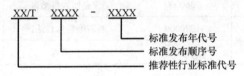

图 1.2 - 9　推荐性行业标准编号

如：《BB/T 0002 - 2008》是包装协会制定的双向拉伸聚丙烯珠光薄膜推荐性行业标准。

（3）地方标准的代号和编号

地方标准代号由汉字"地方标准"大字拼音"DB"加上省、自治区、直辖市行政区划代码（见表1.2 - 4）的前两位数子，再加上斜线 T 组成推荐性地方标准；不加斜线 T 为强制性地方标准。如：

强制性地方标准：DB××；

推荐性地方标准：DB××/T。

表 1.2 - 4　省、自治区、直辖市行政区划代码

名称	代码	名称	代码
北京市	110000	湖北省	420000
天津市	120000	湖南省	430000
河北省	130000	广东省	440000
山西省	140000	广西壮族自治区	450000
内蒙古自治区	150000	海南省	460000
辽宁省	210000	四川省	510000

名称	代码	名称	代码
吉林省	220000	贵州省	520000
黑龙江省	230000	云南省	530000
上海市	310000	西藏自治区	540000
江苏省	320000	重庆省	550000
浙江省	330000	陕西省	610000
安徽省	340000	甘肃省	620000
福建省	350000	青海省	630000
江西省	360000	宁夏回族自治区	640000
山东省	370000	新疆维吾尔自治区	650000
河南省	410000	台湾省	710000

　　地方标准编号由地方标准代号、地方标准发布顺序号、标准发布年代号（四位数）三部分组成。示列如下：

图 1.2-10　强制性地方标准编号

　　如：《DB33/383-2005》是浙江省制定的瓶装饮用天然水强制性地方标准。

图 1.2-11　推荐性地方标准编号

　　如：《DB35/T 831-2008》是福建省制定的鲜荔枝推荐性地方标准。

（4）企业标准的代号和编号

① 企业标准代号

企业标准的代号由汉字"企"大写拼音字母"Q"加斜线再加企业代号组成，企业代号可用大写拼音字母或阿拉数字或两者兼用所组成。企业代号按中央所属企业和地方企业分别由国务院有关行政主管部门或省、自治区、直辖市政府标准化行政主管部门会同同级有关行政主管部门加以规定。示例：Q/。企业标准一经制定颁布，即对整个企业具有约束性，是企业法规性文件，没有强制性企业标准和推荐企业标准之分。

② 企业标准编号

企业标准编号由企业标准代号，标准发布顺序号和标准发布年代号（四位数）组成。示例如下：

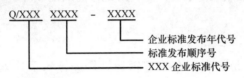

图 1.2 - 12　企业标准编号

3. 标准文献检索入口

标准文献检索入口一般有：标准名称、标准号、关键词、摘要、发布单位、起草单位、起草人、批准日期、实施日期等。

第三节　文献信息检索

一、文献信息检索概念

"信息检索"一词出现于 20 世纪 50 年代，有广义和狭义的之分。

广义的信息检索是指将信息按一定的方式组织和存储起来，并根据信息用户的需要找出有关信息的过程和技术。即，信息检索包括"存"和"取"两个环节和内容。

狭义的信息检索则专指信息检索过程的后半部分，即从信息集合中找出所需要信息的过程，也就是我们常说的信息查找或信息搜索（Information Search 或 Information Seek）。

　　按检索对象划分，信息检索可以分为：文献检索、数据检索和事实检索三种。它们的主要区别在于：数据检索和事实检索是要检索出包含在文献中的信息本身，而文献检索则检索出包含所需要信息的文献即可。

　　本书侧重于文献检索，即通过文献获取所需的信息、知识或情报。

二、计算机检索技术

　　计算机检索指在计算机或计算机检索网络的终端机上，使用特定的检索指令、检索词和检索策略，从计算机检索系统的数据库中检索出所需信息，继而再用终端设备显示或打印的过程。

　　目前，计算机检索技术已从基本的基于文本的布尔逻辑检索、截词检索、位置检索、字段检索、加权检索发展到更为高级的基于内容的图像、自然语言检索。

　　（一）布尔逻辑检索

　　布尔逻辑检索是指利用布尔逻辑运算符连接各个检索词，构成检索式，然后由计算机进行相应逻辑运算，以找出所需文献信息的方法，是计算机检索中最常用、最基本的一种检索方法。

　　逻辑算符主要有逻辑"与"（and）、逻辑"或"（or）、逻辑"非"（not）三种。

　　（1）逻辑"与"：也称为逻辑乘，运算符为"and"或"*"。检索词 A 和检索词 B 用"与"组配，检索式为：A and B，或 A * B，它表示检出同时含有 A、B 两个检索词的记录。逻辑与检索能增强检索的专指性，使检索范围缩小，此算符适于连接有限定关系或交叉关系的词。

　　（2）逻辑"或"：也称为逻辑和，运算符为"or"或"+"。检索词 A 和检索词 B 用"或"组配，检索式为：A or B，或 A + B，它表示检出所有含有 A 词或者 B 词的记录。逻辑或检索扩大了检索范围，此算符适于连接有同义关系或相关关系的词。

　　（3）逻辑"非"：也称为逻辑差，运算符为"not"或"−"。检索词 A 和检索词 B 用"非"组配，检索式为：A not B，或 A − B，它表示检出含有 A 词，但同时不含 B 词的记录。逻辑非和逻辑与运算的作用类似，可以缩小检索范围，增强检索的准确性。此运算适于排除那些含有某个指定检索词的记录。但如果使用不当，将会排除有用文献，从而导致漏检。

　　另外，对于一个复杂的逻辑检索式，检索系统的处理是从左向右进行的。

在没有括号的情况下，优先执行"＊"运算，"＋"和"－"按自然顺序执行。

布尔逻辑检索算符用法如表1.3－1。

表1.3－1　布尔逻辑检索算符用法举例

布尔逻辑	算符	检索工具	检索式案例	备注
逻辑"与"	AND（大小写均可）	Google、万方、CNKI中国知网（专业检索）、国家知识产权局中国专利公布公告系统、各外文数据库	OLED and 蒸镀	CNKI中国知网中用AND、OR、NOT连接不同字段，字段内的逻辑运算用＊、＋、－表示，如：主题＝（OLED＋有机发光二极管）＊真空蒸镀－掩膜 AND 机构＝陕西科技大学。
	空格	Google、百度、万方	OLED 蒸镀	
	＊	CNKI中国知网（专业检索）、维普、专利之星	OLED ＊ 蒸镀	
逻辑"或"	OR	Google、万方、CNKI中国知网（专业检索）、国家知识产权局中国专利公布公告系统、各外文数据库	LED OR 发光二极管	除Google要求用大写OR以外，其它检索工具大小写均可以。
	＋	CNKI中国知网（专业检索）、维普、专利之星	LED ＋ 发光二极管	
	∣	百度	LED ∣ 发光二极管	
逻辑"非"	NOT	Google、万方、CNKI中国知网（专业检索）、国家知识产权局中国专利公布公告系统、各外文数据库	创业板 NOT 信息披露	
	—	百度、CNKI中国知网（专业检索）、维普、专利之星	创业板 － 信息披露	百度中，"－"左边需用空格隔开，如：反垄断 － 奶粉。
	ˆ	万方	创业板ˆ信息披露	

（二）截词检索

截词检索是指在检索词的合适位置进行截断，然后使用截词符进行处理，以达到节省输入字符数目及提高查全率的目的。

截词检索在西文数据库中广泛使用，主要用于西文中词干相同的派生词（如词干相同、词义相近的检索词，或同一词的单数、复数形式，或同一词的动、名词形式等）的检索。截词检索允许用截词符来代替检索词的部分字符，匹配时允许词干后有一定范围的字符变化，起到既减少检索词的输入量，又能保证相关检索概念的覆盖面。

截词的方法有多种，常用的类型如下：

（1）按截断的字符数量划分，可以分为有限截词符和无限截词符两种类型。

① 有限截词符，一般用"？"表示，是指用"？"的个数指定代替字符数量，一个"？"代表 0－1 个字符，N 个"？"代表 0－n 个字符。

如：输入"Wi？Fi"可检索出 Wi－Fi；输入"Leak？"可以检索出 Leaks。

② 无限截词符，一般用"＊"表示，是指截断的字符数量不受限制，"＊"代表任意个字符。

如：输入"Leak＊"可以检索出 Leak、Leaks、Leaked、Leaking、Leakage 等。

注：无限截词符"＊"一般不能放在单词中间作为中截词。

（2）按截断的位置划分，可以分为前截词、后截词、中截词和前后截词 4 种类型。

① 前截词，是指截词符出现在检索词左边，允许检索词的前端部分有若干变化，又称为左截词。

如：输入"＊computer"可以检索出 computer、microcomputer、minicomputer 等。

② 后截词，是指是指截词符出现在检索词右边，允许检索词的后端部分有若干变化，又称为右截词。

如：输入"comput＊"可以检索出 compute、computer、computing 等。

③ 中截词，是指截词符出现在检索词中间，允许检索词中间某个字符有变化，又称屏蔽。

如：输入"analy？e"可以检索出 analyse、analyze。

④ 前后截词，是前截词和后截词的结合，即将检索词的词头、词尾部分同时截断，利用检索词的中间词干部分实现中间一致检索，又称为左右截词。

因构词方式与词句结构的差异，中文检索系统中较少采用截词说法，而用不同的匹配方式来表达相似概念，如：用前方一致表达后截词，后方一致表达前截词，更多时候则用模糊匹配统一表达。

（三）位置检索

位置检索又称为邻近检索，它是通过位置运算符来规定和限制检索词之间的相对位置关系。位置关系包括词距和词序两个方面，词距是指检索词与检索词之间的距离，词序是指检索词与检索词之间的先后次序。

按照两个检索出现的顺序与距离，可以设置多种位置算符，以美国 DIA-LOG 检索系统使用的位置算符为例，介绍如下：

1. （W）算符

"W"含义为"with"，该算符表示其两侧的检索词必须紧密相连，除空格和标点符号外，不得插入其他词或字母，并且两词的词序不可颠倒。（W）算符还可以简化为"（）"。如：输入"communication（W）satellite"可检索出含有"communication satellite"词组的记录。

2. （nw）算符

"（nw）"中的"w"的含义为"Word"，表示此算符两侧的检索词必须按前后邻接的顺序排列，词序不可颠倒，而且检索词之间允许插入不多于 n 个的词。如：输入"laster（1W）print"可检索出含有"laser printer"、"laster color printer"和"laster and printer"的记录。

3. （N）算符

"N"的含义为"Near"，表示其两侧的检索词必须紧密相连，词序可以颠倒，但除空格和标点符号外，不得插入其他词或字母。如：输入"robot（N）control"可检索出"robot control"、"control robot"。

4. （nN）算符

"（nN）"是"nNear"的缩写，表示算符两侧的检索词之间允许插入最多为 n 个其他词，包括实词和系统禁用词。如：输入"control（1N）system"可检索出"control system"、"control of system"、"system of control"等。

5. （F）算符

"F"的含义为"Field"，表示算符两侧的检索词必须在同一字段（如：

同在题目字段或文摘字段）中出现，词序不限，中间允许插入任意个数的词或字符。

6. （S）算符

"S"算符是"Sub‑field/Sentence"的缩写，表示运算符两侧的检索词要出现在记录的同一个子字段内（子段落是指字段中的一部分，如：文摘中的一个句子就是一个子字段），词序不限，中间允许插入任意个数的词或字符。

对同一位置算符，检索系统不同，规定的位置算符也会略有不同，表1.3‑2列出了 Proquest、CNKI 中国知网的位置算符对比。

表 1.3‑2　位置算符应用对比

Dialog 位置算符	相似算符		CNKI 检索示例
	Proquest	CNKI 中国知网	
（W）	PRE/0 或 P/0	/PREV 0	'OLED /PREV 0 产业'
（nW）	PRE/n 或 P/N	/PREV n	'OLED /PREV 3 产业'
（N）	NEAR/0 或 N/0	/NEAR 0	'中国 /NEAR 0 OLED'
（Nn）	NEAR/n 或 N/n	/NEAR n	'中国 /NEAR 2 OLED'
（F）	/	/	/
（S）	在新平台中，没有（S）算符，可用 NEAR/#设置一定长度的文本来表示，如：NEAR/15。	/SEN n（同段，按次序出现，间隔小于 N 句）	转基因 /SEN 0 水稻'

注：n 为自然数

（四）字段检索

字段检索是指限定在数据库记录中的一个或几个字段范围内查找检索词的一种检索方法。

一般检索系统均提供两种字段：一是表征文献内容特征的主题字段，如：题名、摘要、关键词等；二是表征文献外部特征的非主题字段，如：作者、作者单位、出版年等。

不同的检索系统提供的检索字段不完全一样，检索字段的丰富程度反映了文献加工深度，检索字段越丰富，检索方式越灵活。表 1.3‑3 是 CNKI、万方、维普的期刊数据库检索字段。从表中可看出，CNKI 和维普所提供的检索字段较万方丰富，因此可以完成一些万方所不能完成的检索任务，如：检索受基金项目资助的期刊论文。

表 1.3 - 3　CNKI、万方、维普的期刊数据库检索字段对比

CNKI	万方	维普
主题	主题	
篇名	题名	题名
关键词	关键词	关键词
摘要	摘要	文摘
作者	创作者	作者
单位	作者单位	机构
第一作者	/	第一作者
刊名	刊名	刊名
ISSN	/	/
CN	/	/
基金	/	基金资助
参考文献	/	
中图分类号	/	分类号
/	题名或关键词	题名或关键词
/	日期	作者简介
/	期	栏目信息

注:"主题"包含了题名、摘要和关键词。

　　使用字段限制检索时,不同的检索系统有不同的语法规定,以下列举了 CNKI、万方和维普的字段限制检索方法,检索目的为查找 2011 - 2013 年间发表的,有关 OLED 驱动电路,但不含 TFT 的文献。三者检索式如下:

　　① CNKI:题名 = (OLED + 有机发光二极管) ＊驱动电路 - TFT AND 年 between (2011,2013)

　　② 万方:题名:((OLED + 有机发光二极管) ＊驱动电路 ^ TFT) ＊ Date:2011 - 2013

　　③ 维普:题名 = (OLED + 有机发光二极管) ＊驱动电路 - TFT 与 时间 = 2011 - 2013

　　(五) 图像检索

　　图像检索是指在图像集合中查找具有指定特征或包含指定内容的图像的

技术。

从检索方法上看，图像检索技术主要有两类：

（1）基于文本的图像检索技术

该技术沿用了传统文本检索技术，回避对图像可视化元素的分析，而是从图像名称、图像尺寸、压缩类型、作者、年代等方面标引图像，一般以关键词形式的查询图像，或者是根据等级目录的形式浏览查找特定类目下的图像。

（2）基于内容的图像检索技术

该技术通过对图像的内容语义，如图像的颜色、纹理、布局等进行分析和检索。常用的检索方法有：

① 特征检索：通过图像的特征参数进行检索，如形状、纹理、颜色。

② 草图检索：以用户描绘的草图为训练样本，查找与之相似的其它图像。

③ 示例检索：包括系统随机给出样本和用户提交样本两种。由系统随机给出一组图像训练样本时，让用户对这组图像进行评价，选择与自己的检索需求相似的图像，然后根据用户选择的图像进行分析，检出与之相似的其它图像。另外，也可以由用户提供图像信息，由图像检索系统进行分析、检索。

国内常用的图像检索系统对比如表1.3－4。

表1.3－4　常用图像检索系统对比

检索工具	文字检索	特征检索	草图检索	示例检索
百度识图	√	尺寸、颜色	/	√
谷歌图片	√	/	/	√
中国外观设计专利智能检索系统	√			√
CNKI外观专利检索分析系统	√	形状、颜色		√
广东省家具行业外观设计专利图像检索服务平台	√	纹理、形状、颜色、纹理＋形状		√

三、文献信息检索策略

（一）广义检索策略

从广义上讲，检索策略是在分析检索提问的基础上，确定检索数据库、检索词，并明确检索词之间的逻辑关系和查找步骤的科学安排。在该角度下，构造检索策略的过程一般包括6个步骤：

1. 分析研究课题，明确检索要求

需明确课题的主题内容、研究要点、学科范围、语种范围、时间范围、文献类型等。

2. 选择信息检索系统，确定检索途径

3. 选择检索词

确定检索词的基本方法：

（1）选择规范化的检索词；

（2）使用各学科在国际上通用的、国外文献中出现过的术语作检索词；

（3）找出课题核心概念及课题涉及的隐性主题概念作检索词；

（4）注意检索词的缩写词、词形变化以及英美的不同拼法。

4. 制定检索式，实施检索

制定检索策略的前提条件是要了解信息检索系统的基本性能，基础是要明确检索课题的内容要求和检索目的，关键是要正确选择检索词和合理使用布尔逻辑组配符、截词符、位置算符等计算机检索技术。

5. 处理检索结果

将所获得的检索结果加以系统整理，筛选出符合课题要求的相关文献信息，选择检索结果的著录格式，辨认文献类型、文种、著者、篇名、内容、出处等记录内容，输出检索结果。

6. 原始文献的获取

（1）利用二次文献检索工具获取原始文献；

（2）利用馆藏目录和联合目录获取原始文献；

（3）利用文献出版发行机构获取原始文献；

（4）联系文献著者获取原始文献；

（5）利用网络获取原始文献。

（二）狭义检索策略

从狭义上讲，检索策略是指检索式的构造，即检索用词的选择与检索词之间运算符的组配方式。

美国人鲍纳（Charles Bourne）针对国际联机系统 Dialog 的特点提出了五种常用的检索策略，分别是最专指面优先策略、最低记录面优先策略、积木型概念面策略、引文珠形增长策略和逐次分馏策略。但随着其它检索系统，如 Proquest、ORBIT、ELSEVIER 等数据库系统的兴起，Dialog 系统的作用正在下降，为其量身定制的减少机时、节省费用的最专指面优先策略和最低记录面优先策略的重要性也不如以前，但积木型概念组策略、引文珠形增长策略和逐次分馏策略仍具有良好的指导意义。

1. 积木型概念面策略

积木（build - block）型概念组策略运用如下：

① 把检索课题剖析成若干个概念面，先分别对这几个概念面进行检索；

② 在每个概念面中尽可能全面地列举相关词、同义词、近义词，并用布尔逻辑运算符"OR"连接成子检索式；

③ 用布尔逻辑运算符"AND"把所有概念面的子检索式连接起来，构成一个总检索式进行检索。

积木型策略适用于较复杂课题的检索，能很好地体现检索者的逻辑思维过程，但检索耗时较长，联机检索时费用相对高些。该策略与数据库的"检索历史"功能、"个性化定制检索式"、"组合检索"功能结合起来，可方便用于定题跟踪。

2. 引文珠形增长策略

引文珠形增长（citation pearl - growing）策略运用如下：

① 以直接检索课题中最专指的概念面开始，以便至少检出一篇命中文献；

② 审阅这批文献，从中选出一些新的有关检索词，包括新的规范词或自由词，补充到检索式中，并重新检索以找出更多的命中文献；

③ 连续重复上述过程，直到检索结果满意或找不到其他适合包含于检索式的附加词为止。

引文珠形增长策略适用于内容陌生的检索课题，如科技查新中的初检阶段、文献调研中的粗调研阶段。该策略操作花费时间较长，通过查找与检索课题有关的综述性文献有利于快速补充相关检索词，节省操作时间。

3. 逐次分馏策略

逐次分馏（successive fractions）策略运用如下：

① 先确定一个较大的、范围较广的文献初始集；

② 加入新词，用布尔逻辑运算符"AND"连接，以提高检索式的专指度，得到一个较小的命中文献集；

③ 继续提高检索式的专指度，逐渐缩小命中文献集，直到得到数量适宜、用户满意的命中文献集合。

与引文珠形增长策略相似，逐次分馏策略也适用于对某一领域不熟悉的检索者。应用该策略的关键在于两点，一是所确定的文献初始集范围；二是为提高专指度所选用的方法。这要求检索者具备较高的检索能力和较丰富的检索经验，否则对检索结果会有较大的影响。

四、文献信息检索效果评价

文献信息检索领域内评价检索效果的常用指标是查全率和查准率。

1. 查全率

查全率是 J. W. 佩里与 A. 肯特等人提出的，是衡量某一检索系统从文献集合中检出相关文献成功度的一项指标，即检出的相关文献与全部相关文献的百分比。

一般表示为：查全率 =（检索出的相关信息量/系统中的相关信息总量）×100%。

提高查全率的方法有：

（1）选择全字段中检索，减少对文献外表特征的限定；

（2）使用逻辑"或"；

（3）利用截词检索；

（4）使用检索词的上位概念进行检索；

（5）把（W）算符改成（N）算符；

（6）进入更合适的数据库查找。

2. 查准率

查准率是衡量某一检索系统的信号噪声比的一种指标，即检出的相关文献与检出的全部文献的百分比。一般表示为：查准率 =（检索出的相关信息量/检索出的信息总量）×100%

提高查准率的方法有：

（1）使用下位概念检索；

（2）将检索词的检索范围限在篇名、叙词和文摘字段；

（3）使用逻辑"与"或逻辑"非"，用位置符控制词间顺序与位置；

（4）进行高级检或专家检索。

试验证明，查全率和查准率之间具有互逆的关系，即在提高查全率的同时会降低查准率，反之亦然。因此，检索的过程就是不断调整查全率和查准率，使之达到最佳平衡的过程。

第四节　文献信息检索应用

一、文献调研检索

文献调研检索是指在科学研究、技术研发、论文写作等过程中，为了解有关科学技术研发历史、现状、趋势、现有技术方案、流派观点等情况等而进行的检索。其目的在于获取与研究内容相关的文献信息，以达到提高研发水平、避免重复研究的目的。

二、科技查新检索

科技查新是指具有查新业务资质的查新机构根据查新委托人提供的需要查证其新颖性的科学技术内容，按照《科技查新规范》进行操作，并做出结论。这里的新颖性是指在查新委托日以前查新项目的科学技术内容部分或者全部没有在国内外出版物上公开发表过。

科技查新与一般的文献检索有较大差别。文献检索针对具体课题的需要，仅提供文献线索和文献，对课题不进行分析和评价，侧重于对相关文献的查全率。科技查新则是文献检索和情报调研相结合的情报研究工作，它以文献为基础，以文献检索和情报调研为手段，以检出结果为依据，通过综合分析，对查新项目的新颖性进行情报学审查，写出有依据、有分析、有对比、有结论的查新报告。因此，查新有较严格的年限、范围和程序规定，有查全、查准尤其是查准率的严格要求，要求给出明确的结论，查新结论具有鉴证性。这些都是单纯的文献检索所不具备的。

科技查新一般可分为立项查新、成果查新、专利查新 3 种，其中专利查新类似于专利性检索。

科技查新一般用于：

① 专利申请；
② 科技项目立项；
③ 博士论文开题；
④ 科技成果鉴定、验收、评估、转化。

三、论文收录引用检索

论文收录引用检索是指通过检索科研论文被 SCI、Ei、CSCD 等数据库收录情况，以及论文被引用情况，达到科研论文质量评估的目的。该检索方法还常常被用于科研院所研究人员的科研产出评估、引进人才的科研实力评估，以及实验室/专业/学校的科研竞争力评估。

四、专利事务检索

专利事务包括专利申请、专利授权、专利纠纷等，与之相对应的检索有专利性检索、专利法律状态检索、专利侵权检索。

（1）专利性检索

一项发明必须具备新颖性、创造性和实用性才可被授予专利权，其中，新颖性、创造性和实用性即为通常所称的"专利性"。专利性检索是以被检索的专利或者专利申请为对象，对包括专利文献在内的各种科技信息进行检索，从中获得评价该对象专利性的对比文件。一件专利从申请、专利局审批乃至授权之后的整个专利生命周期内，申请人、专利审查员和社会公众都可能进行不同目的的专利性检索。

（2）专利法律状态检索

专利法律状态检索属于比较简单和客观的检索，可分为专利有效性检索和专利地域性检索。

①专利有效性检索是指对一项专利或专利申请当前所处的法律状态进行的检索，其目的是了解该项专利申请是否被授权，授权专利是否有效。

②专利地域性检索是指对一项发明创造都在哪些国家和地区申请了专利所进行的检索，其目的是确定该项专利申请的地域范围。

（3）专利侵权检索

侵权检索是为作出专利权是否被侵权的结论而进行的检索，一般是指为确定所生产的产品或者所使用的工艺等是否纳入已授权的专利权的保护范围以内而进行的检索，属于一种与专利技术的应用有关的检索种类。

根据侵权方、被侵权方与检索者的关系，侵权检索包括防止侵权检索和被控侵权检索。

①防止侵权检索：是指为避免发生侵权纠纷而主动针对某一新技术新产品进行的专利文献检索，其目的是要找出可能侵犯了专利权保护范围的专利。

②被控侵权检索：是指在被别人指控侵权时为进行自我防卫而进行的专利检索，其目的在于找出请求宣告被控侵犯的专利权无效或不侵权的证据。

五、技术贸易检索

技术贸易检索是指在技术贸易过程中，通过文献信息检索了解有关技术的发展进程，专利申请及保护情况，以便切实掌握实际情况。其目的在于评估技术贸易收益，规避贸易风险。技术贸易检索是一种集技术信息、产业信息与法律信息于一体的综合性检索，包括查新检索、专利有效性检索、防止侵权检索、产业调研/分析检索。

六、产业调研/分析检索

产业调研/分析检索是指在产业调研、分析过程中，为了解有关产业发展现状、竞争者分布与竞合关系、技术发展进程与趋势、研发团队/人员情况等而进行的检索。其目的在于从现有公开文献中挖掘出有利于制定产业/技术发展战略的情报。

第二章　搜索引擎与应用

第一节　搜索引擎概述

搜索引擎是指根据一定的策略、运用特定的计算机程序从互联网上搜集信息，在对信息进行组织和处理后，为用户提供检索服务，将用户检索相关的信息展示给用户的系统。常用的中文搜索引擎有百度、谷歌、新搜狗、360搜索、必应等。

一、搜索引擎原理

搜索引擎一般由搜索器、索引器、检索器和用户接口四个部分组成：

① 搜索器：也称为"蜘蛛"或"机器人"，是一种跟踪网页的链接，从一个链接爬到另外一个链接的特殊软件，其功能是在互联网中漫游，发现和搜集信息。

② 索引器：其功能是理解搜索器所搜索到的信息，从中抽取出索引项，用于表示文档以及生成文档库的索引表。

③ 检索器：其功能是根据用户的查询在索引库中快速检索文档，进行相关度评价，对将要输出的结果排序，并能按用户的查询需求合理反馈信息。

④ 用户接口：其作用是接纳用户查询、显示查询结果、提供个性化查询项。

二、搜索引擎分类

根据工作方式划分，搜索引擎分为全文索引搜索引擎、目录索引搜索引擎、元搜索引擎、垂直搜索引擎等。

1. 全文索引搜索引擎

全文搜索引擎是当前广泛应用的主流搜索引擎，国外代表有 Google，国内有百度搜索。它们从互联网提取各个网站的信息（以网页文字为主），建立起数据库，并能检索与用户查询条件相匹配的记录，按一定的排列顺序返回结果。

根据搜索结果来源的不同，全文搜索引擎可分为两类，一类拥有自己的搜索器，能自建网页数据库，搜索结果直接从自身的数据库中调用，如，Google、百度；另一类则是租用其他搜索引擎的数据库，并按自定的格式排列搜索结果，如 Lycos 搜索引擎。

2. 目录索引搜索引擎

目录索引搜索引擎虽然有搜索功能，但严格意义上不能称为真正的搜索引擎，只是按目录分类的网站链接列表而已。在该类搜索引擎中，用户可以按照分类目录找到所需要的信息，而不依靠关键词（Keywords）进行查询。Yahoo 是最具代表性的目录索引搜索引擎中。

3. 元搜索引擎

元搜索引擎是一种调用其他独立搜索引擎的引擎。它接受用户查询请求后，同时在多个搜索引擎上搜索，并将结果返回给用户。著名的元搜索引擎有 InfoSpace、Dogpile、Vivisimo 等，中文元搜索引擎中有搜乐搜索引擎。在搜索结果排列方面，有的直接按来源排列搜索结果，如 Dogpile；有的则按自定的规则将结果重新排列组合，如 Vivisimo。

4. 垂直搜索引擎

垂直搜索引擎是 2006 年后逐步兴起的一类搜索引擎。与一般搜索引擎不同，垂直搜索专注于特定的搜索领域和搜索需求（例如：机票搜索、旅游搜索、视频搜索等等），在其特定的搜索领域有更好的用户体验。

第二节　谷歌检索方法及特色应用

一、谷歌高级检索方法

谷歌提供简单检索和高级检索功能。高级检索支持用"AND"、"OR"、"NOT"连接的逻辑检索式。其中："AND"（默认用空格代替）表示逻辑与，"OR"表示逻辑或，"-"表示逻辑非。通配符为"*"，可以代表某个字符。如检索式：（创业板 or 二板市场）and（市场波动 or 收益率波动）not 风险，在谷歌中的表达式为：（创业板 OR 二板市场）（市场波动 OR 收益率波动）-风险。

除应用逻辑运算符和检索字段控制条件构造检索式进行高级检索外，谷歌还提供高级检索界面辅助用户快速实现高级检索功能。

登录谷歌首页，在首页右上角点击"设置"按钮，选择"高级检索"，进入谷歌高级检索页面，如图2.2－1所示。

图2.2－1　谷歌高级检索页面登录方法

1. 逻辑检索

谷歌高级检索页面分为两栏，上栏为逻辑检索和数字范围输入框，下栏为过滤条件输入框。

在谷歌高级检索中，检索词之间的逻辑关系通过不同的输入框来确定。如，"以下所有字词"和"与以下字词完全匹配"输入框均表示逻辑与，"以下任意字词"输入框均表示逻辑或，"不含以下任意字词"输入框均表示逻辑非。每一个输入框中，检索词之间用空格隔开。选择"与以下字词完全匹配"时谷歌会用引号将需要完全匹配的字词引起。

如，检索有关在果冻或老酸奶中添加工业明胶，但不含"央视主持人"的网页信息。通过分析可知，该检索课题的检索词（关键词）有果冻、老酸奶、工业明胶、央视主持人，检索词之间的逻辑关系如下：（果冻 or 老酸奶）and 工业明胶 not 央视主持人。根据检索式，可在谷歌高级检索输入如图2.2－3所示：

2. 数字范围限定

谷歌支持数字范围限定检索，用不加空格的两个半角句号（..）隔开两个数字可查看包含日期、价格和尺寸等指定度量范围内数值的搜索结果。如在谷歌高级检索页面中输入以下信息，表示检索6 000－8 000元的楼盘。检索

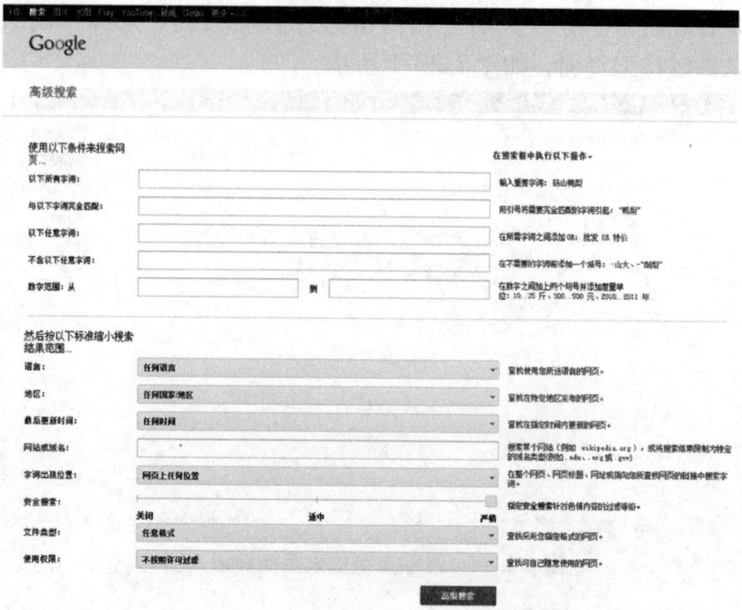

图 2.2－2　谷歌高级检索页面逻辑检索框

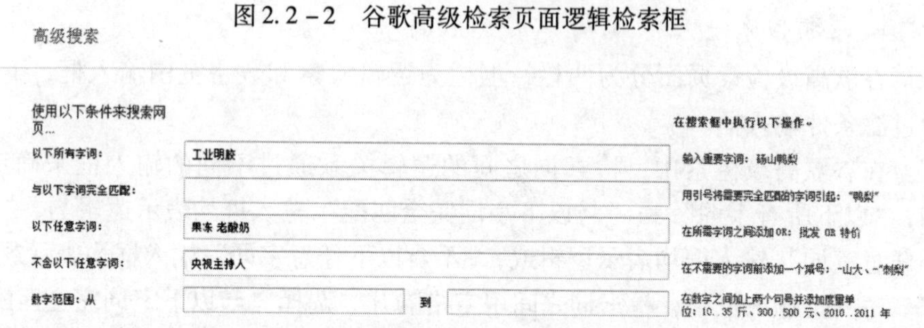

图 2.2－3　谷歌高级检索

结果如图 2.2－5 所示。

　　注：仅使用一个数值和两个半角句号可表示上限或下限。如，世界杯冠军..2006 年

　　3. 过滤条件

　　谷歌提供的过滤条件有：语言、区域、最后更新时间、网站或域、字词出现位置、安全搜索、文件类型和使用权限。

　　（1）语言。谷歌可检索中文、英语、法语、阿拉伯语等 46 种世界常用语言编写的网页。

高级搜索

使用以下条件来搜索网页...

以下所有字词：	楼盘		输入重要字词：硕山鸭梨
与以下字词完全匹配：			用引号将需要完全匹配的字词引起："鸭梨"
以下任意字词：			在所需字词之间添加 OR：批发 OR 特价
不含以下任意字词：			在不需要的字词前添加一个减号：-山大、-"刺梨"
数字范围：从	6000	到 8000 元	在数字之间加上两个句号并添加度量单位：10..35 斤、300..500 元、2010..2011 年

在搜索框中执行以下操作。

图 2.2 – 4　谷歌高级检索页面 – 数字范围限定

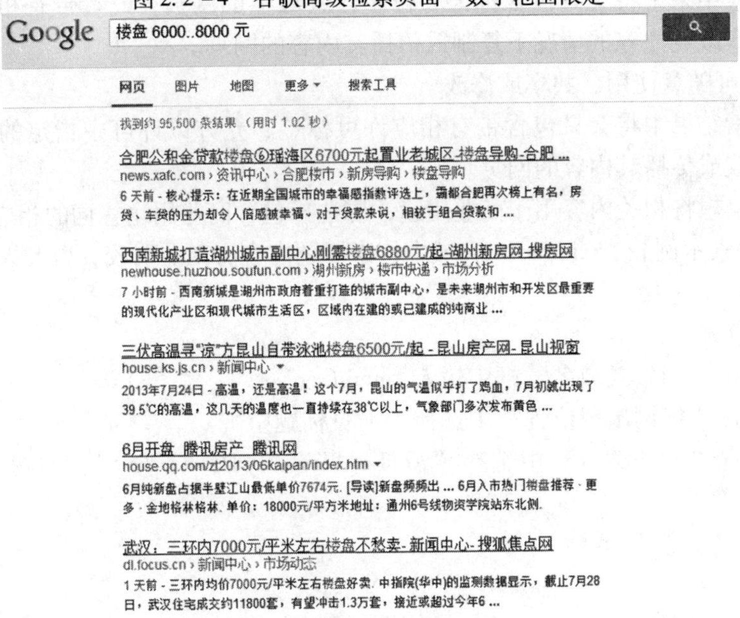

Google　楼盘 6000..8000 元

网页　图片　地图　更多▾　搜索工具

找到约 95,500 条结果（用时 1.02 秒）

合肥公积金贷款楼盘⑥瑶海区6700元/起置业老城区-楼盘导购-合肥 ...
news.xafc.com › 资讯中心 › 合肥楼市 › 新房导购 › 楼盘导购
6 天前 - 核心提示：在近期全国城市的幸福感指数评选上，需都合肥再次榜上有名，房贷、车贷的压力却令人倍感被幸福。对于贷款来说，相较于组合贷款和 ...

西南新城打造湖州城市副中心刚需楼盘6880元/起-湖州新房网-搜房网
newhouse.huzhou.soufun.com › 湖州衡房 › 楼市快递，市场分析
7 小时前 - 西南新城是湖州市政府着重打造的城市副中心，是未来湖州市和开发区最重要的现代化产业区和现代城市生活区，区域内在建的或已建成的纯商业 ...

三伏高温寻"凉"方昆山自带泳池楼盘6500元/起 - 昆山房产网 - 昆山视窗
house.ks.js.cn › 新闻中心
2013年7月24日 - 高温，还是高温！这个7月，昆山的气温似乎化了鸡血，7月初就出现了39.5℃的高温，这几天的温度也一直持续在38℃以上，气象部门多次发布黄色 ...

6月开盘 腾讯房产 腾讯网
house.qq.com/zt2013/06kaipan/index.htm ▾
6月纯新盘占据半壁江山最低单价7674元. [导读]新盘频频出 ... 6月入市热门楼盘推荐 更多. 金地格林格林. 单价：18000/平方米地址：通州6号线物资学院站东北侧.

武汉：三环内7000元/平米左右楼盘不愁卖- 新闻中心- 搜狐焦点网
dl.focus.cn › 新闻中心 › 市场动态
1 天前 - 三环内均价7000元/平米左右楼盘好卖. 中指院(华中)的监测数据显示，截止7月28日，武汉住宅成交约11800套，有望冲击1.3万套，接近或超过今年6 ...

图 2.2 – 5　搜索结果

（2）地区。查找在特定地区发布的网页，语言不局限于当地语言。

（3）最后更新时间。查找在指定时间内更新的网页，默认为任何时间，还可以选择"一天内"、"一周内"、"一个月内"、"一年内"。

（4）网站或域名。搜索某个网站（例如 wikipedia. org），或将搜索结果限制为特定的域名类型（例如 . edu、. org 或 . gov）。这个功能相当于有些网站自身提供的站内搜索。

（5）字词出现位置。在整个网页、网页标题、网址或指向查找网页的链接中搜索字词。这个功能可以使搜索结果更加符合用户所需的目标信息。

（6）安全搜索。针对色情内容设置过滤等级。

（7）文件类型。查找指定格式的网页，包括 Adobe 的 Acrobat PDF、Postscript 文件，Google 地球的 KML、KMZ 文件，Microsoft 的 Excel、Powerpoint、Word 文件等。

（8）使用权限。使用权限过滤器可以显示带有知识共享许可标签的网页或标记为位于公共域上的网页。谷歌提供的使用权限选项包括：

① 可随意使用或共享

搜索结果中将会只包含标记为位于公共域上的网页，或者带有相应许可允许在不改变内容的情况下复制或传播其内容的网页。

② 可随意使用、共享或修改

搜索结果中将会只包含带有相应许可标签、允许以许可中指定的方式复制、修改或传播其内容的网页。

如果想将相关内容用于商业用途，应选择包含商业用途一词的相应选项。

【检索示例】在 xinmin. cn 域中检索标题内含有工业明胶，以及果冻或老酸奶的 PDF 文档。

检索方法：

① 在"网站或域名"框中输入 xinmin. cn。

② 在"字词出现位置"中选择"网页标题中"。

③ 在"文件类型"中选择"Adobe Acrobat PDF（. pdf）"，如图 2.2 - 6 所示。

图 2.2 - 6　搜索条件输入

检索结果如图 2.2 - 7 所示。其中,搜索引擎一般都会在检索结果中在显示相应的检索表达式,如图中红色方框所示。

图 2.2 - 7　搜索结果

图 2.2 - 8　搜索结果 2

二、谷歌学术搜索

谷歌学术搜索（scholar. google. com. hk）是一个可以免费搜索学术文章的 Google 网络应用。Google 学术搜索可以从一个位置搜索来自学术著作出版商、专业性社团、预印本、各大学及其他学术组织的经同行评论的期刊论文、学位论文、书籍、预印本、文摘和技术报告等学术文献,内容涵盖自然科学、人文科学、社会科学等多种学科。

谷歌学术搜索为科研用户提供了一个强有力的学术搜索工具，弥补了部分专业数据库学科面太窄的缺点，也弥补了科学引文索引（SCI）只重视期刊影响因子（IF）而忽略了文章内容的水平评价的缺陷，使科技评价更加公正和全面。

谷歌学术搜索按相关性对搜索结果进行排序。跟谷歌 Web 搜索一样，最有价值的参考信息会显示在页面顶部。谷歌排名技术会考虑到每篇文章的完整文本、作者、刊登文章的出版物以及文章被其他学术文献引用的频率。

在谷歌首页，点击"更多"，在谷歌大全的产品页面，点击 ⊛ 学术搜索 搜索学术论文 链接，即可进入谷歌学术搜索页面，如图 2.2 - 9 所示。

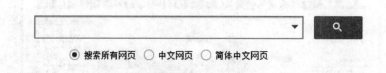

图 2.2 - 9　谷歌学术搜索

谷歌学术搜索提供简单检索和高级检索。高级检索页面提供了许多有用的功能，包括搜索某位作者撰写的学术文献、某特定日期内发表的学术文献、某出版物上的学术文献。点击简单检索输入框右边的倒立三角形按钮即可打开高级检索检索页面，如图 2.2 - 10 所示。

谷歌学术搜索的统计指标是谷歌于 2012 年 4 月 1 日发布的学术计量（Google Scholar Metrics），是谷歌进入引文分析领域的一个重要标志。谷歌学术搜索的统计指标提供英、中、葡、德、西、法、意、日、荷 9 种文种中热门出版物和引用次数最多的文章。点击谷歌学术搜索"统计指标"，检索界面如图 2.2 - 11 所示。

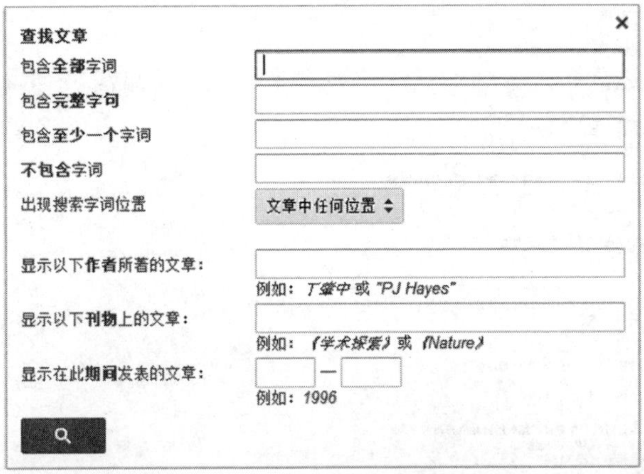

图 2.2－10　谷歌学术搜索高级检索页面

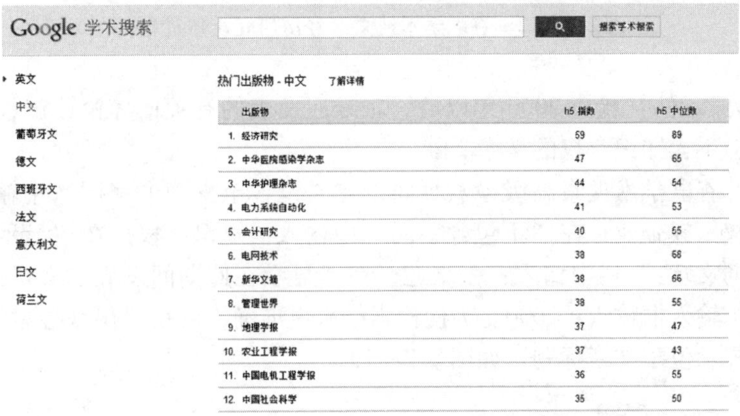

出版物	h5 指数	h5 中位数
1. 经济研究	59	89
2. 中华医院感染学杂志	47	65
3. 中华护理杂志	44	54
4. 电力系统自动化	41	53
5. 会计研究	40	65
6. 电网技术	38	68
7. 新华文摘	38	66
8. 管理世界	38	55
9. 地理学报	37	47
10. 农业工程学报	37	43
11. 中国电机工程学报	36	55
12. 中国社会科学	35	50

图 2.2－11　谷歌学术搜索统计指标

谷歌学术统计指标采用 h5 指数与 h5 中位数。h5 指数是指在过去整整 5 年中所发表文章的 h 指数；h5 中位数是指出版物的 h5 指数所涵盖的所有文章获得的引用次数的中位值。例如：选择中文期刊，就可以查阅前面 100 位具体刊物名称，其中《经济研究》h5 指数是 59，h5 中位数是 89。点击《经济研究》的 h5 指数链接，可以查阅到《经济研究》h5 核心，即哪些文章对期刊进入排名有贡献，并列有文章被引次数及发表年份，具体如图 2.2－12 所示。

经济研究

h5 指数: 59　h5 中位数: 89

标题/作者	引用次数	发表年份
中国经济增长方式转换和增长可持续性 王小鲁, 樊纲, 刘鹏 经济研究, 4-16	336	2009
能源消耗, 二氧化碳排放与中国工业的可持续发展 陈诗一 经济研究, 41-55	292	2009
GDP 中劳动份额演变的 U 型规律 李稻葵, 刘霖林, 王红领 经济研究, 70-82	281	2009
国民收入的要素分配: 统计数据背后的故事 白重恩, 钱震杰 经济研究, 27-41	262	2009
人口转变, 人口红利与刘易斯转折点 蔡昉 经济研究 45 (4), 4-13	234	2010
中国经济发展中碳排放增长的驱动因素研究 王锋, 吴丽华, 杨超 经济研究, 123-136	198	2010
我国上市公司高管的薪酬存在粘性吗? 方军雄 经济研究, 110-124	193	2009
中国民营上市公司制度环境与绩效问题研究		

图 2.2 - 12　谷歌学术搜索《经济研究》统计指标

【检索示例】检索 2000 年以后, 张维迎发表的有关博弈论或产权或家族企业, 但不含知识产权的学术文献。

打开谷歌学术搜索高级检索页面, 在"包含至少一个字词"中输入: 博弈论产权家族企业; 在"不包含字词"中输入: 知识产权; 在"显示以下作者所著的文章:"栏中输入: 张维迎; 在"显示在此期间发表的文章:"栏中的第一个输入框输入: 2000。为使检索结果更准确, 可在"出现搜索词位置"栏中选择: 位于文章标题, 如图 2.2 - 13。

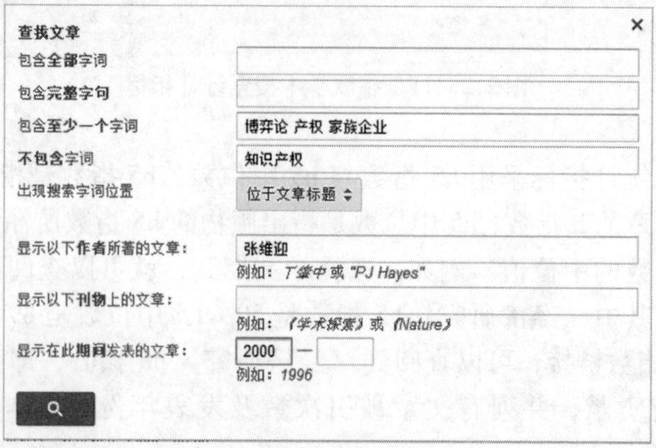

图 2.2 - 13　搜索设置

检索结果如图 2.2 - 14。

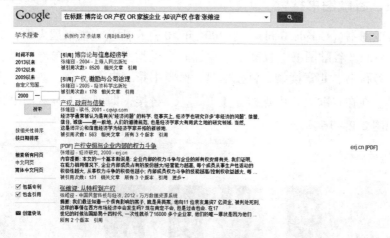

图 2.2 - 14　搜索结果

谷歌学术搜索检索结果页面提供每篇论文的"被引次数"、"相关文章"和"引用"信息。

其中，"被引次数"高低可直观判断该篇学术文章的学术价值。点击"引用"链接则可打开引用窗口，该窗口提供了符合标准的文献引用信息，如图 2.2 - 15 所示。

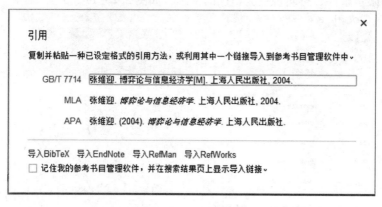

图 2.2 - 15　引用信息

三、谷歌图书搜索

谷歌图书（Google Books）于 2004 年 10 月在法兰克福书展发布，命名为 Google Print。谷歌图书中收藏了小说、非小说类文学作品、参考文献、学术文献、教科书、儿童读物、科技书籍、医学书籍、专业书籍、教育书籍等多种书籍。在在谷歌大全中点击  链接，即可进入谷歌图书搜索页面，如图 2.2 – 16 所示。

图 2.2 – 16   谷歌图书搜索

谷歌图书提供简单检索和高级检索两种功能，高级搜索除提供与网页检索相似的逻辑检索组合框外，还提供书名、作者、出版商、出版日期、ISBN 等多种限定条件，可实现更为精确的检索，如图 2.2 – 17。

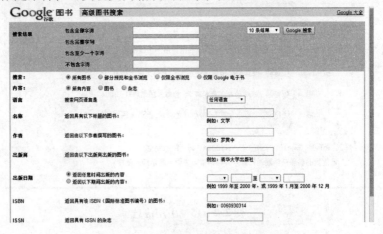

图 2.2 – 17   谷歌图书高级检索界面

　　谷歌图书通过限制网页的浏览数量，来阻止书籍被打印和保护文字内容的复制版权，并追踪用户使用记录，作为通过各种准入限制和保障措施的依据。因此，谷歌图书的检索结果根据版权类别予以不同显示。

　　① 进入公共领域的图书：提供全文，以及全文的关键词检索，并给出收藏该图书的地方图书馆。

　　② 出版商提供的图书：提供全文搜索，提供含有检索关键词的那一页和该页的下几页（不提供全文），以及该书的引文信息、在线购买链接和出版商信息。

　　③ 仍在著作权保护期内的图书馆藏书（未被出版商授权提供的）：除提供全文搜索外，只提供一些含有关键词的片段，而不显示全页。此外，还提供收藏该图书的地方图书馆和其它相关信息。

　　如图 2.2－18 是在谷歌图书中检索关键词"搜索引擎"的结果，前 3 条是关于出版商提供的图书的信息，包括书名、作者、页数、含有检索关键词的片段。点击书名链接可进一步看到与关键词相关的页面内容，如图 2.2－19。

图 2.2－18　谷歌图书搜索结果

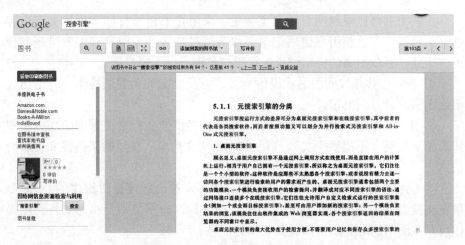

图 2.2 - 19　谷歌图书细节显示

四、谷歌专利搜索

谷歌专利搜索（Google Patents）是谷歌公司于 2006 年 12 月 14 日推出的一个专业进行专利搜索的工具，一开始只能检索美国专利及商标局原始数据库下的 700 万专利数据，后面陆续于 2012 年添加了欧洲专利局（EPO），于 2013 年又收录了中国，德国，加拿大以及世界知识产权组织（WIPO）4 家专利机构所拥有的专利文件。

谷歌专利搜索提供简单检索和高级检索。高级检索页面提供了许多更加详细的目标信息限制功能，包括专利号、名称、发明者、分类号、申请日期、专利类型等检索条件。点击简单检索输入框右边的倒立三角形按钮即可打开高级检索页面，如图 2.2 - 20 所示。

如：要了解"深圳创维公司有关 OLED 方面专利"，就可以在谷歌专利高级搜索平台进行如下设置："检索结果包含全部字词"中输入"OLED"，"原受让人"中输入"深圳创维"，检索结果包括专利名称、申请时间、发明人、专利权人、专利摘要等相关信息，如图 2.2 - 21 所示。点击其中一条记录可以查阅更加详细的信息，如图 2.2 - 22 所示。谷歌专利详细信息记录中提供中英文对译功能，记录此条专利的数据来源，可以导入 BiBTex、EndNote 和 RefMan 这三种文献管理软件。谷歌专利搜索免费提供专利全文在线阅览与下载。

新技术发明者在申请专利时往往需要耗费大量的精力在多个渠道检索与

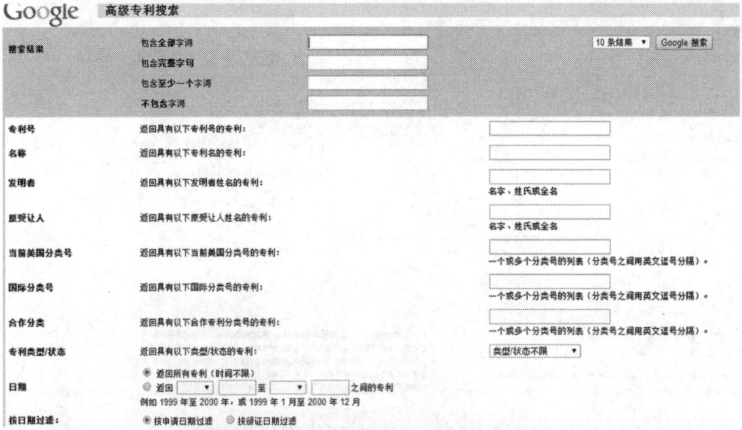

图 2.2 - 20 谷歌专利高级搜索

图 2.2 - 21 谷歌专利高级搜索结果

之相关的专利信息,谷歌专利搜索于 2012 年推出的"Prior Art Finder"工具让这一切变得更加简单。"Prior Art Finder"从专利描述文本中识别关键词,然后同时在 Google Patents、Google Scholar、Google Books 和其他网站进行相关搜索,过程更加全面而高效。点击"Prior Art Finder",检索结果如图 2.2 - 23 所示,用户只需进行一次搜索,便可获得与此项专利相关的多个信息渠道搜

图 2.2 - 22　谷歌专利检索详细信息

索结果。

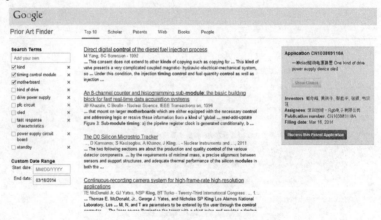

图 2.2 - 23　"PRIOR ART FINDER" 检索示例

第三节　百度特色检索应用

　　百度（www. baidu. com）是全球最大的中文搜索引擎，2000 年 1 月由李彦宏、徐勇两人创立于北京中关村。百度搜索范围包括：① 功能性搜索，如，网页、新闻、地图、图片搜索等；② 社区搜索，如，文库、贴补、百科、问答、经验等；③ 针对各区域、行业所需的垂直搜索；④ 音乐、视频搜索；⑤

门户频道；⑥ 即时通讯 IM，等等。

　　搜索引擎的检索方法，包括简单检索和高级检索，具有高度相似性，百度和谷歌也不例外。为了避免重复，百度搜索引擎的简单检索与高级检索方法请参考上节的谷歌搜索引擎，本书只介绍百度指数和图片检索的使用方法。

一、百度指数

　　百度指数是以百度网页搜索和百度新闻搜索为基础的免费海量数据分析服务，用以反映不同关键词在过去一段时间里的"用户关注度"和"媒体关注度"。百度指数可以发现、共享和挖掘互联网上有价值的信息和资讯，直接、客观地反映社会热点、网民的兴趣和需求。

　　登录百度首页，点击"更多"链接，在百度产品大全中点击 **百度指数** 搜索权威的关键词数据分析 进入百度指数页面，如图 2.3 – 1。

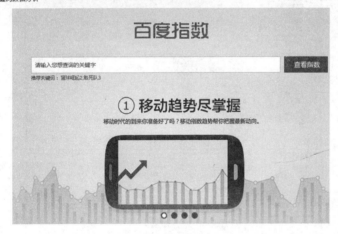

图 2.3 – 1　百度指数搜索

　　百度指数检索结果页面中提供了关键词的详细数据和曲线图，如图 2.3 – 2 所示。

　　A 指数曲线图

　　以图形的方式显示关键词数据的变化情况，包括：用户关注度和媒体关注度两张曲线图。在曲线图下方，提供时间滑块，可以任意拉伸、缩小、拖动时间滑块，查看不同时间段的数据。时间宽度可选择：1 个月、1 季度、半年、1 年、全部。

　　下方的"快速对比"栏中可输入需要对比的关键词：可在曲线图区域快

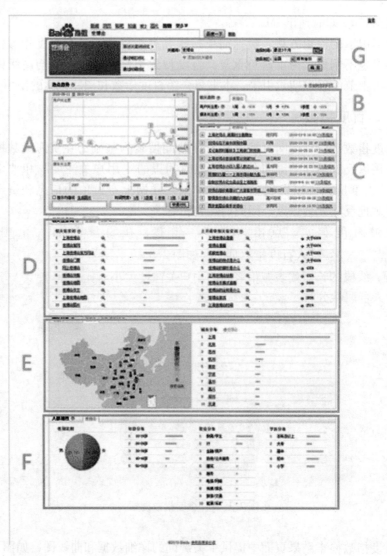

图 2.3 - 2 百度指数搜索功能区示意图

捷方便地添加需要对比的关键词

　　点击"生成图片"链接可将曲线图转换为 . JPG 图片,方便直接调用。鼠标停留在曲线上时,可查看曲线上该数据点当天的最热新闻。

　　B 相关趋势

　　显示"用户关注度"和"媒体关注度"的趋势,分别显示:1 周、1 个月和 1 季度的变化率。

C 相关新闻

基于百度新闻频道的收录，依据媒体关注度曲线每个数据点的增幅大小，提供 10 条最相关的热门新闻，并在曲线上进行标注，反映每个关键词的新闻热点和历史事件。曲线上没有标注新闻的数据点，支持鼠标感应，实时获取当时最热新闻。

D 相关检索词分布

显示在确定时间范围、确定地区情况下，与检索词最相关的十个相关检索词，以及用户关注度上升最快的十个相关检索词。

E 地区分布

关键词在选中区域内的用户关注度数据，左侧地图中颜色的深浅分别代表该区域用户关注度的大小级别；右侧列出选中区域内关注度最高的十个城市排行，线段的长短代表城市之间的用户关注度大小对比关系。

F 人群属性分布

根据百度用户搜索数据，采用数据挖掘方法，给出的关键词检索人群社会属性方面的统计，包括性别比例、年龄分布、职业分布、学历分布。

G 高级搜索区域

这里提供了关键词对比查询，分地区对比查询，分时间段对比查询的高级功能。

如：搜索"斯诺登"指数，结果如图 2.3 – 3。

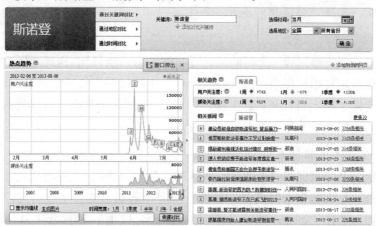

图 2.3 – 3　百度指数搜索结果

从图中可以清晰地看出，斯诺登事件爆发于 2013 年 6 月。根据右侧数据点"相关新闻"可大致看出事件的发展脉络。

百度指数高级使用技巧：

1. 关键词比较检索

在多个关键词当中，用逗号将不同的关键词隔开，可以实现关键词数据的比较查询，并且，曲线图上会用不同颜色的曲线加以区分。例如，可以检索"计算机，互联网"。目前，百度指数最多支持 3 个关键词的比较检索。

2. 关键词数据累加检索

在多个关键词当中，利用加号将不同的关键词相连接，可以实现不同关键词数据相加。相加后的汇总数据作为一个组合关键词展现出来。例如，可以检索"百度 + 百度搜索"。利用这个功能，您可以将若干同义词的数据相加。目前，百度指数最多支持 5 个关键词的累加检索。

3. 组合检索

可以将"比较检索"和"累加检索"组合使用。例如，可以检索"计算机 + 电脑，互联网 + 网络"。

4. 特定地区和时间段检索

选定一个关键词，可以查看该关键词在特定地区，特定时间内的搜索指数。例如，选择"股票北京最近 3 个月"。

5. 地区比较检索

选定一个关键词和一个时间段，时间默认为"当月"，选择地区对比单选按钮，点击 + 号添加多个地区，目前，百度指数最多支持 3 个地区对比检索，例，选择"网上银行北京，上海，广东"。利用这个功能，可以同时查看不同地区的数据曲线分布，进行对比分析。

6. 时间段比较检索

选定一个关键词和一个地区，地区默认为"全国"，选择时间对比单选按钮，点击 + 号添加多个时间段。目前，百度指数最多支持 3 个时间段对比检索。例如，选择"iphone 2007 年 1 月 – 2007 年 12 月，2008 年 1 月 – 2008 年 12 月"。利用这个功能，可以同时查看不同时间段的数据曲线分布，进行对比分析。

二、百度识图

百度识图是一款基于内容的图像搜索引擎，不同于传统图像搜索引擎依靠用户输入关键字匹配图片周边文本进行搜索，百度识图允许用户上传本地图片或输入网络图片的 URL 地址，通过对相应图片进行图像特征抽取并进行检索，找到互联网上与这张图片相同或相似的其它图片资源，同时为用户找到这张图片背后的相关的信息。

登录百度首页，点击"更多"链接，在百度产品大全中点击 ⊘ **百度识图** 以图搜信息，发现更多可能！进入百度识图页面，如图 2.3 – 4。百度识图有三种输入方式可供选择，分别是本地上传图片或者直接在输入框中粘贴图片网址或者直接拖曳图片至输入框。

图 2.3 – 4　百度识图搜索界面

百度识图可以达到以下几种功能：

1. 相同或相似图像搜索

百度识图通过图像底层局部特征的比对，具备寻找相同或近似相同图像的能力，借由相似图像搜索，用户可以轻松找到风格相似的素材、同一场景的套图、类似意境的照片等等。这样可以满足用户找图片来源、去伪存真、小图换大图、模糊图换清晰图、遮挡图换全貌图等需求。例如，本地上传一张苏州平江路水乡的图片，百度识结果如图 2.3 – 5 所示。

图 2.3 - 5　相似识图搜索结果

2. 全网人脸搜索

该功能可以自动检测用户上传图片中出现的人脸，并将其与数据库中索引的全网数亿人脸比对并按照人脸相似度排序展现，找到更多相似的他/她。

3. 图片知识图谱

2013 年百度识图相继上线了美女和花卉两个垂直类图片搜索功能，通过细粒度分类技术（fine - grained classification）在相应的垂直类别中进行更精准的子类别识别。比如告诉用户上传的美女是什么风格并推荐相似风格的美女写真，或识别花卉的具体种类、给出相应百科信息并把互联网上相似的花卉图片按类别排序展现。这些尝试都是为了帮助用户更直观了解图片背后蕴藏的知识和含义。例如你在路上用手机随手拍的野花，想要弄清楚它的名称，就可以本地上传图片，百度识图结果如图 2.3 - 6 所示。

本地上传　请粘贴图片网址或拖拽图片至此　　→

您的图片有可能是：

朱槿　　　扶桑　　　扶桑花

没有找到该图片其他尺寸

640x426

朱槿　　　　　　　　　　　　　　　　　　　　　› 来自百度百科

朱槿 又名扶桑、佛槿、大红花、中国蔷薇。学名：Hibiscus rosa-sinensis Linn.锦葵科木槿属，落叶（常绿）灌木。由于花色大多为红色，所以中国岭南一带将之俗称为大红花。朱槿在古代就是一种受欢迎的观赏性植物，原产地为中国。在西晋时期的一本著作《南方草木状》中就已出现朱槿的记载。现在

› 形态特征　　› 生长分布　　› 品种分类　　栽培技术　　› 主要价值

相似图片　　　　　　　　　　　　　　　　　　　› 全部相似图片

图 2.3 – 6　花卉识图搜索结果

第三章 科技文献检索与应用

科技文献数据库林林总总，不下百种。从收录的文献资源角度看，这些数据库可大致分为中文科技文献数据库、外文科技文献数据库及中外文科技文献综合数据库三大类。常用的中文科技文献数据库主要有 CNKI 中国知网、万方、维普、读秀等，常用的外文科技文献数据库包括 Elsevier、SPRINGER、Kluwer、Taylor&Francis、Wiley、Emerald、ProQuest 等出版商搭建的学术文献数据库。近年来，国内科技文献数据库商通过元数据收割、合作共享等方式整合了许多外文科技文献资源，形成中外文科技文献综合数据库，并通过出版社全文链接、文献传递等方式为用户提供准全文服务。

从检索的角度看，科技文献数据库大同小异，一般都提供快速检索、高级检索和专业检索三种检索方式，均支持布尔逻辑检索、字段检索等计算机检索技术。本书以中文科技文献为主，仅介绍中国知网（CNKI）、万方、维普、读秀四个常用数据库，外文科技文献数据库请参考同类其他书籍。

第一节 中国知网（CNKI）

1998 年，世界银行提出国家知识基础设施（National Knowledge Infrastructure，CNKI）的概念。1999 年 6 月，清华大学、清华同方发起 CNKI 工程，目标是实现全社会知识资源传播共享与增值利用。目前，CNKI 学术文献总库文献总量已超过 1 亿篇，文献类型包括：学术期刊、博士学位论文、优秀硕士学位论文、工具书、重要会议论文、年鉴、专著、报纸、专利、标准、科技成果、知识元、商业评论数据库、古籍等，还可与德国 Springer 公司期刊库等外文资源统一检索。

一、检索方法

1. 快速检索

快速检索又称为简单检索、一框检索。知识发现平台 KDN 检索平台提供了统一的检索界面，采取了一框式的检索方式，用户只需要在文本框中直接输入自然语言（或多个检索短语）即可检索，简单方便。一框式的检索默认为检索"文献"。"文献"检索属于跨库检索，目前文献类数据库包含期刊、博士、硕士、国内重要会议、国际会议、报纸和年鉴七个库。

图 3.1 – 1　一框检索

检索步骤：

（1）选择文献分类。KDN 提供文献分类检索，以鼠标滑动显示的方式进行展开，包括基础科学、工程科技、农业科技等领域，每个领域又进行了细分，根据需要点击某一个分类，即进行检索，如图 3.1 – 2。

图 3.1 – 2　选择分类

（2）选择数据库。默认为文献，也可以选择期刊、博硕士、会议、报纸、外文文献、年鉴、百科、词典、统计数据、专利、标准、图片、成果、指数、法律、引文、手册等。

（3）选择检索项。根据不同的数据库，KDN 提供不同的检索项。选择"文献"时，提供的检索项有：全文、主题、篇名、作者、单位、关键词、摘要、参考文献、中图分类号、文献来源。其中，主题项包含题名、关键词和摘要 3 个检索字段。

（4）输入检索词。在检索框中直接输入检索词。

（5）点击检索。点击检索按钮进行检索。

如图 3.1 - 3，在"文献全部分类"中选择"经济与管理科学"专辑，在专辑内选择"贸易经济"专题"国际贸易"类别；选择"文献"数据库，选择"全文"字段，输入检索词"绿色贸易壁垒"，点击"检索"按钮。

图 3.1 - 3　输入检索词直接检索

（6）查看检索结果。

注：KDN 支持二次检索。在检索结果中重新选择检索项，并输入检索词，点击"在结果中检索"，即可实现二次检索，如上图中黑色线框处。

① 分组统计浏览：KDN 提供检索结果统计功能，统计项目包括来源数据库、学科、发表年度、研究层次、作者、基金，如图 3.1 - 4 中的区域①所示。

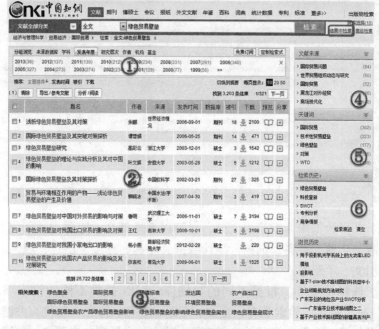

图 3.1 - 4　检索结果

② 文献浏览：在区域②中，列出了相关文献的篇名、作者、来源、发表时间、数据库、被引（次数）、下载（次数）、预览、分享等栏目。

A. 文献详细信息：点击篇名可查看该文献的摘要、关键词等详细信息，如图 3.1−5 所示。除此之外，KDN 还提供了引文网络、参考文献、相似文献等相关信息，如图 3.1−6 所示。

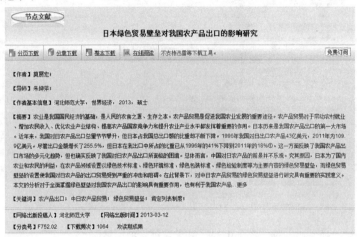

图 3.1−5 相关文献详细信息

B. 在线预览：KDN 检索平台提供原文在线预览功能，如图 3.1−7。目前提供的在线预览的库有期刊、博士、硕士、会议、报纸、年鉴以及统计数据。

C. 文献分享：在 KDN 中，用户可以方便把自己感兴趣的文献分享到新浪、人人网、开心网等各网站的微博，如图 3.1−8。

D. 订阅推送：点击图 3.1−9 中的"免费订阅"实现订阅功能。定制订阅后，订阅的期刊有新的更新、关注的文献有新的引用时，系统会自动发送邮件或短信通知。

③ 相关搜索。在检索结果的下方，图 3.1−4 区域③，提供相关搜索功能。相关搜索是系统根据用户的输入自动提供的相关词。点击相关搜索词，页面将以该词为检索词进行检索。图 3.1−10 为检索"绿色贸易壁垒"的相关搜索信息。

④ 文献来源统计。在检索结果右方，图 3.1−4 区域④，提供文献来源（来源期刊、博硕士单位等）统计。点击来源名称，页面将以该来源为检索词进行检索。

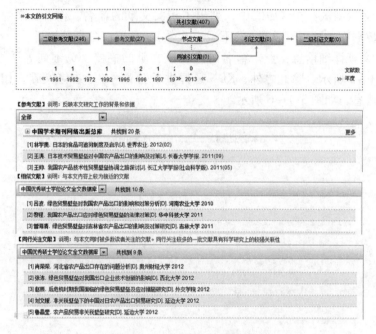

图 3.1 – 6　相关文献扩展信息

图 3.1 – 7　在线预览

　　⑤ 关键词统计。在检索结果右方，图 3.1 – 4 区域⑤，提供检索结果关键词统计。点击关键词，页面将以该词为检索词进行检索。

　　⑥ 检索历史。在检索结果右方，图 3.1 – 4 区域⑥，提供检索历史信息。

图 3.1 – 8　文献分享

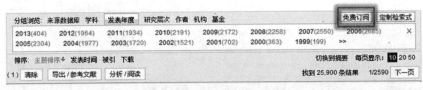

图 3.1 – 9　订阅推送

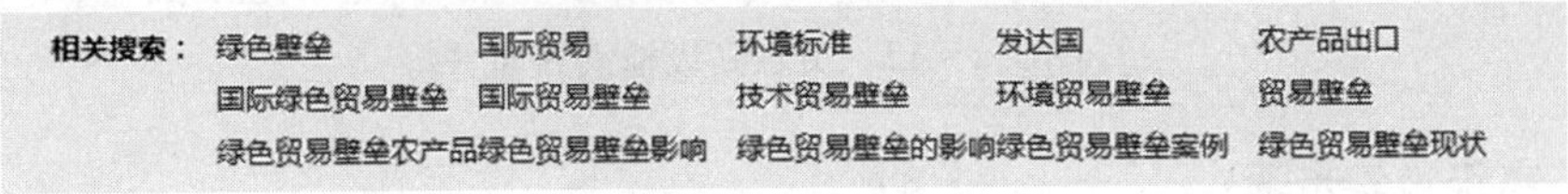

图 3.1 – 10　相关搜索

点击历史检索词，页面将以该词为检索词进行检索。KDN 还提供浏览历史、下载历史和近期关注等信息。

注：在检索结果后，如果对检索结果不满意，可以选择"在结果中检索"，点击 结果中检索 ，这样检索的结果范围缩小，更加精确。同时，每次检索的条件会出现在检索框下面。

2. 高级检索

高级检索一般采用组合检索模式。与快速检索相比，高级检索提供多栏检索输入框，支持多种检索字段的组合检索。

在 CNKI 首页中，选择要检索的库，再点击 高级检索 ，即可进入高级检索页面（分为多个种类检索，不同的数据库则检索种类不同）页面，这里以"文献"高级检索为例，如图 3.1 – 11 所示。

图 3.1 – 11　CNKI 中国知网高级检索入口

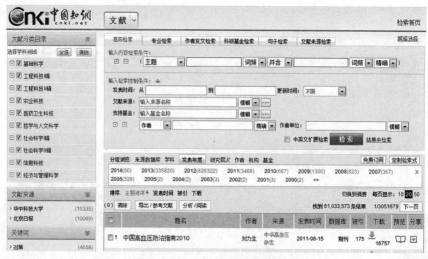

图 3.1 – 12 文献高级检索界面

高级检索步骤:

（1）输入内容检索条件

内容检索条件提供基于文献内容特征的检索项，包括：全文、篇名、主题、关键词和中图分类号。

填写内容检索条件并检索的步骤如下：

① 在下拉框中，选择一种检索项，在其后的检索框中填入一个检索词。

② 若一个检索项需要两个关键词进行控制，如检索 "LED" 及其同义词 "发光二极管"，可选择 "或含" 关系，并在第二个检索框中输入另一个检索词。

③ 单击检索项前的 "+" 号，添加另一个文献内容特征检索项。

④ 添加完所有检索项后，单击 "检索文献" 进行检索。

注：对于全文和主题检索项，检索词输入框后的 词频▾ 项可以限定该检索词在检索项中出现的次数，可选择的次数为 2 – 9。

（2）输入检索控制条件 ［朱红，朱敬，李淑青. 网络信息检索与利用［M］. 北京：人民邮电出版社，P50 – 50］

检索范围控制条件提供对检索范围的限定，便于准确控制检索的目标结果。

① 文献发表时间控制条件

该条件可限定所检索文献的发表时间范围。方法：在发表时间栏中单击日期输入框，在弹出的日历中选择准起始日期和截止日期，如图 3.1 – 13 所示。

图 3.1－13　输入文献发表时间控制条件

对于新发表文献，CNKI 支持按更新时间限定。点击图 3.1－13 中的"更新时间"下拉框，可选择的项有"最近一周"、"最近一月"、"最近半年"、"最近一年"和"今年迄今"。

② 文献来源控制条件

该条件可限定所检索文献的来源范围，例如文献的出版媒体、机构或提供单位等。方法：可以直接在检索框中输入出版媒体或机构名称的关键词，也可以单击图 3.1－13 中"文献来源"检索框后的 ⋯ 按钮，从中选择文献来源输入到检索框中，如图 3.1－14 所示。

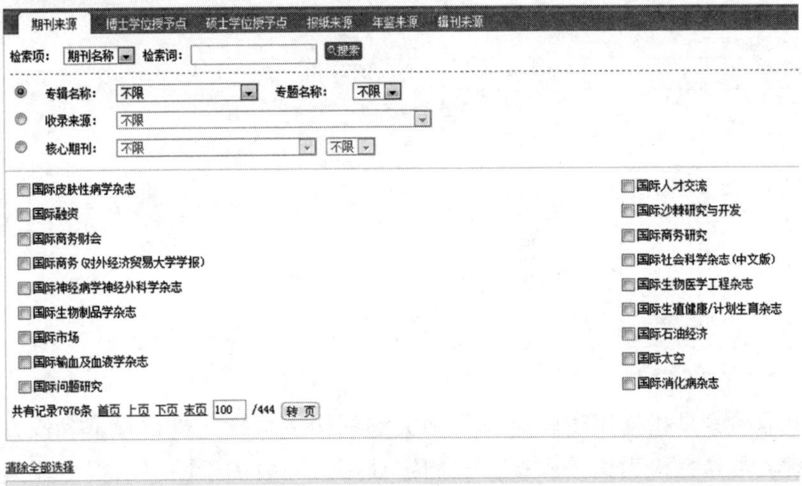

图 3.1－14　文献来源控制条件

③ 文献支持基金控制条件

该条件可限定所检索文献的支持基金。方法：可以直接在"支持基金"检索框中输入基金名称，也可以单击检索框后的按钮，选择基金名称输入到检索框中，如图 3.1 – 15 所示。

图 3.1 – 15　文献支持基金控制条件

④ 发文作者控制条件

该条件可限定所检索文献的作者和作者单位。方法：在"作者"下拉框中选择限定"作者"或"第一作者"，在后面的检索框中输入作者姓名，在作者单位检索框中输入作者单位名称。若要检索多个作者合著的文献，单击检索项前的"＋"，添加另一个限定发文作者的信息。如图 3.1 – 16 所示。

注：限定在某单位的作者发文中检索，可排除不同机构学者同名的情况。

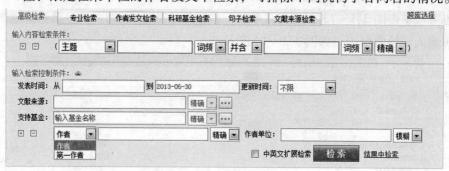

图 3.1 – 16　发文作者控制条件

3. 专业检索

专业检索是指使用逻辑运算符和关键词构造检索式进行检索。该方法要求检索人员熟悉检索语法和检索式制定规则，一般用于图书情报专业人员查新、信息分析等工作。

　　CNKI 为文献、期刊、博硕士、会议、学位、专利、标准等子系统提供专业检索功能。每个检索系统的检索语法相同（如表 3.1 - 1），但检索字段则因文献类型的不同而有所差异，如博硕士子系统提供导师、学位授予单位等字段，专利子系统提供分类号、申请人等字段。

表 3.1 - 1　CNKI 专业检索运算符

运算符	检索功能	检索含义	举例	适用检索项
= ′str1′ * ′str2′	并且包含	包含 str1 和 str2	TI = ′转基因′ * ′水稻′	所有检索项
= ′str1′ + ′str2′	或者包含	包含 str1 或者 str2	TI = ′转基因′ + ′水稻′	
= ′str1′ - ′str2′	不包含	包含 str1 不包含 str2	TI = ′转基因′ - ′水稻′	
= ′str′	精确	精确匹配词串 str	AU = ′袁隆平′	作者、第一责任人、机构、中文刊名 & 英文刊名
= ′str /SUB N′	序位包含	第 N 位包含检索词 str	AU = ′刘强 /SUB 1′	
% ′str′	包含	包含词 str 或 str 切分的词	TI% ′转基因水稻′	全文、主题、题名、关键词、摘要、中图分类号
= ′str′	包含	包含检索词 str	TI = ′转基因水稻′	
= ′str1 /SEN Nstr2′	同段，按次序出现，间隔小于 N 句		FT = ′转基因/SEN 0 水稻′	
= ′str1 /NEAR N str2′	同句，间隔小于 N 个词		AB = ′转基因 /NEAR 5 水稻′	
= ′str1 /PREV N str2′	同句，按词序出现，间隔小于 N 个词		AB = ′转基因 /PREV 5 水稻′	主题、题名、关键词、摘要、中图分类号
= ′str1 /AFT N str2′	同句，按词序出现，间隔大于 N 个词		AB = ′转基因 /AFT 5 水稻′	
= ′str1 /PEG N str2′	全文，词间隔小于 N 段		AB = ′转基因 /PEG 5 水稻′	
= ′str $ N′	检索词出现 N 次		TI = ′转基因 $ 2′	
BETWEEN	年度阶段查询		YE BETWEEN (′2000′,′2013′)	年、发表时间、学位年度、更新日期

　　应用专业检索的步骤如下：

　　① 选择检索项。如，跨库（文献）专业检索支持对以下检索项的检索：SU（主题）、TI（题名）、KY（关键词）、AB（摘要）、FT（全文）、AU（作

者）、FI（第一责任人）、AF（机构）、JN（刊名）、RF（引文）、YE（年）、FU（基金）、CLC（中图分类号）、SN（ISSN）、CN（统一刊号）、IB（IS-BN）、CF（被引频次）。

② 使用"＊"、"＋"、"－"等运算符构造表达式。

③ 使用"AND"、"OR"、"NOT"算符连接检索字段，用"（）"将表达式按照检索目标组合起来。

需特别说明的是：

① 所有符号和英文字母，都必须使用英文半角字符；

② "AND"、"OR"、"NOT"三种逻辑运算符的优先级相同；如要改变组合的顺序，需使用英文半角圆括号"（）"将条件括起；

③ 逻辑关系符号 AND、OR、NOT 前后要空一个字节；

④ 使用"同句"、"同段"、"词频"时，需用一组西文单引号将多个检索词及其运算符括起，如：'流体 # 力学'；

例如：检索式"主题＝（OLED＋有机发光二极管）＊（'像素 /PREV 2 驱动电路'）－TFT? LCDAND 基金%基金＋资金＋项目＋课题 AND 年 between（2011，2013）"表示检索 2011－2013 年间，受基金项目资助，有关 OLED 像素驱动电路，且不包含 TFT－LCD 的学术文献。

其中：

① "'像素 /PREV 2 驱动电路'"用于指定"像素"和"驱动电路"需同时出现，且二者同句，按词序出现，即"像素"在前，"驱动电路"在后，间隔小于 2 个词之间距离小于 2 个词；

② "TFT? LCD"用于指定"TFT－LCD"，

③ "基金%基金＋资金＋项目＋课题"中的%表示模糊匹配。

检索过程和检索结果如图图 3.1－17 和 3.1－18。

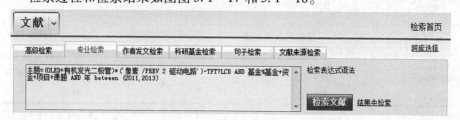

图 3.1－17　输入检索式

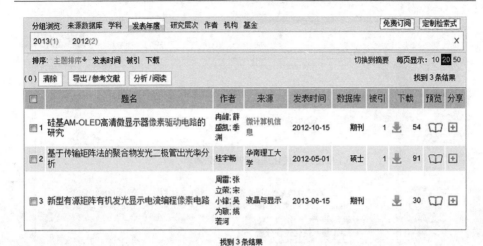

图 3.1 – 18 检索结果

4. 全文获取与阅读

（1）全文获取

成为 CNKI 中国知网机构/个人用户，在检索结果中直接下载文献资料。CNKI 中国知网提供 PDF 格式、CAJ 格式两种方式下载文献资料。

（2）全文阅读

CNKI 中国知网的文献资料采用 PDF 格式、CAJ 格式两种方式存储。阅读 PDF 格式文章，需安装 PDF 阅读器；阅读 CAJ、KDH、NH 等格式文件需安装 CAJViewer 阅读器或 E – learning 阅读管理软件。E – learning 阅读管理软件在支持 CAJ、KDH、NH、PDF、TEB 这些文件格式的基础上，提供了文献管理、批量下载、深入研读等诸多功能。

使用 CAJViewer 阅读器打开指定文档后将出现如图 3.1 – 19 界面。

除一般的文档浏览、搜索等功能外，CAJViewer 阅读器还支持标注和文字识别功能。

① 点击菜单项"查看" – >"标注"，即可在当前文档的主页面左边出现标注管理的窗口，在该窗口下，可以显示并管理当前文档上所作的所有标记。标注共有十种，分别是直线，曲线，矩形，椭圆，文本注释，高亮文本，下划线文本，删除线文本，知识元链接和书签，如图 3.1 – 20 所示：

② 文字识别。点击菜单项"工具" – >"文字识别"，当前页面上的光标变成文字识别的形状，按下鼠标左键并拖动，可以选择一页上的一块区域

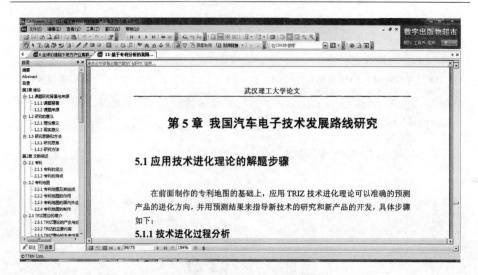

图 3.1 – 19   CAJViewer 阅读器

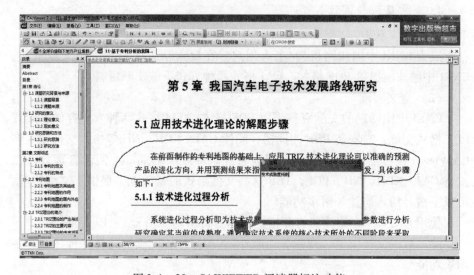

图 3.1 – 20   CAJVIEWER 阅读器标注功能

进行识别，识别结果将在对话框中显示，并且允许修改，做进一步的编辑，如图 3.1 – 21 和 3.1 – 22：

点击"复制到剪贴板"，编辑后的所有文本都将被复制到 Windows 系统的剪贴板上；点击"发送到 Word"，编辑后的所有文本都将被发送到微软 Office

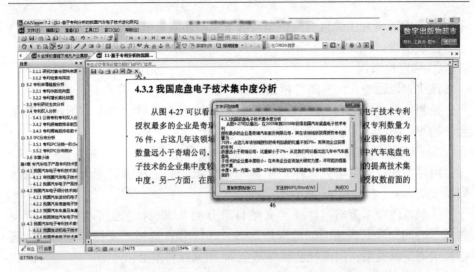

图 3.1 – 21　CAJVIEWER 阅读器文字识别功能

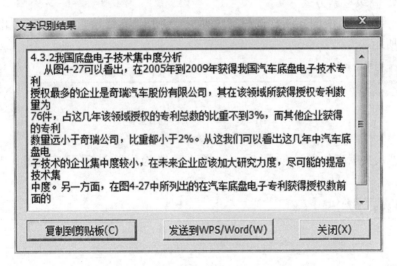

图 3.1 – 22　CAJVIEWER 阅读器文字识别结果

的 Word 文档中，如果 Word 没有在运行，先使之运行。

二、检索应用案例

【案例】利用 CNKI 中国知网（www. cnki. net）检索：2009 – 2012 年，在"经济与管理科学"类别中，哪些文献在国家社会科学基金（简称国家社科基金）的资助下研究了绿色贸易壁垒环境下农产品或家电的出口问题。

　　检索步骤：

　　① 确定检索词

　　该检索课题中，内容条件检索词有：绿色贸易壁垒、农产品、家电。

　　控制条件检索词有：经济与管理科学，国家社会科学基金、国家社科基金、2009、2012。

　　② 确定检索策略

　　内容条件检索策略：选择"主题"检索项，确定检索词逻辑关系：绿色贸易壁垒 and（农产品 or 家电）

　　控制条件检索策略：选择"文献目录分类"，选择"经济与管理科学"；选择"时间"项，确定时间范围是 2009 – 2012 年；选择"支持基金"项，确定检索词逻辑关系：国家社会科学基金 or 国家社科基金。

　　③ 实施检索

　　A. 高级检索方式

　　登录 CNKI 中国知网，选择"文献"，点击"高级检索"按钮，如图 3.1 – 23 所示。

图 3.1 – 23　文献类别选择

　　进入文献高级检索页面后，选择"高级检索"选项页，如图 3.1 – 24 所示。

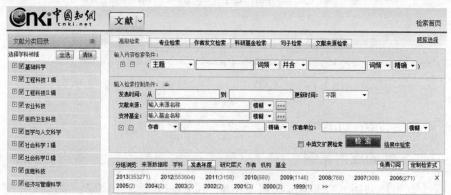

图 3.1 – 24　文献高级检索选项页

在"输入检索条件"栏中选择主题检索项，点击 ⊞ 按钮增加检索条件，输入相应检索词，并设定检索词之间的逻辑关系。在左边"文献分类目录"中点击 清除 按钮，然后选择"经济与管理科学"。在"检索控制条件"栏中输入时间、支持基金等条件。如图 3.1－25 所示。

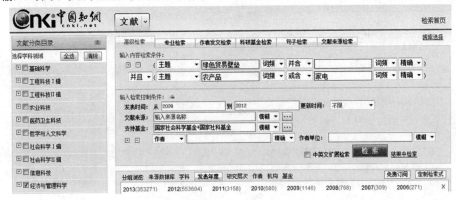

图 3.1－25　实施检索界面

B. 专业检索方式

在检索框中输入检索式：SU = 绿色贸易壁垒 * （农产品 + 家电）AND FU% 国家社会科学基金 + 国家社科基金 AND YE between（2009，2012）。如图 3.1－26。

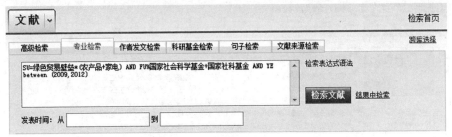

图 3.1－26

④ 查看检索结果

检索结果如图 3.1－27 所示。

点击篇名，可查看信息，如《绿色贸易壁垒对我国茶叶出口贸易的影响及应对方略》一文受"国家社科基金项目"等资助，如图 3.1－28 所示。

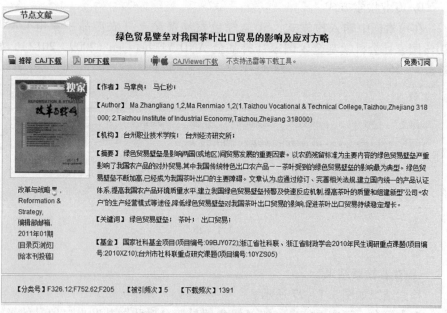

图 3.1 – 27　检索结果

图 3.1 – 28　检索结果详细信息

第二节 万方数据知识服务平台

万方数据知识服务平台（www.wanfangdata.com.cn）是以中国科技信息研究所（万方数据集团公司）全部信息服务资源为依托建立起来的一个以科技信息为主，集经济、金融、社会和人文信息为一体，以 Internet 为网络平台的大型科技信息服务系统。目前，万方数据知识服务平台提供期刊、学位、会议、外文文献、学者、专利、标准、成果、图书、法规、机构、专家等信息，并通过统一平台实现了跨库检索服务，其主要资源如表 3.2-1 所示。

表 3.2-1 万方数据知识服务平台主要资源介绍

名称	简介
学术期刊	收录自 1998 年以来国内出版的各类期刊 6 千余种，其中核心期刊 2 500 余种，总计约 1 600 余万篇，每年约增加 200 万篇，每周两次更新。 内容包括：论文标题、论文作者、来源刊名、论文的年，卷，期、中图分类法的分类号、关键字、所属基金项目、数据库名、摘要等信息，并提供全文下载。
学位论文	收录了国家法定学位论文收藏机构—中国科技信息研究所提供的自 1980 年以来我国自然科学领域各高等院校、研究生院以及研究所的硕士、博士以及博士后论文共计 180 万余篇。其中 211 高校论文收录量占总量的 70% 以上，每年增加约 20 万篇。 内容包括：论文题名、作者、专业、授予学位、导师姓名、授予学位单位、馆藏号、分类号、论文页数、出版时间、主题词、文摘等信息。
会议论文	收录由中国科技信息研究所提供的，1985 年至今世界主要学会和协会主办的会议论文，以一级以上学会和协会主办的高质量会议论文为主。每年涉及近 3 000 个重要的学术会议，总计 170 万余篇，每年增加约 18 万篇，每月更新。 内容包括：数据库名、文献题名、文献类型、馆藏信息、馆藏号、分类号、作者、出版地、出版单位、出版日期、会议信息、会议名称、主办单位、会议地点、会议时间、会议届次、母体文献、卷期、主题词、文摘、馆藏单位等。
外文文献	外文文献包括外文期刊论文和外文会议论文。外文期刊论文是全文资源。收录了 1995 年以来世界各国出版的 20 900 种重要学术期刊，部分文献有少量回溯。每年增加论文约佰万余篇，每月更新。外文会议论文是全文资源。收录了 1985 年以来世界各主要学协会、出版机构出版的学术会议论文，部分文献有少量回溯。每年增加论文约 20 余万篇，每月更新。

一、检索方法

1. 快速检索

万方数据知识服务平台（简称万方数据）提供统一检索界面，采取一框式的检索方式，用户只需要在文本框中直接输入检索词即可检索。和 CNKI 中国知网不同的是，万方数据的一框检索支持检索表达式检索。万方数据一框检索默认为"学术论文"检索，如图 3.2－1 所示。学术论文集纳了期刊、学位、会议、外文期刊、外文会议等类型的学术文献。

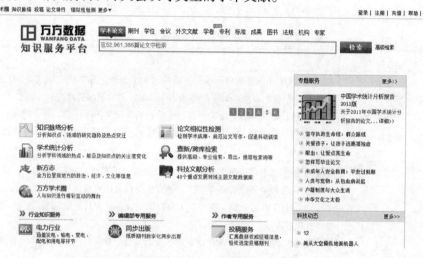

图 3.2－1　一框检索

（1）分类检索

从公网登录万方数据首页时，默认的"学术论文"页面不会显示文献分类栏。但选择"期刊"、"学位"、"会议"、"专利"等某一类型文献时，将提供文献分类。如，选择"期刊"，将提供学科分类、地区分类和字母分类，如图 3.2－2 所示；选择"学位"时，将提供学科、专业目录分类和学校所在地分类，如图 3.2－3 所示。

（2）检索项与检索式

万方数据提供的检索项有：主题（包括题名、关键词、摘要）、题名、关键词、摘要、创作者（作者）、作者单位、日期、专业、学位授予单位、导师、学位、来源、会议名称、主办单位等。

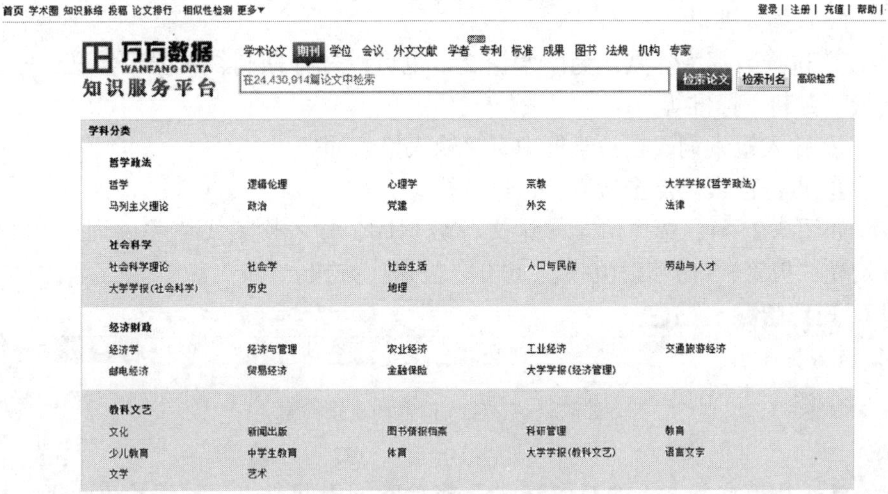

图 3.2 - 2　期刊一框式检索界面

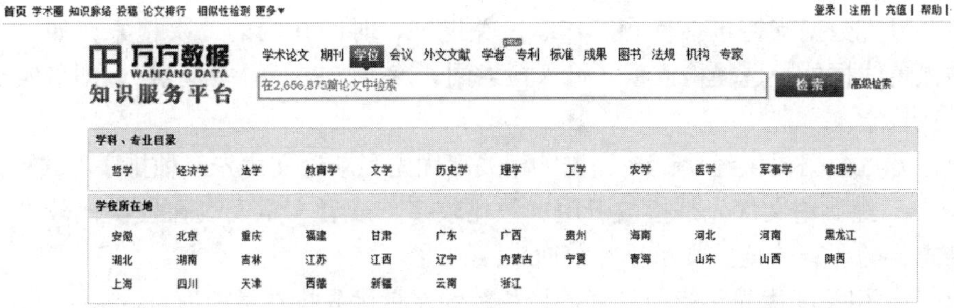

图 3.2 - 3　学位论文一框式检索界面

万方数据一框检索支持用 and、or、not，或 * 、 + 、^连接的检索式。其中，and、* 表示逻辑与（默认用空格代替），or、 + 表示逻辑或，not、^表示逻辑非。如，检索有关 LED（发光二极管）散热，但不含模糊综合评判法的文献，则可输入检索式：（LED or 发光二极管）散热 not 模糊综合评判法，或：（LED + 发光二极管）散热 ^ 模糊综合评判法。

注：and、or、not、^前后均要用空格隔开。

万方数据一框检索还支持检索项选择。如检索有关 LED 散热的上海交通大学博硕士学位论文，可以在一框检索中输入以下检索式：（LED + 发光二极管）散热学位授予单位：上海交通大学。

（3）检索步骤

① 选择数据库。默认为学术论文，也可以选择期刊、学位、会议、外文文献、专利、标准等。

② 输入检索词。在检索框中直接输入检索词。

③ 点击检索。点击检索按钮进行检索。

如图 3.2－4，选择"学术论文"数据库，输入检索式"关键词：（LED＋发光二极管）'微喷射流'"，点击"检索"按钮。

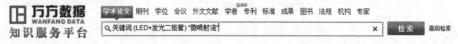

图 3.2－4　输入检索词直接检索

注：用英文状态下的双引号""将检索词引起，表示词组检索。即，检索时，该词组必须完整出现才算命中。

④ 查看检索结果。

万方数据支持包括标题、作者、关键词、时间在内的二次检索，如上图中黑色线框处。选择检索项，输入检索词，点击"在结果中检索"，即可实现二次检索。

万方数据提供经典论文优先、相关度优先和新论文优先三种排序方式。

a. 经典论文优先是指被引用次数比较多，或者文章发表在档次比较高的杂志上的、有价值的文献排在前面。

b. 相关度优先是指与检索词最相关的文献优先排在最前面。

c. 最新论文优先指的是发表时间最近的文献优先排在前面。

⑤ 文献浏览：在区域①中，列出了相关文献的篇名、作者、来源、摘要、关键词等信息。

万方数据在其检索结果页面中提供了文献信息浏览，以及按学科、论文类型、年份、来源期刊、相关学者等分类浏览，如上图中的区域①－⑥。

点击篇名可查看文献的摘要、关键词、支持基金，以及参考文献、引证文献、相似文献等详细信息，如图 3.2－6 所示。

2. 高级检索

在万方数据知识服务平台点击"高级检索"按钮，进入高级检索页面。如图 3.2－7 所示。

高级检索步骤：

图 3.2 – 5　检索结果

① 选择文献类型。默认为期刊论文、学位论文、会议论文、外文期刊、外文会议的跨库检索。

② 选择检索项。默认为全部。可选项包括通用的主题、关键词、摘要、创作者、日期等，以及各类型论文特有的检索项，如学位授予单位、导师、专业、会议名称等。

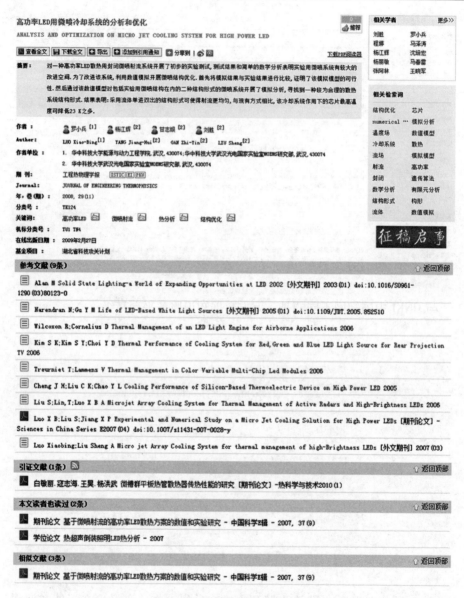

图 3.2 - 6   相关文献详细信息

③ 选择匹配方式。默认为模糊。

注：高级检索中的检索框支持检索式检索。选择检索式检索时，匹配方式应选择模糊。否则，系统将用双引号""引住整个检索式，从而时检索失

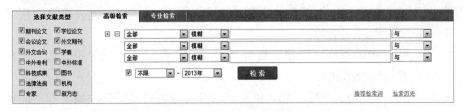

图 3.2 - 7　万方数据高级检索页面

去意义。

　　④ 输入检索词或检索式。

　　⑤ 查新检索结果。

　　3. 专业检索

　　与 CNKI 中国知网不同的是，万方数据知识服务平台高级检索页面中的检索框支持检索式检索，因此可以满足绝大多数检索需求。尽管如此，万方平台仍然提供专业检索功能和快速检索框支持检索式检索功能。

　　与万方旧平台专业检索功默认接受 CQL 检索语言，而平台首页、检索结果等页面的检索输入框默认接受 PairQuery 检索语言不同，万方新平台中将检索语言统一为 PairQuery 检索语言。

　　PairQuery 检索语言中的每个 PairQuery 表达式由多个空格分隔的部分组成，每个部分称为一个 Pair，每个 Pair 由冒号分隔符 ":" 分隔为左右两部分，":" 左侧为限定的检索字段，右侧为要检索的词或短语。

　　限定的检索字段以及 ":" 可以省略，省略时候的含义是在任意字段中检索。

　　PairQuery 检索方式如下：

　　① 模糊检索：直接输入的任何词或者短语，表示在全部字段中检索。

　　② 精确检索：检索词部分使用引号 "" 或书名号《》括起来，表示精确匹配。精确匹配依据字段的不同，含义有所不同，分别对应 cql 的 = 和 exact 匹配方式。

　　③ 字段限定：PairQuery 采用 "字段名 + 冒号" 的方式进行字段限定。例如：Title：数据挖掘。为了简化用户的使用和记忆负担，PairQuery 的中对同一字段的限定字段名可以有多种形式，例如 "Title"、"标题"、"题名" 均代

表对 Title 字段进行限定检索。

④ 日期范围：日期范围的检索采用 Date：1998 – 2003 的形式，" – " 前后分别代表限定的年度上下限，上限和下限可以省略一个，代表没有上限或下限，但 " – "不可省略。

PairQuery 中的符号（空格、冒号、引号、横线）可任意使用全角、半角符号及任意的组合形式。

例如：（1）检索 2009 – 2012 年发表的有关绿色贸易壁垒环境下农产品或家电出口的文献，检索式为：主题：绿色贸易壁垒 * （农产品 + 家电）时间：2009 – 2012。

（2）检索北京邮电大学和华东理工大学所发表的有关微博营销或微博舆情的博硕士学位论文，检索式为：主题："微博"（营销 or 舆情）学位授予单位：（北京邮电大学 or 华东理工大学）；或：主题："微博"（营销 + 舆情）学位授予单位：（北京邮电大学 + 华东理工大学）。

4. 全文获取与阅读

成为万方数据知识服务平台的付费用户后即可下载阅读平台中的文献资料。万方数据知识服务平台采用 PDF 格式存储文献资料，安装 PDF 阅读器后可阅读，如图 3.2 – 8。

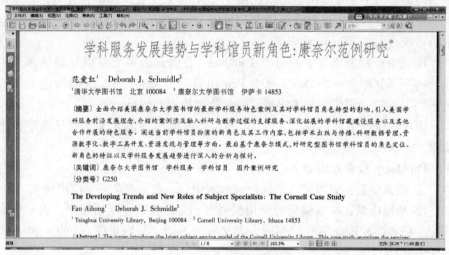

图 3.2 – 8　阅读全文

二、检索应用案例

【案例】利用万方数据（www. wanfangdata. com. cn）检索：在微博营销或微博舆情领域，北京邮电大学和华东理工大学所发表的博硕士学位论文有哪些？

检索步骤：

① 确定检索词

该检索课题中，内容条件检索词有：微博、营销、舆情。

控制条件检索词有：北京邮电大学、华东理工大学。

② 确定检索策略

内容条件检索策略：选择"主题"检索项，确定检索词逻辑关系：微博 and（营销 or 舆情）

控制条件检索策略：选择"学位授予单位"项，确定检索词逻辑关系：北京邮电大学 or 华东理工大学。

③ 实施检索

根据上述策略，实施检索。

方法 1：一框检索

登录万方数据，选择"学位"，输入检索式：主题："微博"（营销 or 舆情）学位授予单位：（北京邮电大学 or 华东理工大学）。如图 3.2 – 9 所示。

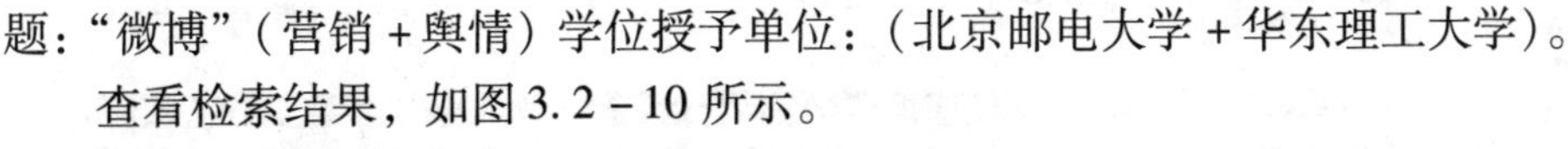

图 3.2 – 9　输入检索式

提示：用""引住"微博"表示是词组检索。也可以输入检索式：主题："微博"（营销 + 舆情）学位授予单位：（北京邮电大学 + 华东理工大学）。

查看检索结果，如图 3.2 – 10 所示。

方法 2：高级检索

登录万方数据，选择"学位"，点击"高级检索"按钮，进入"查新/跨库检索"页面，

在查新/跨库检索页面后，选择主题检索项，输入检索式："微博"（营销 or 舆情），选择学位 – 学位授予单位，输入检索式：北京邮电大学 or 华东理工大学，如图 3.2 – 13 所示。

首页 ＞ 检索结果　　　　　　　　　　　　　　　　　　　　　找到 26 篇论文

学科分类

▶ 经济　　　　　　9篇
▶ 文化、科学…　　7篇
▶ 工业技术　　　　6篇
▶ 社会科学总论　　2篇
▶ 环境科学、…　　1篇

年份

2013　　　　　　　1篇
2012　　　　　　11篇
2011　　　　　　13篇
2010　　　　　　　1篇

| 标题 | 作者 | 关键词 | 起始年 - 结束年 | 在结果中检索 |

全部　仅全文　　　　　　　　　排序：相关度优先　新论文优先　经典论文优先　其他▼

1 对微博社区传播机制和网络结构的实证研究——以中国数字科技馆微博为例
[学位论文]　周海江，2012 - 北京邮电大学：工商管理
2011年是中国互联网发展史上具有历程碑意义的一年，以微博为代表的在线社会网络应用迎来了爆炸式的增长，微博用户规模的年增长率达到了296%。微博作为一种新传播形态正在深刻的改变中国社会。
为了更加充分的利用微...
关键词：传播特征　社会网络分析　微博社区　网络结构　微博营销
导出　－　引用通知

2 基于微博平台的受众营销研究——以新浪微博为例
[学位论文]　姜册册，2012 - 北京邮电大学：传播学
微博引领Web3.0全媒体时代的到来，微博的裂变式传播改变了传统信息传播模式，实现了信息的快速传播。微博的低门槛、便捷性、平等性以及互动性、多媒体形式等特点为用户提供了优质的体验，受到越来越多人的青睐。微博在改变人们...
关键词：微博平台　受众需求　企业营销　传播模式
导出　－　引用通知

3 企业微博的营销策略研究——以新浪企业微博为例
[学位论文]　柳颖，2011 - 北京邮电大学：传播学
传播学者麦克卢汉认为：媒介是社会发展的基本动力，也是区分不同社会形态的标志，每一种新媒介的产生与运用，宣告我们进入了一个新时代。新浪门户网站于2009年8月推出了新浪微博，在原来twitter模式的基础上进行了一些改良和...
关键词：企业微博　营销策略　传播特性　人际互动
导出　－　引用通知

图 3.2 - 10　检索结果查看

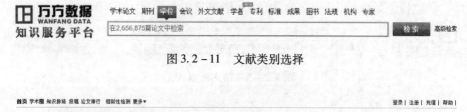

图 3.2 - 11　文献类别选择

图 3.2 - 12　查新/跨库检索页面

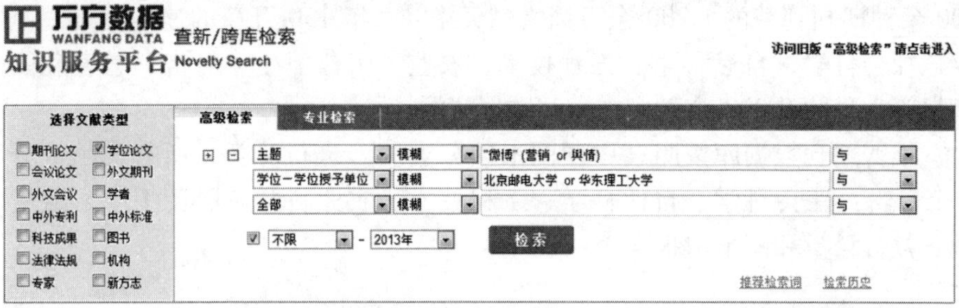

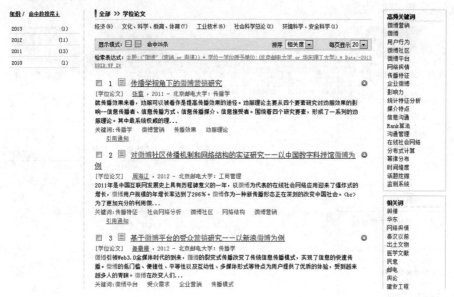

图 3.2 - 13　实施检索

查看检索结果，如图 3.2 - 14 所示。

图 3.2 - 14　检索结果

第三节　维普中文科技期刊数据库

中文科技期刊数据库（CSTJ），简称维普期刊数据库，源于重庆维普资讯有限公司 1989 年创建的《中文科技期刊篇名数据库》，是全国最大的综合性文献数据库之一，其全文和题录文摘版一一对应，包含了 1989 年至今的 9

000 余种期刊刊载的 1 200 余万篇文献，并以每年 150 万篇的速度递增。范围涵盖社会科学、自然科学、工程技术、农业、医药卫生、经济、教育和图书情报等学科的 9 000 余种中文期刊数据资源。

维普期刊数据库按照《中国图书馆分类法》进行分类，所有文献被分为 8 个专辑：社会科学、自然科学、工程技术、农业科学、医药卫生、经济管理、教育科学和图书情报。

一、检索方法

维普在其检索平台——维普信息资源系统中提供了五种检索方式：快速检索、传统检索、分类检索、高级检索、期刊导航，如图 3.3 – 1。本书只介绍其高级检索功能。

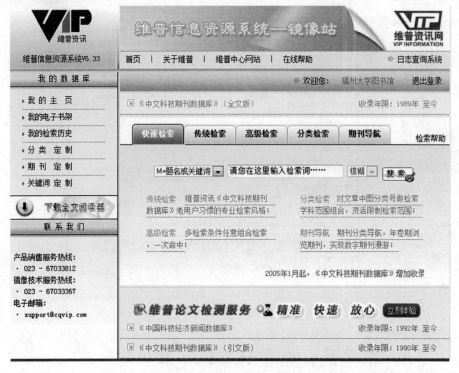

图 3.3 – 1　维普信息资源系统

维普信息资源系统高级检索页面提供了向导式检索和直接输入检索式检索两种检索方式。向导式检索页面如图 3.3 – 2。

（1）检索界面：向导式检索为读者提供分栏式检索词输入方法，可选择逻辑运算、检索项、匹配度外，还可以进行相应字段扩展信息的限定，最大程度的提高了检准率。

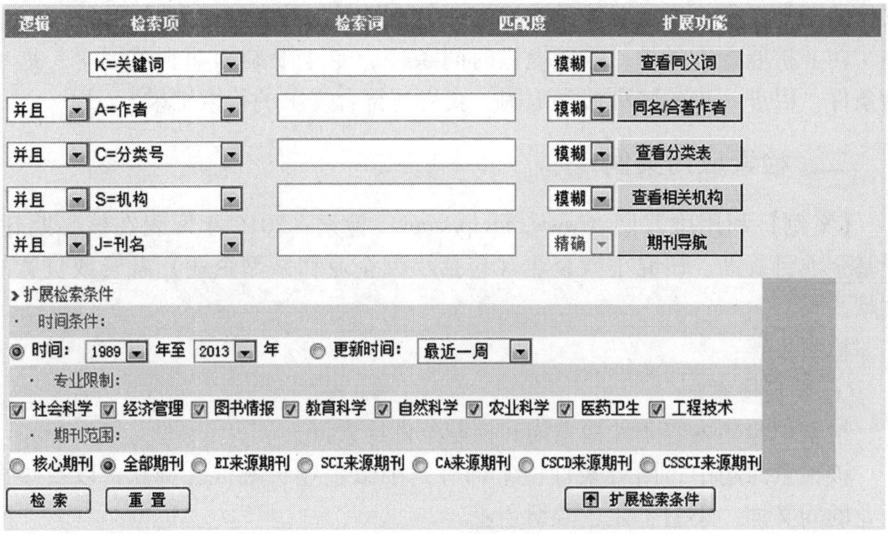

图 3.3 - 2　向导式高级检索

（2）检索规则：

向导式检索的检索操作严格按照由上到下的顺序进行，并支持由 *、+、- （分别表示逻辑与、或、非）连接的检索式，用户在检索时可根据检索需求进行检索字段的选择。

（3）扩展功能：维普检索系统提供查看同义词等扩展功能，图中所有按钮均可以实现相对应的功能。用户只需要在前面的输入框中输入需要查看的信息，再点击相对应的按钮，即可得到系统给出的提示信息。

① 查看同义词：比如用户输入"土豆"，点击查看同义词，既可检索出土豆的同义词：春马铃薯、马铃薯、洋芋，用户可以全选，以扩大搜索范围。

② 同名/合著作者：比如用户可以输入张三，点击查看同名作者，既可以列表形式显示不同单位同名作者，用户可以选择作者单位来限制同名作者范围。为了保证检索操作的正常进行，系统对该项进行了一定的限制：最多勾选数据不超过 5 个。

③ 查看分类表：读者可以直接点击按钮，会弹出分类表页，实现分类

检索。

④ 查看相关机构：比如用户可以输入中华医学会，点击查看相关机构，即可显示以中华医学会为主办（管）机构的所属期刊社列表。为了保证检索操作的正常进行，系统对该项进行了一定的限制：最多勾选数据不超过 5 个。

（4）扩展检索条件：维普提供时间条件、专业限制和期刊范围等扩展检索条件，以进一步的减小搜索范围，获得更符合需求的检索结果。

二、检索应用案例

【案例】利用维普网（www.cqvip.com）检索：2012 年发表在核心期刊，受基金项目资助，研究小微企业（包括小型企业和微型企业）融资或贷款的文献。

检索步骤：

① 确定检索词

检索词包括内容条件检索词和控制条件检索词。

该检索课题中，内容条件检索词有：小微企业、融资、贷款，以及小微企业的同义词：小型企业、微型企业。

控制条件检索词有：基金、2012，以及基金的同义词：资金、项目、课题。

② 确定检索策略

内容条件检索策略：选择"文摘"检索项，确定检索词逻辑关系：（小微企业 or 小型企业 or 微型企业）and（融资 or 贷款）

控制条件检索策略：选择"时间"项，确定时间范围是 2012 - 2012 年；选择"期刊范围"项，选定"核心期刊"；选择"基金资助"项，确定检索词逻辑关系：基金 or 资金 or 项目 or 课题。其中：维普中，"基金资助"作为一独立检索项，而不是放在扩展检索条件中。

③ 实施检索

根据上述策略，实施检索。登录维普网，点击"高级检索"按钮，进入高级检索页面。选择"文摘"检索项，输入检索式：（小微企业 + 小型企业 + 微型企业）*（融资 + 贷款）；选择"基金资助"检索项，输入检索式：基金 + 资金 + 项目 + 课题。在扩展检索条件中，选择时间条件为 2012 年至 2012 年，选择期刊范围为核心期刊。如图 3.3 - 3 所示。

④ 查看检索结果

点击检索，即可查看检索结果，如图 3.3 - 4 所示。

逻辑	检索项	检索词	匹配度	扩展功能
	R=文摘 ▼	(小微企业+小型企业+微型企业)* (融	模糊 ▼	查看同义词
并且 ▼	I=基金资助 ▼	基金+资金+项目+课题	模糊 ▼	同名/合著作者
并且 ▼	C=分类号 ▼		模糊 ▼	查看分类表
并且 ▼	S=机构 ▼		模糊 ▼	查看相关机构
并且 ▼	J=刊名 ▼		精确 ▼	期刊导航

➤扩展检索条件

· 时间条件：

◉ 时间：2012 ▼ 年至 2012 ▼ 年　　○ 更新时间：最近一周 ▼

· 专业限制：

☑社会科学　☑经济管理　☑图书情报　☑教育科学　☑自然科学　☑农业科学　☑医药卫生　☑工程技术

· 期刊范围：

◉核心期刊　○全部期刊　○EI来源期刊　○SCI来源期刊　○CA来源期刊　○CSCD来源期刊　○CSSCI来源期刊

[检 索]　[重 置]　　　　　　　　　　　　　　　　　　[⊞ 扩展检索条件]

图 3.3 - 3　实施检索

图 3.3 - 4　检索结果

第四节　读秀学术搜索系统

读秀学术搜索（www. duxiu. com）是由海量全文数据及元数据组成的超大型数据库，其以330万种中文图书、10亿页全文资料为基础，为用户提供深入内容的章节和全文检索，以6 700多万种期刊元数据及突破空间限制的获取方式，为用户提供最全面的期刊文章。

通过读秀学术搜索，读者能一站式搜索馆藏纸质图书、电子图书、随书光盘等学术资源，几乎囊括了本单位文献服务机构内的所有信息源。不论是学习、研究、写论文、做课题、拓展阅读，读秀都能为读者提供最全面、准确的学术资料。

一、检索方法

1. 知识检索

知识搜索是读秀的特色功能，它是在图书资料的章节、内容中搜索包含有检索词内容的知识点，为读者提供了突破原有一本本图书翻找知识点的新的搜索体验，更有利于资料的收集和查找。

如，要查找有关"绿色贸易壁垒的制度安排"的资料和文章，可以进行如下操作：

步骤①：在读秀首页选择知识频道，输入"绿色贸易壁垒制度安排"点击中文搜索按钮，进入搜索结果页面。

图3.4 – 1　知识搜索

步骤②：浏览搜索结果页面，选择需要的章节，点击标题链接进入阅读页面。

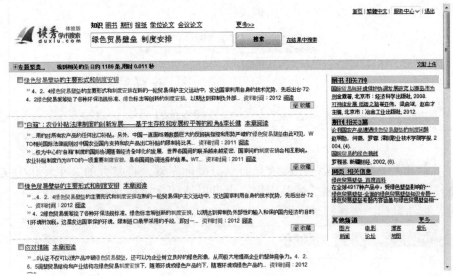

图 3.4-2　知识搜索结果页面

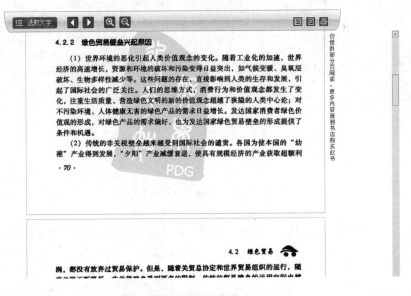

图 3.4-3　读秀阅读页面

　　步骤③：在阅读页面可对全文内容进行翻页、放大、缩小、文字提取、查看本页来源等操作。

　　点击"文字提取"按钮，出现选择框。

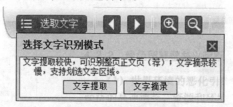

图 3.4 – 4　文字提取功能

　　点击文字提取按钮，在阅读页面点击鼠标左键，将整页的文字转化为文本格式，然后进行复制，粘贴引用。也可以使用文字摘录功能，按住鼠标左键，拖动鼠标，选择摘录区域，对一段文字进行摘录。

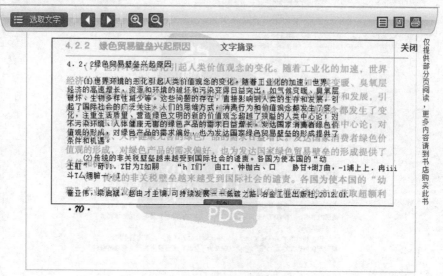

图 3.4 – 5　文字摘录示例

　　特别的，点击 **目** "来源"按钮，可查看该知识点内容的来源。

本页来源 ⊠

书名：《可持续发展——低碳之路》

作者：崔亚伟，梁启斌，赵由才主编

当前第:70页

2. 图书检索

（1）快速检索

选择图书频道，选择检索框下方的检索字段，并在检索框内输入检索词。完成之后点击"中文搜索"搜索中文图书，或点击"外文搜索"搜索外文图书。如图 3.4－6。

读秀图书检索提供的检索字段有：全部字段、书名、作者、主题词、丛书名、目次。

图 3.4－6 图书快速检索

如搜索有关商务英语阅读的图书，检索步骤如下：

步骤①：选择图书频道，选择"书名"检索项，输入检索词"商务英语阅读"，点击中文搜索，如图 3.4－7。

步骤②：查看检索结果，在检索到的众多图书中进一步筛选图书，如图 3.4－8。

读秀支持二次检索。在检索结果搜索框中再次输入关键词，点击搜索按钮后方的"在结果中搜索"即可进行二次检索。

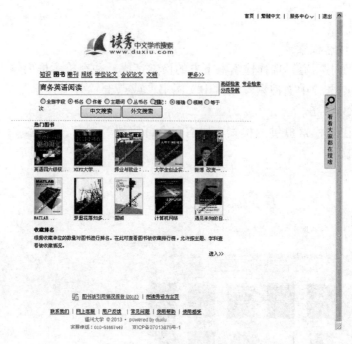

图 3.4 - 7   图书快速检索示例

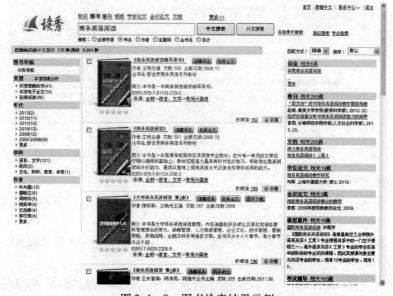

图 3.4 - 8   图书检索结果示例

　　用户可以使用左侧的聚类按照图书类型、年代、学科、作者显示图书，还可以在右侧选择将图书按照书名、作者、时间降序、时间升序、访问量、收藏量、引用量、点评量、电子馆藏排序。

　　其中，书名后的 馆藏纸本 按钮表明所在图书馆有收藏这本书，点击该按钮可查看馆藏信息。书名后的 包库全文 按钮表明所在图书馆已有这本图书的电子全文，点击该按钮可阅读。

　　步骤③：查看图书详细信息。点击图书封面或书名链接，进入图书详细信息页面。在图书详细信息页面，可以看到图书详细信息——作者、出版社、出版日期、ISBN 号、主题词、分类号等。读秀还提供了图书的书名页、版权页、前言页、目录页、正文部分页在线试读，如图 3.4-9 所示。

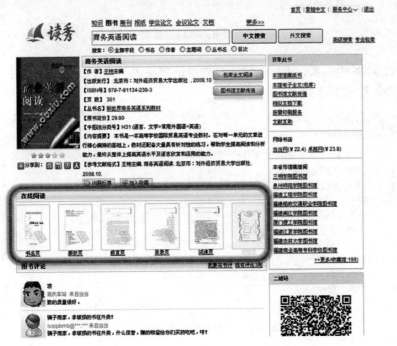

图 3.4-9　图书详细信息

（2）高级检索

　　点击图书频道首页检索框右侧的"高级搜索"链接进入图书高级搜索页面。在这里提供了书名、作者、主题词、出版社、ISBN 号、分类、年代多个检索项，读者根据需要完成一个或多个检索项的填写，还可以对检索结果显示的条数进行选择。完成之后点击"高级搜索"按钮即可。

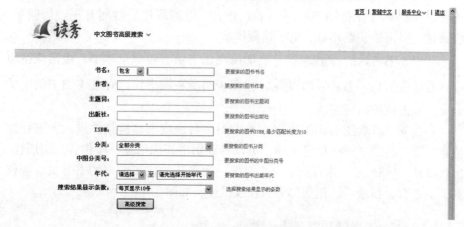

图 3.4 – 10　图书高级检索界面

如检索 2008 年以来，王艳主编，对外经济贸易大学出版社出版的商务英语阅读图书，检索方法如下图。

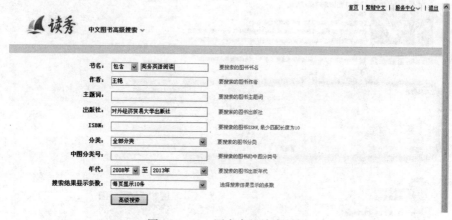

图 3.4 – 11　图书高级检索示例

3. 全文获取与阅读

（1）全文获取

读秀提供了馆藏纸书借阅、阅读电子全文、图书馆文献传递、按需印刷、网上书店购买等多种渠道获取图书，如图 3.4 – 12 所示。另外，读秀还提供了按需印刷、网络书店、本省市馆藏借阅、推荐图书馆购买等功能。

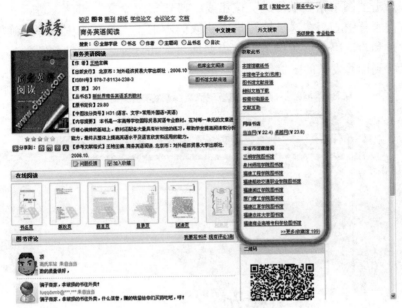

图 3.4 - 12　获取图书途径

点击"本馆馆藏纸书"链接，进入文献服务机构馆藏书目查询系统，查看该本纸质图书的借阅情况。

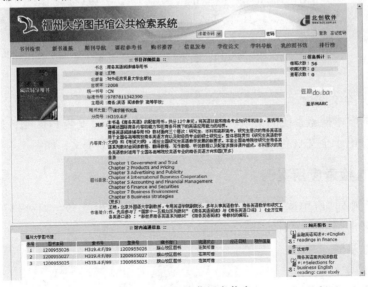

图 3.4 - 13　馆藏纸书信息

点击"图书馆文献传递"按钮或"邮箱接收全文"链接，进入图书馆文献咨询服务中心。在这里填写想要获取的本书正文页码范围，并正确填写邮箱地址和验证码，然后点击确认提交即可。几分钟之后登陆填写的邮箱，就可以看到读秀发送的图书信息。

图 3.4 – 14   图书馆文献传递服务

（2）全文阅读

读秀学术搜索系统的文献资料采用 PDF 格式存储。安装 PDF 阅读器后，点击"本库电子全文（包库）"链接，可打开本书的电子全文，如图 3.4 – 15。

二、检索应用案例

【案例1】应用读秀学术搜索系统检索：2011 – 2012 年，对外经济贸易大学出版社出版的有关对外贸易的图书。

检索步骤：

① 确定检索词

内容条件检索词：对外贸易。

图 3.4 – 15　本馆电子全文

控制条件检索词：2011、2012，外经济贸易大学出版社。

②实施检索

根据上述策略，实施检索。登录读秀学术搜索系统，选择"图书"，点击"高级检索"按钮，进入高级搜索页面。在页面中输入检索条件，如图 3.4 – 16 所示。

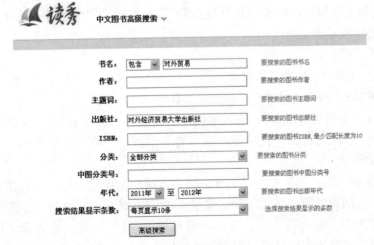

图 3.4 – 16

③ 查看检索结果

检索结果如图 3.4 – 17 所示，符合条件的图书有三本，分别是《对外贸易中的知识产权滥用及其规制》、《清朝对外贸易法制研究》和《中国对外贸易与世界贸易组织》。

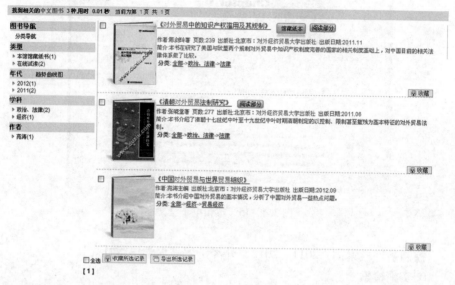

图 3.4 – 17　检索结果页面

【案例 2】应用读秀学术搜索系统检索：福州大学图书馆是否有收藏图书《对外贸易中的知识产权滥用及其规制》？除福州大学图书馆外，福建省还有哪些图书馆收藏此书？

检索步骤：

① 在【案例 1】检索结果基础上，点击书名《对外贸易中的知识产权滥用及其规制》，进入该书详细信息页面，如图 3.4 – 18。

点击"本馆馆藏纸书"，进入福州大学馆藏目录页，如图 3.4 – 19。从图中可看出，"流通状态"栏中显示该书有 3 本副本，均"在架可借"。因此，该书可以借阅。

② 根据图 3.4 – 18 右侧"本省市馆藏借阅"栏中信息可知，福建师范大学图书馆、闽南师范大学图书馆、集美大学图书馆和福建农林大学图书馆也有收藏该图书。如点击" > >更多（收藏馆：48）"链接，可查看全国其它高校图书馆收藏该书的情况，如图 3.4 – 20 和图 3.4 – 21。

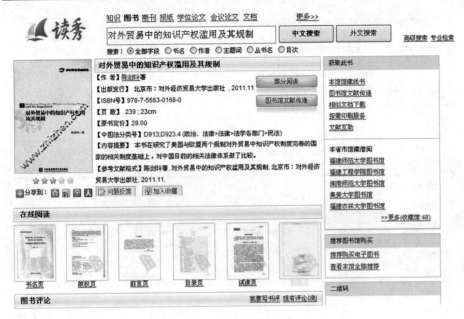

图 3.4 – 18 检索结果详细信息

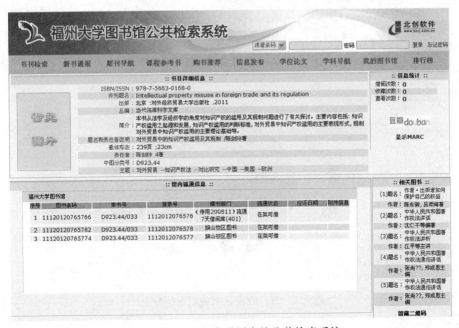

图 3.4 – 19 福州大学图书馆公共检索系统

《对外贸易中的知识产权滥用及其规制》纸本馆藏分布情况

对外贸易中的知识产权滥用及其规制

【作　者】陈剑玲著
【出版发行】北京市：对外经济贸易大学出版社
【ISBN号】978-7-5663-0168-0
【页　数】239

| 按地区浏览 | 按单位类型浏览 | 共47家单位收藏了该纸本 |

安徽省	安徽大学图书馆			
北京市	北京航空航天大学图书馆	中国矿业大学（北京）图书馆		
福建省	福建工程学院图书馆	福建农林大学图书馆	福建师范大学图书馆	福州大学图书馆
	集美大学图书馆	闽南师范大学图书馆		
甘肃省	甘肃政法学院图书馆			
广东省	东莞理工学院图书馆	广东培正学院图书馆	广东商学院图书馆	汕头大学图书馆
贵州省	贵州师范学院图书馆			
湖北省	华中科技大学图书馆	武汉科技大学图书馆	中南民族大学图书馆	
江苏省	江苏警官学院图书馆	南京财经大学图书馆	南京审计学院图书馆	苏州市职业大学图书馆
	中国矿业大学图书馆			
江西省	东华理工大学图书馆	江西财经大学图书馆	九江学院图书馆	
山东省	山东财经大学圣井校区图书馆	山东财经大学燕山校区图书馆	山东大学图书馆	山东师范大学图书馆

图 3.4 – 20　收藏该书的图书馆名单

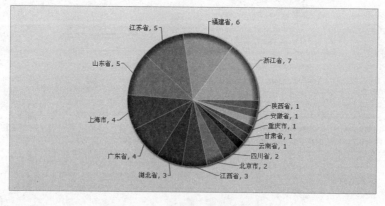

图 3.4 – 21　收藏该书的图书馆分布

三、CNKI、万方、维普、读秀应用对比

1. 数据收录范围对比

从数据收录范围上看，除维普中文科技期刊数据库只收录中文期刊论文外，CNKI 学术文献总库、万方数据知识服务平台和读秀学术搜索系统均收录中外文期刊论文，特别是 CNKI 收录了 SPRINGER、Taylor&Francis、Wiley、Elsevier、Emerald、ProQuest、PubMed 等 30 余出版商期刊，较为全面。在全文提供方面，CNKI、万方、维普均提供中文期刊论文全文服务，外文期刊论文全文则通过出版商全文链接或文献传递获得。与之相比，读秀的特色在于，一是收录了丰富的图书资源，并支持图书的电子阅读；二是实现与图书馆馆藏资源的整合、挂接，用户可通过全文链接进行下载（所在图书馆已购买该资源时）或通过文献咨询与传递服务平台索取全文（所在图书馆未购买该资源时）。

表 3.4 - 22　四种数据库数据收录范围对比

数据库	数据收录范围	是否提供全文
CNKI 学术文献总库	中文文献：期刊、学位论文、会议论文。	√
	外文文献：SPRINGER、Taylor&Francis、Wiley、Elsevier、Emerald、ProQuest、PubMed 等 30 余出版商期刊。	□
万方数据知识服务平台	中文文献：期刊、学位论文、会议论文。	√
	外文文献：外文期刊论文、外文会议论文。	◇
维普中文科技期刊数据库	中文文献：期刊。	√
	外文文献：无。	- - -
读秀学术搜索系统	中文文献：图书、期刊、学位论文、会议论文。	□
	外文文献：图书、期刊、学位论文、会议论文。	■

√：提供全文；×：不提供全文，也不提供其他获取途径；□：提供出版商全文链接；
◇：通过原文传递获取；■：提供出版商全文链接，同时提供原文传递/邮箱接收全文功能。

2. 检索应用对比

从应用角度看，数据加工深度或可检索字段多寡决定应用灵活性。以 CNKI、万方、维普和读秀均可检索的期刊数据库为例，CNKI 和维普提供了比万方、读秀更为丰富的检索字段，如期刊分类字段（核心期刊、SCI 来源期

刊、EI 来源期刊、CSSCI 来源期刊等)、基金、被引频次等字段，能为用户提供灵活的文献筛选策略，如前文所述的潜在高水平文献筛选，以及基金资助文献筛选、核心期刊/SCI 来源期刊文献筛选等。

表 3.4 – 23　四种期刊数据库检索字段对比

序号	CNKI 期刊库	万方期刊库	维普期刊库	读秀期刊库
1	主题（SU）	主题	/	/
2	/	题名或关键词	题名或关键词（M）	/
3	题名（TI）	题名	题名（T）	题名（T）
4	关键词（KY）	关键词	关键词（K）	关键词（K）
5	摘要（AB）	摘要	文摘（R）	文摘（S）
6	全文（FT）	/	/	/
7	参考文献（RF）	/	参考文献（Y）	/
8	作者（AU）	创作者	作者（A）	作者1（A）
9	第一作者（FI）	/	第一作者（F）	/
10	作者单位（AF）	作者单位	机构（S）	作者单位（O）
11	/	/	作者简介（Z）	/
12	期刊名称（JN）	刊名	刊名（J）	刊名（JN）
13	ISSN（SN）	/	/	/
14	期刊年（YE）	日期	时间	出版发行年（Y）
15	/	期	/	/
16	更新时间（RT）	/	更新时间	/
17	栏目信息（QKLM）	/	栏目信息（L）	/
18	核心期刊（HX）	/	核心期刊	/
19	SCI 收录（SI）	/	SCI 来源期刊	/
20	EI 收录（EI）	/	EI 来源期刊	/
21	CSSCI 期刊（CSSCI）	/	CSSCI 来源期刊	/
22	/	/	CAS 来源期刊	/
23	/	/	CSCD 来源期刊	/
24	中图分类号（CLC）	/	分类号（C）	/
25	基金（FU）	/	基金资助（I）	/
26	被引频次（CF）	/	/	/

第四章　引文文献检索与应用

第一节　引文文献检索系统概述

一、科学引文索引 SCI

《科学引文索引》（Science Citation Index，简称 SCI）创刊于 1961 年，是根据现代情报学家尤金·加菲尔德（Eugene Garfield）1953 年提出的引文思想而创立的，由美国科学信息所（ISI）创办并编辑出版的文献和引文检索工具。

SCI 运用引文数据分析和同行评估相结合方法，综合评估期刊的学术价值，截至目前其收录了 10 000 余种期刊，覆盖了国际上大多有重要影响的刊物，涉及数、理、化、农、林、医、生命科学、天文、地理、环境、材料、工程技术等 170 多个学科领域。

SCI 属于二次文献数据库，它收录了文献的作者、题目、源期刊、摘要、关键词等信息，但没有全文。从本质上讲，SCI 是一种检索工具，并不是一个评价指标。但是，由于 SCI 收录并统计了期刊和论文的被引证资料，因此它具备其它专业性检索系统所不具备的影响力评估、科研绩效评价等功能，使 SCI 不仅作为一部文献检索工具使用，而且成为科研评价的一种依据。根据 SCI 收录及被引证情况，可以从一个侧面反映学术水平的发展情况。目前，SCI 已成为衡量国家、高校、科研机构和科学工作者学术水平的重要指标。

二、社会科学引文索引 SSCI

《社会科学引文索引》（Social Sciences Citation Index，简称 SSCI）创刊于 1969 年，是由美国科学信息研究所（ISI）创办出版的社会科学领域重要的引文索引数据库，是 SCI 的姊妹索引，收录文献类型包括：研究论文、书评、专题讨论、社论、人物自传、书信等，内容涵盖人类学、法律、经济、历史、地理、心理学等 50 余个社会科学学科的 2 100 多种期刊，以及 3 500 种世界领

先的科学和技术期刊，数据最早可回溯至 1956 年

数据库基本特点：

1. 完整收录世界上 2 100 多种一流的社会科学领域最有影响力的期刊，这些期刊是 "Cover – to – Cover" 的索引：即一本期刊被收录，则这本期刊里面所有的文献均不加选择地被收录和索引（除了漫画和广告以外）以确保提供该刊最全面的资料。另外，SSCI 还从 SCI 所收录的 5，800 多种高质量科技期刊中，筛选出与社会科学相关的研究文献加以收录。

2. 提供完整的书目信息、作者主题词、被引用参考文献检索、作者及出版商地址、作者提供的摘要。

3. 在提供文献的书目与文摘信息的同时，提供该文献所引用的所有参考文献信息以及由此而建立的引文索引，可揭示学术文献之间承前启后的内在联系，帮助科研人员发现该文献所研究之主题的起源、发展以及相关研究，提供课题的全貌；

4. 具有严格的选刊标准和引文索引机制，使得 SSCI 与 SCI 一样，在作为文献检索工具的同时，也成为文献计量学和科学计量学的基本工具之一。

5. 数据库除了作为检索、学术评估的工具外，还具有分析检索结果的功能，通过分析功能，帮助学者深刻把握一个课题的总体画面，并且分析出研究领域的核心文献。

三、艺术与人文引文索引 A&HCI

《艺术与人文引文索引》 （Arts and Humanities Citation Index，简称 A&HCI），创刊于 1976 年，由美国科学信息研究所（ISI）创办出版，内容覆盖语言与语言学、文学、哲学、宗教与神学、古典研究、历史、考古、艺术、建筑、表演艺术等社会科学领域，计 9 大学术领域共 28 个学科，收录有 1 300 种国际权威的艺术与人文期刊，以及来自 6 000 多种自然和社会科学期刊的精选内容。A&HCI 与 SCI 和 SSCI 一起共同构成美国科学情报研究所（ISI）的三大核心数据库。

四、科技会议录索引 CPCI – S 引文检索系统

《科技会议录索引》（Conference Proceedings Citation Index – Science，简称 CPCI – S），原名 ISTP（Index to Scientific & Technical Proceedings 的简称）。CPCI – S 创刊于 1978 年，由美国科学情报研究所编辑出版。该索引收录所有：生命科学、物理与化学科学、农业、生物和环境科学、工程技术和应用科学

等学科的会议文献，以及 IEEE、SPIE、ACM 等协会出版的会议录。收录的文献类型有图书、期刊、报告、连续出版物及预印本等。

新的理论、新的解决方案和新发展的概念通常最早出现在科学会议上发表，通过 CPCI – S 可帮助研究者了解新会议论文、新理论、新概念、新假说。

五、Scopus 引文检索系统

Scopus 是 Elsevier 公司于 2004 年推出的多学科文摘索引型数据库，是现今规模最大的科研文摘和引文数据库，集信息检索、网页搜索、引文分析、资源整合及分析功能于一体，为科研人员提供一站式获取科技文献的平台。

目前 Scopus 数据库收录了来自于全球 5 000 余家出版机构超过 20 500 份同行评审书刊的 5 千万条摘要（包括 1 200 种开放存取期刊）、750 余种会议录、600 余种的商业出版物以及超过 350 余种的丛书或系列图书，提供自 1847 年以来的超过 3 300 万篇文摘以及自 1996 年以后的所有文后参考文献信息。此外，Scopus 的检索结果全面集成了科研网络信息，包括超过 4 亿 3 千万个学术网页，来自 5 个专利组织的 2 100 万条专利信息。

Scopus 内容涵盖数学、物理、化学、工程学、生物学、生命科学及医学、农业及环境科学、社会科学、心理学、经济学等 27 个学科领域，其中生命科学约 4 300 种，自然科学约 7 200 种，健康科学约 6 800 种，社会科学与人文约 5 300 种。

六、中国科学引文索引数据库 CSCD

《中国科学引文索引数据库》（Chinese Science Citation Database，简称 CSCD），创建于 1989 年，是中国科学院文献情报中心研制出版的。CSCD 已发展成为我国规模最大、最具权威性的科学引文索引数据库，为中国科学文献计量和引文分析研究提供了工具。

CSCD 收录了我国数学、物理、化学、天文学、地学、生物学、农林科学、医药卫生、工程技术和环境科学和管理科学等领域出版的中英文科技核心期刊和优秀期刊千余种，目前已积累从 1989 年到现在的论文记录超过 390 万 条，引文记录 超过 4 300 万条。

CSCD 提供著者、关键词、机构、文献名称等检索点，满足作者论著被引、专题文献被引、期刊、专著等文献被引、机构论著被引、个人、机构发表论文等情况的检索。字典式检索方式和命令检索方式为用户留出了灵活使用数据库，满足特殊检索需求的空间。系统除具备一般的检索功能外，还提供新型的索引关系——引文索引，使用该功能，用户可迅速从数百万条引文中查询到某篇科技文献被引用的详细情况，还可以从一篇早期的重要文献或著者姓名入手，检索到一批近期发表的相关文献，对交叉学科和新学科的发展研究具有十分重要的参考价值。CSCD 除提供文献检索功能外，其派生出来的中国科学计量指标数据库等产品，也成为我国科学文献计量和引文分析研究的有效工具。目前，CSCD 已在我国科研院所、高等学校的课题查新、基金资助、项目评估、成果申报、人才选拔以及文献计量与评价研究等多方面作为权威文献检索工具获得广泛应用，是推荐"中国科学院院士"、申请"国家杰出青年基金"等多项国家级奖项人才选拔的指定查询库。

七、中文社会科学引文索引 CSSCI

中文社会科学引文索引（Chinese Social Science Citation Index，简称 CSS-CI），是由南京大学 1997 开发研制的引文数据库，常用来检索中文人文社会科学领域的论文收录和文献被引用情况，是我国社会科学重要文献引文统计信息查询与评价的主要工具。

CSSCI 来源期刊的遴选遵循文献计量学规律，采取定量与定性评价相结合的方法，从全国 2 800 余种中文人文社会科学学术性期刊中精选出学术性强、编辑规范的期刊作为来源期刊。CSSCI（2014 – 2015）来源期刊收录包括法学、管理学、经济学、历史学、政治学等在内的 25 大类的 533 种学术期刊。

对于社会科学研究者，CSSCI 从来源文献和被引文献两个方面向研究人员提供相关研究领域的前沿信息和各学科学术研究发展的脉搏，通过不同学科、领域的相关逻辑组配检索，挖掘学科新的生长点，展示实现知识创新的途径。

对于社会科学管理者，CSSCI 提供地区、机构、学科、学者等多种类型的统计分析数据，从而为制定科学研究发展规划、科研政策提供科学合理的决策参考。

对于期刊研究与管理者，CSSCI 提供多种定量数据：被引频次、影响因子、即年指标、期刊影响广度、地域分布、半衰期等，通过多种定量指标的分析统计，可为期刊评价、栏目设置、组稿选题等提供科学依据。CSSCI 也可为出版社与各学科著作的学术评价提供定量依据。

八、中国引文数据库 CCD

《中国引文数据库》（Chinese Citation Database 简称 CCD）收录了中国学术期刊（光盘版）电子杂志社出版的所有源数据库产品的参考文献，涉及期刊类型引文、学位论文类型引文、会议论文类型引文、图书类型引文、专利类型引文、标准类型引文、报纸类型引文、年鉴类型引文、Springer 库引文等。CCD 通过揭示各种类型文献之间的相互引证关系，不仅可以为科学研究提供新的交流模式，同时也可以作为一种有效的科学管理及评价工具。

第二节 中国引文数据库 CCD

一、检索方法

中国引文数据库 CCD 提供的检索方法有基本检索、高级检索和专业检索。

1. 基本检索

中国知网的中国引文数据库的首页即是基本检索界面，如图 4.2 - 1。基本检索提供的检索功能有：文献检索、作者检索、机构检索、期刊检索、基金检索、学科检索、地域检索、出版社检索。其中，地域检索可在检索框选择省（直辖市、自治区）进行检索，还可检索香港、澳门特别行政区及台湾的文献发表情况。

图 4.2 - 1 中国引文数据库基本检索界面

2. 高级检索

高级检索提供更灵活的条件限制，可对学科类别、来源文献范围、引文类型、检索条件可进行限制。如图 4.2-2。其中，来源文献范围包括：期刊、学位论文、会议论文；引文类型包括：期刊、学位论文、会议论文、报纸、图书、专利、标准、年鉴、外文引文；检索条件包含：主题、题名、关键词、摘要、作者、第一责任人、单位、文献来源、基金、参考文献等。

图 4.2-2　中国引文数据库高级检索界面

3. 专业检索

专业检索，需要根据检索需求编写检索表达式，涉及的检索语法与中国知网 CNKI 文献数据库相同，包括 ∗、+、-、NEAR、PREV 等，参见本书第三章第一节相关内容，不再赘述。CCD 专业检索界面如图 4.2-3。

图 4.2-3　中国引文数据库专业检索界面

4. 检索结果处理

CCD 支持对检索结果进行统计、分析、排序、筛选、分组、导出等操作，如图 4.2 - 4。

图 4.2 - 4　中国引文数据库检索结果页面

（1）结果统计。在文献列表上方，包括对当前检索结果的文献总数、总被引频次、总他引频次、篇均被引频次、篇均他引频次的统计。

（2）结果排序。默认按照相关度排列，也可以按照出版时间、被引频次、他引频次倒序排列。

（3）结果分组。支持按文献类型、被重要期刊引用情况、作者被引频次、被引作者、引用作者、年份对检索结果进行分组，并对每类分组提供可视化图表功能。如：

① 按文献类型分组。对检索结果的文献类型进行分组，包括期刊、学位论文、会议论文、图书、报纸、专利、标准、年鉴等。其中对期刊文献进行了细分，包括核心期刊、EI 收录刊、SCI 收录刊、CSCD 收录刊、CSSCI 收录刊。

② 按被重要期刊引用分组。根据被重要期刊引用的情况，对检索结果进

行分组，包括被核心期刊引用、被 SCI 刊引用、被 EI 刊引用、被 CSCD 刊引用、被 CSSCI 刊引用。

（4）文献导出。可根据需要选择记录导出文献，导出文件格式支持参考文献、E – learning、Refworks、Endnote、BIB、自定义格式。

（5）结果分析。

① 作者分析：按文献数降序列表显示作者及作者单位、文献数、百分比、柱状图，如图 4.2 – 5。

图 4.2 – 5　作者分析页面

② 机构分析：按文献数降序列表显示机构、文献数、百分比、柱状图。

③ 出版物分析：按文献数降序列表显示出版物、文献数、百分比、柱状图。

④ 基金分析：按文献数降序列表显示基金、文献数、百分比、柱状图。

⑤ 学科分析：按文献数降序列表显示学科、文献数、百分比、柱状图。

⑥ 出版年分析：按文献数降序列表显示出版年、文献数、百分比、柱状图。

（6）作者引证报告。该报告可提供作者全部被引文献，有助于剖析被重要文献引用的详细情况。如，在 CCD 中检索福州大学王心晨所发表的文献，如图 4.2 – 6。点击"引证报告"，可得到该作者的引证报告如图 4.2 – 7。CCD 支持对检索文献类型和引用文献类型进行过滤，重新生成引证报告。

图 4.2 - 6　作者检索结果

图 4.2 - 7　作者引证报告

作者引证报告中的被引情况以表格形式体现。其中，表格列显示的是引用文献类型明细，包括：

① 期刊引用频次：包括核心期刊、SCI 收录刊、EI 收录刊、CSCD 收录刊、CSSCI 收录刊等引用频次。

② 学位论文引用频次：包括博士、硕士学位论文引用频次。

③ 会议论文引用频次：包括中国、国际会议论文引用频次。

表格行显示的是被引频次明细，包括：被引频次、他引频次、最近 5 年被引频次、最近 5 年他引频次、第一作者被引频次、第一作者他引频次。

5. 数据分析器

CCD 根据不同用户提供作者、机构、期刊、基金、学科、地域、出版社七个分析器。不同分析器之间功能相似，以下仅简要说明作者分析器和机构分析器。

（1）作者分析器

统计作者的各年发文量、下载频次、被引频次和 H 指数等，分析作者间的合作和互引关系，揭示其研究热点和趋势等。具体包括：

① 发文量，统计作者各年发表文献的数量，包括各年发表基金文献的数量，如图 4.2 - 8。

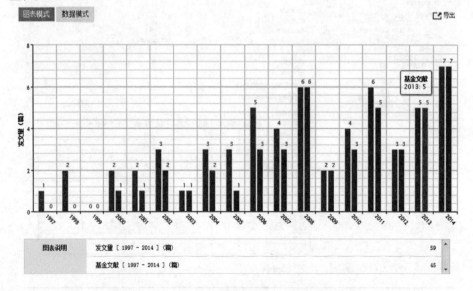

图 4.2 - 8　中国引文数据库的作者分析器的发文量

② 各年被引量，统计作者发表文献各年被各种资源（包括期刊文献、学位论文、会议论文等）引用的频次，如图4.2－9。

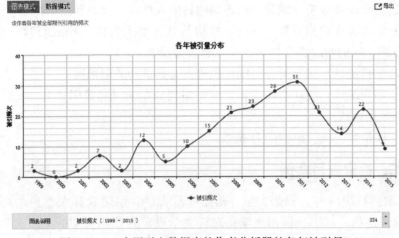

图4.2－9　中国引文数据库的作者分析器的各年被引量

③ 下载量统计，统计作者所有发文各年的下载频次。

④ 作者统计，包括作者被引排名、作者引用排名、合作作者排名，以图表或数据模式显示。

⑤ 基金资助，包括基金发文排名和基金被引排名。

⑥ 期刊分布，统计该作者发表文献的期刊分布情况。

图表模式：以期刊发文量降序显示，柱状图；点击某个柱体，列表显示题名、作者、来源、年期。

数据模式：列表显示，期刊名称、发文量。

⑦ 关键词排名，统计作者发表文献各关键词出现频次的排名。按关键词频次倒序排列。

⑧ H 指数。H 指数是指该作者至多有 H 篇文献分别被引用了至少 H 次。

（2）机构分析器

统计分析某一科研机构的学术产出和学术影响力，以及基金资助情况，也可与其他同行机构对同一指标进行比较分析。具体包括：

① 发文量。统计某机构各年发表文献的数量，支持自动合并机构曾用名，支持多机构统计分析，最多可以选择 10 个机构进行比较。

② 被引统计。统计机构各年被引量、篇均被引率。其中，篇均被引率 = 机构当年发表文献的被引频次/机构当年发文量。

③ 引文统计。统计机构各年引文量和篇均引文量。

④ 基金资助分析。统计分析机构在基金资助下的发文排名和被引排名。

⑤ 科研作者分析。统计分析机构内科研人员发文排名和被引排名。

⑥ 学术合作机构分析。统计某机构与其他学术机构（排除与自己合作）合作发表文献的情况，支持图表模式和数据模式。

⑦ 学科统计。按学科分类统计机构发文数量和被引情况。

⑧ 期刊统计。统计机构发表文献的期刊分布情况和被引排名，支持图表模式和数据模式。

⑨ H 指数。统计机构的 H 指数。

二、检索应用案例

【案例】2014 年，福州大学、福建师范大学、福建农林大学启动高水平大学建设进程。其中，福州大学将对标大学设定为苏州大学、上海大学、北京工业大学、南昌大学、郑州大学。为比较六所大学之间的科研竞争力，本节试图借助 CCD 机构分析器，从发文量和篇均被引率等角度粗略分辨之。

检索步骤：

① 进入中国引文数据库 CCD，选择"高级检索"，选择"数据分析器"，进入"机构分析器"页面。

② 在"机构名称"中输入"福州大学"，并点击"添加机构"按钮，分别添加苏州大学、上海大学、北京工业大学、南昌大学、郑州大学，如图 4.2 - 10。

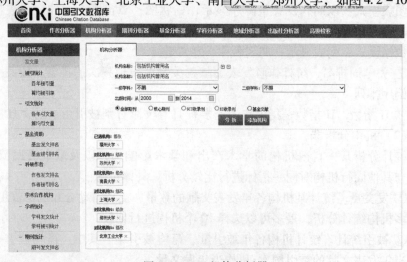

图 4.2 - 10　机构分析器

③ 点击"分析"按钮，得到分析结果。

④ 结果分析。从发文量上看，福州大学发文量最低，年均 2 000 余篇，2000－2014 年间累计发表 2 万 9 千余篇文献。北京工业大学和福州大学相似。郑州大学发文量最大，年均 4 400 余篇，15 年来累计发表 6 万 7 千余篇。苏州大学发文量在六所大学中排名第二，年均 4 000 余篇，15 年来累计发表 6 万 1 千余篇。2011 年以来，南昌大学发文量呈明显下降趋势，2013 年以来已逐渐被福州大学和北京工业大学赶超，如图 4.2－11。

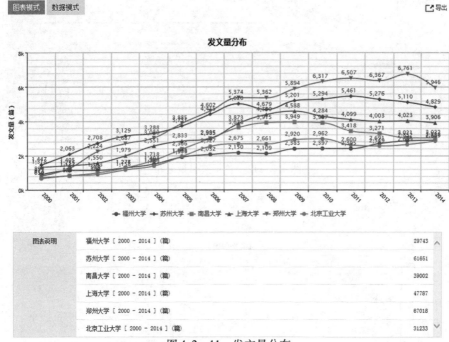

图 4.2－11　发文量分布

从各年被引量分布情况可发现，苏州大学的年均被引量在六所大学中处于最高位置，达 130 000 余次，福州大学年均被引量则在六所大学中处于最低水平，为 71 000 余次，差距将近一倍，如图 4.2－12。

但从篇均被引率分布上看，2000－2014 年间，北京工业大学所发表文献篇均被引率为 3.618，为六所大学最高，福州大学次之，为 3.093，上海大学和南昌大学、苏州大学出于相似水平，郑州大学则处于最低水平，为 2.385，如图 4.2－13。因此，可以得出结论，福州大学和北京工业大学虽发文量较低，但文献质量较高，科研实力较强。

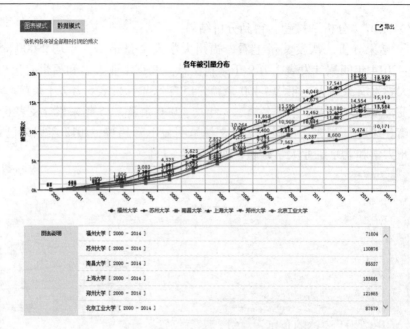

图 4.2 – 12　各年被引量分布

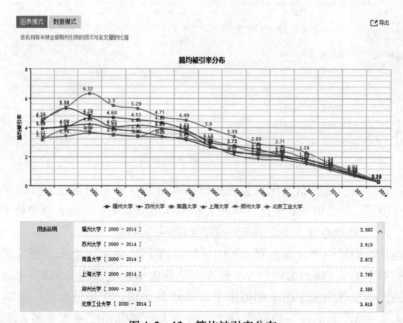

图 4.2 – 13　篇均被引率分布

第三节 科学引文索引扩展版（SCIE）

SCI - E（SCI Expanded）是 SCI 的扩展库，收录了生命科学及医学、化学、物理等 150 多个自然科学学科的 8 300 多种主要期刊。SCIE 不仅是一个重要的检索工具，而且也是目前国际上最具权威性的科学研究成果评价工具，是评价一个国家、科研机构、高校、期刊，乃至一个研究人员学术水平的重要指标之一。通过 SCIE 可实现：

1. 了解某位著者或某一机构发表论文的数量及其影响情况。

2. 了解世界范围内某一学科的研究动态。

3. 了解某篇论文的被引用情况及研究热点。

一、检索规则

SCIE 数据库不区分大小写，可以使用大写、小写或混合大小写；支持用 AND、OR、NOT 表达的布尔运算符；支持位置运算符和通配符等。

1. 位置运算符

表 4.3 - 1　SCIE 位置运算符

检索符号	含义和说明	举例
NEAR/x	用于查找检索词之间相隔指定数量的单词的记录。用数字取代 X 可指定将检索词分开的最大单词数。适用于单词处于不同字段的情况。	salmon NEAR virus salmon NEAR/15 virus
SAME	在"地址"检索中，使用 SAME 将检索限制为出现在"全记录"同一地址中的检索词。需要使用括号来分组地址检索词。	例：AD =（McGill Univ SAME Quebec SAME Canada） 查找在"全记录"的"地址"字段中出现 McGill University 以及 Quebec 和 Canada 的记录。

2. 通配符

表 4.3 – 2　SCIE 通配符

检索符号	含义和说明	举例
*	表示任何数量的字符（即字符组），包括空字符。	enzym * 可查找：enzyme、enzymes、enzymatic、enzymic
?	表示任意一个字符。	wom? n 可查找：woman、women
$	表示零或一个字符。	colo $ r 可查找：color、colour

3. 短语检索

若要精确查找短语，需用双引号括住短语，如，"energy conservation"。检索精确匹配的短语时，不要在引号内部使用 $ 符号，否则将检索不到结果。

4. 特殊字符

表 4.3 – 3　SCIE 特殊字符

检索符号	含义和说明	举例
撇号（'）	撇号（'）被视为空格，是不可检索字符。确保检索不带撇号的不同拼写形式。	例如：Paget's OR Pagets 可查找包含 Paget's 和 Pagets 的记录
连字符（–）	连字符（–）视为空格，是不可检索字符。处理输入带连字号或不带连字号的检索词可以检索用连字号连接的单词和短语。	例如：waste – water 可查找包含 waste – water 或短语 waste water 的记录。

二、检索方法

进入 "Web of Science" 数据库后，在 "所有数据库" 下拉式列表里选择 "Web of ScienceTM 核心合集"，进入一个新的页面，此时点击 "更多设置"，勾选 "Web of Science 核心合集：引文索引" 下的 "Science Citation Index Expanded（SCI – EXPANDED）"，进入 SCI – EXPANDED 的检索首页，如图 4.3 – 1。SCIE 系统提供的检索功能有基本检索、作者检索、被引参考文献检索、化学结构检索、高级检索。

1. 基本检索

基本检索用于检索文献被收录的情况。提供的检索字段有：主题、标题、

图 4.3 - 1 Web of Science 数据库检索界面

作者、作者标识符、团体作者、编者、出版物名称、DOI、出版年、地址、机构扩展、会议、语种、文献类型、基金资助机构、授权号、入藏号。

图 4.3 - 2 SCI - EXPANDED 基本检索页面

例如：查找 2009 – 2013 年福州大学发表的论文被 SCIE 收录的情况

检索步骤：

（1）选择 SCI – EXPANDED "基本检索"界面。

（2）选择时间跨度为 2009 – 2013 年。

（3）检索字段选择"地址"，检索框中输入"fuzhou univ"，如图 4.3 – 3。

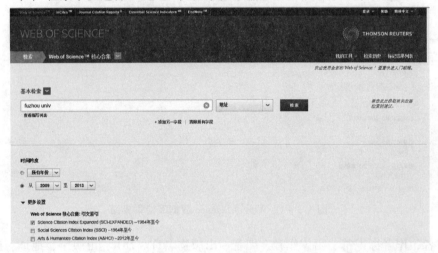

图 4.3 – 3　基本检索实例

（4）点击"检索"按钮。

（5）检出检索结果，有 2 982 条记录，并显示题录信息。如图 4.3 – 4。

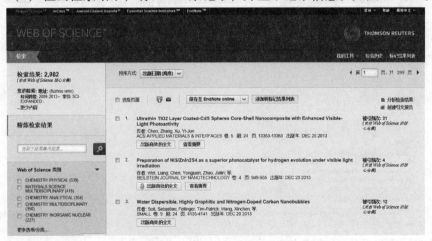

图 4.3 – 4　检索结果

（6）单击文献标题，显示该篇文献被 SCIE 收录的详细信息，即全记录。见图 4.3 – 5。

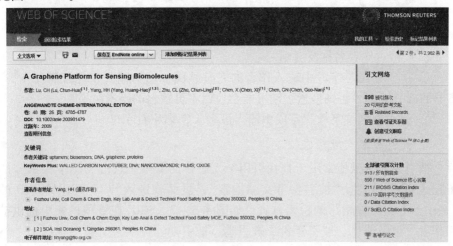

图 4.3 – 5　检索记录详细信息

2. 作者检索

作者检索用以检索出特定作者的所有文献，其检索界面如图 4.3 – 6。

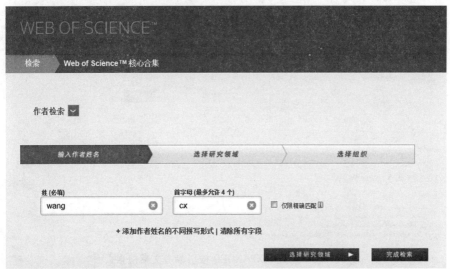

图 4.3 – 6　SCI – EXPANDED 作者检索页面

进行作者检索的注意事项：

（1）作者姓名的形式为：姓氏在先，名字首字母（最多四个字母）在后。姓氏可以包含连字号、空格或撇号。例如：Wilson SE、O'Grady AP、Ruiz – Gomez M。

（2）检索作者名称及规则

① 在"姓氏"字段中输入作者的完整姓氏，切勿输入带通配符（＊、？、＄）的部分姓名，否则搜索引擎可能会返回不可预料的检索结果。

② 在"姓名首字母"字段中输入最多 4 个名字首字母。

3. 被引参考文献检索

被引参考文献检索用于查找引用个人著作的文献。点击"基本检索"的下拉式列表，选择"被引参考文献检索"，页面就进入 SCI – EXPANDED 的"被引参考文献检索"的检索首页，如图 4.3 – 7。SCIE 在该项检索中提供被引作者、被引著作、被引年份、被引卷、被引期、被引页、被引标题七个检索字段。

图 4.3 – 7　SCI – EXPANDED 被引参考文献检索页面

例如：查找论文"Inorganic Photocatalysts for Overall Water Splitting"被引用情况。

检索步骤：

（1）选择"被引参考文献检索"检索界面。

（2）选择 SCIE 数据库，选择"被引标题"字段，输入论文标题，如图 4.3－8。

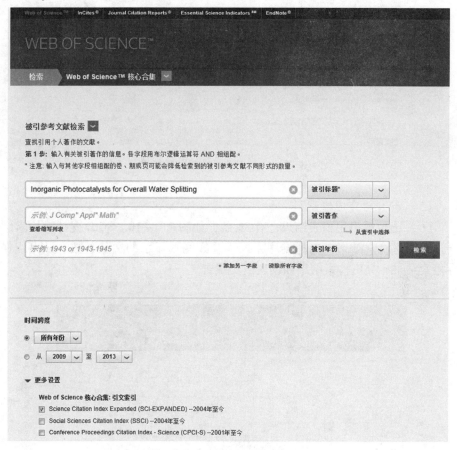

图 4.3－8 "被引参考文献检索"检索界面

（3）点击"检索"。

（4）勾选"被引参考文献"，该文献有 2 种不同形式，必须全选，如图 4.3－9。

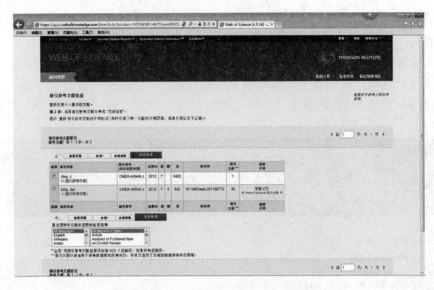

图 4.3 - 9 　"被引参考文献"选择界面

（5）点击"完成检索"。

（6）出现被引用检索结果，有 36 条，如图 4.3 - 10。SCIE 支持对检索结果进行精炼检索结果、选择排序方式、选择网页显示的文献条数、导出或保存检索结果、分析检索结果和创建引文报告。

图 4.3 - 10 　"被引参考文献"检索结果

（7）点击"创建引文报告"，列出每年出版的文献数、每年的引文数、并以柱状图显示，如图4.3-11。

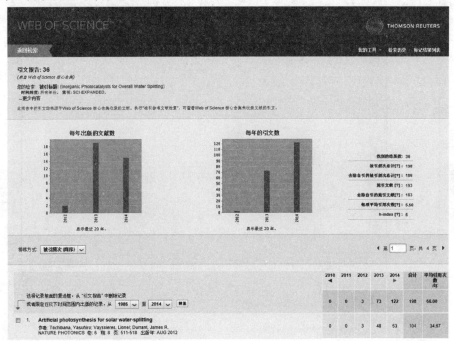

图4.3-11 创建引文报告

4. 化学结构检索

点击"基本检索"的下拉式列表，选择"化学结构检索"，页面就进入 SCI-EXPANDED 的"化学结构检索"的检索首页，如图4.3-12。

SCIE 支持化学结构绘图、化合物数据和化学反应数据三种输入方式，可检索与使用 Accelrys JDraw 小程序创建的化学结构检索式相匹配的化合物和反应。

5. 高级检索

高级检索使用字段标识和检索式组配成检索策略来检索文献。检索字段标识包括：TS（主题）、TI（标题）、AU（作者）、SO（出版物名称）、DO（DOI）、PY（出版年）、CF（会议）、AD（地址）、OO（机构）、FO（基金资助机构）、FT（基金资助信息）、SU（研究方向）等，如图4.3-13。

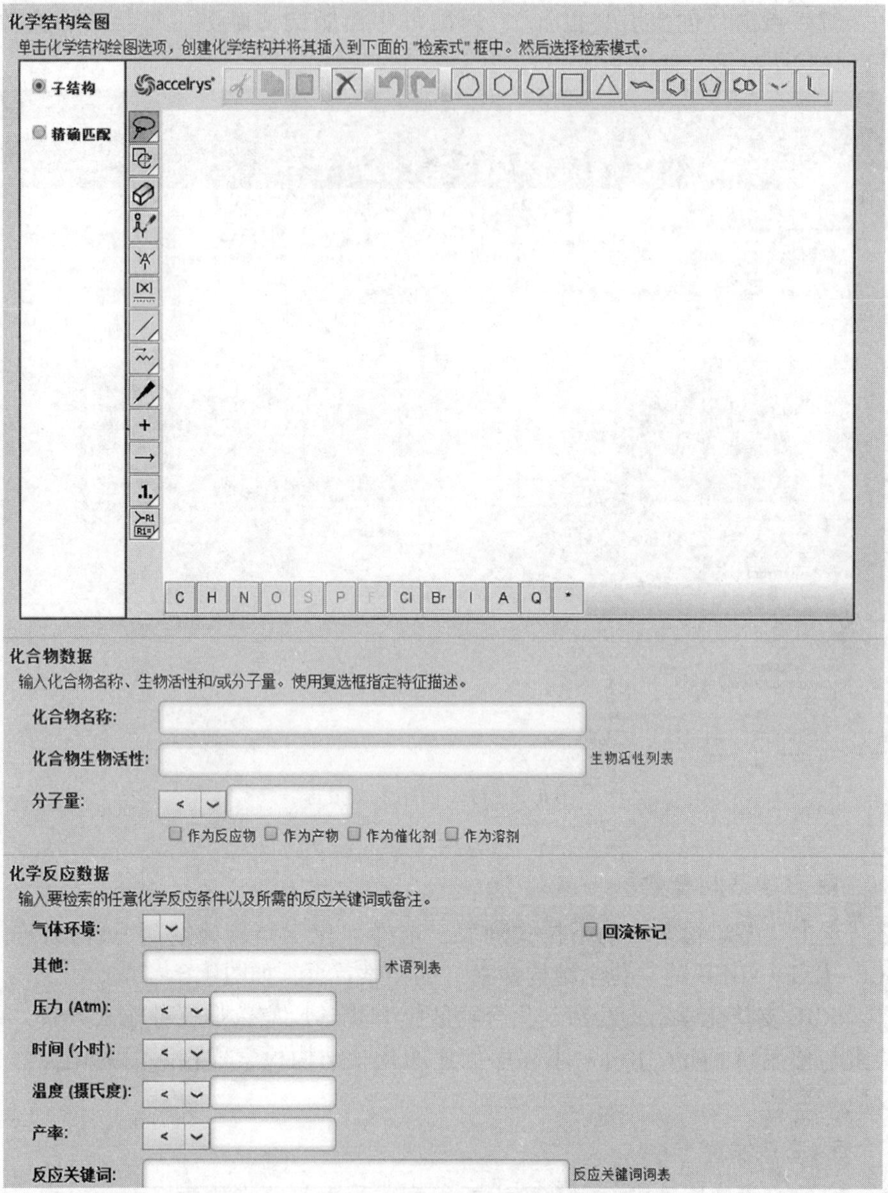
化学结构绘图
单击化学结构绘图选项，创建化学结构并将其插入到下面的"检索式"框中。然后选择检索模式。
子结构
精确匹配
accelrys
C H N O S P F Cl Br I A Q *
化合物数据
输入化合物名称、生物活性和/或分子量。使用复选框指定特征描述。
化合物名称:
化合物生物活性:
生物活性列表
分子量:
作为反应物 作为产物 作为催化剂 作为溶剂
化学反应数据
输入要检索的任意化学反应条件以及所需的反应关键词或备注。
气体环境:
回流标记
其他:
术语列表
压力 (Atm):
时间 (小时):
温度 (摄氏度):
产率:
反应关键词:
反应关键词词表

图 4.3-12 SCI-EXPANDED 化学结构检索页面

检索策略由一个或多个字段标识以及相应检索式组成，允许使用逻辑运算符、位置算符和通配符。检索策略可以使用"编辑"框编制完成，也可以

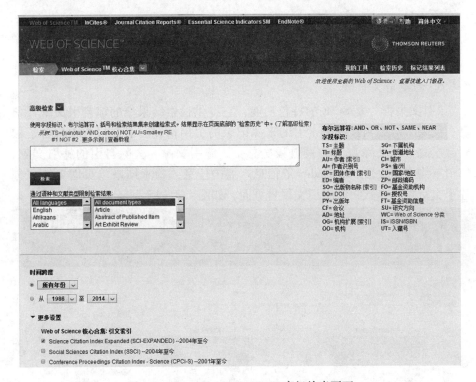

图 4.3 – 13　SCI – EXPANDED 高级检索页面

在检索历史中组配已有检索策略，形成新的策略，组配形式如：#1 AND #2 NOT #3，如图 4.3 – 14。

图 4.3 – 14　SCI – EXPANDED 高级检索组配检索式页面

检索策略组配检索规则：
① 在每个检索式编号前输入数字符号（#）。

② 检索式组配中包括布尔运算符（AND、OR、NOT）。

③ 不要在检索式组配中使用 SAME 运算符或者通配符。

④ 使用括号可以改写运算符优先级。

6. 创建引文报告

"引文报告"是 SCIE 的特色功能，它提供检索结果集的综合引文统计信息，反映了对编入数据库索引的来源记录的引用情况。引文报告中包含了被引频次总计、去除自引的被引频次总计、施引文献、去除自引的施引文献、每项平均引用次数、h－index 等信息。点击任意"检索结果"页面中的"创建引文报告"链接可转至引文报告页面，如图 4.3－15。

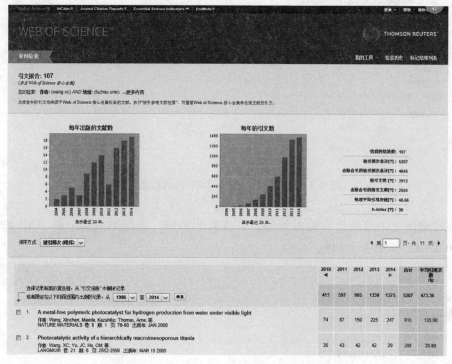

图 4.3－15　SCI－EXPANDED 引文报告页面

三、检索应用案例

【案例】引证关系图是近年 SCIE 开发的可视化引文分析工具，功能强大，可用来可视化显示文献两级引证关系，研究人员能直观地发现一篇论文所涉及的更广泛的联系，通过所形成的信息"图谱"突显其研究中最重视的引文关系。

本案例选择文献"TiO2 – Graphene Nanocomposites for Gas – Phase Photocatalytic Degradation of Volatile Aromatic Pollutant：Is TiO2 – Graphene Truly Different from Other TiO2 – Carbon Composite Materials？"，考察单篇文章的被引用情况。

检索步骤：

1. 在 Web of ScienceTM 核心合集中选择"基本检索"，数据库选择"Science Citation Index Expanded（SCI – EXPANDED）"。

2. 输入检索条件。选择标题字段，输入：TiO2 – Graphene Nanocomposites for Gas – Phase Photocatalytic Degradation of Volatile Aromatic Pollutant：Is TiO2 – Graphene Truly Different from Other TiO2 – Carbon Composite Materials。

3. 单击检索按钮，查看检索结果。

4. 单击文章篇名，进入文章详细信息页面，如图 4.3 – 16。

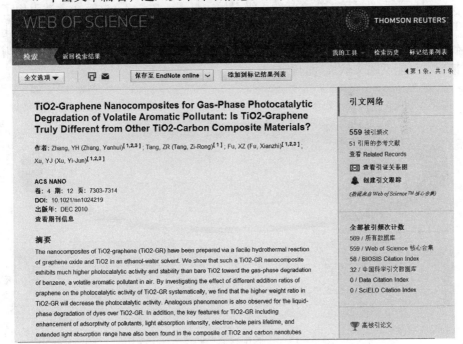

图 4.3 – 16　检索记录详细信息页面

点击"查看引证关系图"。SCIE 提供前向引证关系（施引文献）、后向引证关系（引用的文献）、双向引证关系三种类型的引证关系图，如图4.3 - 17。同时，SCIE还支持以作者、期刊名称、标题、研究方向、语种、国家/地区、机构和出版年为节点创建引证关系图。本案例将分别从作者、研究方向和国家/地区节点分别创建引证关系图加以分析。

图4.3 - 17　三种类型的引证关系图

（1）选择创建前向引证关系图，按照作者节点创建引证关系图。

引证关系图显示了该文献的一级引用，见图4.3 - 18。这篇文章被引用了379次，已超出系统处理能力，无法显示二级引证关系。如果一级引证关系比较少，可以显示二级引证关系。对于考察一篇文章的影响力，考虑二级引用情况，更能反映文献长远的影响力。

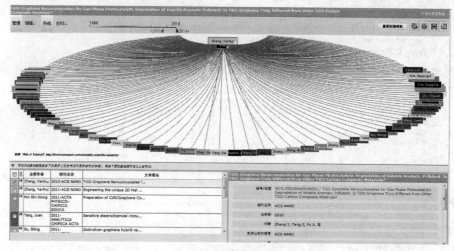

图4.3 - 18　按照作者节点创建引证关系图

（2）按照研究方向节点创建的引证关系图。

图4.3 - 19是按照研究方向创建的节点图，从图中可以看出，原文献属

于化学、材料科学领域，却被其他相关领域诸如晶体学、物理学、电化学、能源燃料、工程、环境生态学、冶金工程、冶金、高分子科学、光谱等领域所参考。由此演示了学科之间的交叉关系，也反映了该文献对多个领域的参考价值。

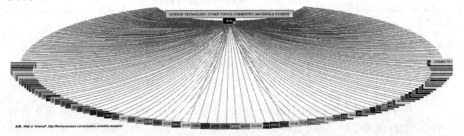

图 4.3 – 19　按照研究方向节点创建引证关系图

（3）按照国家节点创建的引证关系图。

图 4.3 – 20 表明，该文献被包括美国、意大利、英国、韩国、日本、加拿大、德国、印度、澳大利亚、中国台湾、新加坡、马来西亚、泰国、伊朗、瑞典、南非、巴西、希腊、乌克兰等多个国家和地区的科研人员所引用，说明该文献不仅在中国，在国际上的该领域研究中也发挥了重要的作用。

图 4.3 – 20　按照国家节点创建引证关系图

第四节　SCOPUS 数据库

一、检索规则

和 SCIE 一样，Scopus 数据库不区分大小写，支持用 AND、OR、AND

NOT 表达的布尔运算符。同时，也支持位置运算符和通配符，但算符及其含义不尽相同。

1. 位置运算符

表 4.4 – 1　Scopus 位置运算符

检索符号	含义和说明	举例
PRE/n	检索式中的第一个检索词必须在第二个检索词之前，并且之间的单词数应为所指定的数量（n）。	behavioural PRE/3 disturbances 可以找出"behavioural"在"disturbances"之前且间距不超过 3 个单词的论文。
W/n	检索式中两个检索词之间的单词数应小于所指定的数量（n），不考虑两个检索词的先后关系。"n"可以为 0 到 255 之间的任何数字。	pain W/15 morphine 可以找出带有"pain"和"morphine"并且两词间距不超过 15 个单词的论文

2. 通配符

表 4.4 – 2　Scopus 通配符

检索符号	含义和说明	举例
?	可以替换单词中任意位置上的一个字符。	AFFIL（nure? berg）可以找到 Nuremberg 和 Nurenberg
*	可以替换单词中任意位置上的多个字符（即 0 个或更多的字符）。	behav * 可以找到 behave、behavior、behaviour、behavioural、behaviourism 等。

3. 短语检索

表 4.4 – 3　Scopus 短语检索

检索符号	含义和说明	举例
{ }	包含完全匹配短语的文献	{heart – attack} 检索时考虑到连字符（ – ）
" "	检索大体或近似匹配的短语	"heart – attack"或"heart attack"所返回的结果完全相同，因为系统忽略连字符。

二、检索方法

Scopus 数据库系统提供文献检索、作者检索、归属机构检索和高级检索等功能。

1. 文献检索

Scopus 数据库首页默认为文献检索页面，如图 4.4 - 1 所示。该类检索提供的检索字段包括：论文标题、摘要、关键字、作者、来源出版物名称、归属机构、ISSN、DOI、参考文献、会议、化学物质名称、CAS 注册号等，默认为论文标题、摘要、关键字。同时，可以根据需要选择日期范围、文献类型、学科类别等。

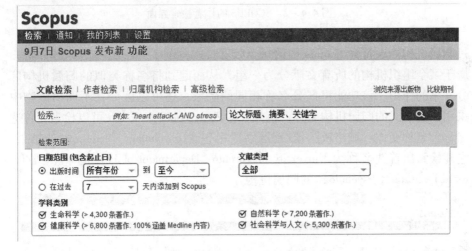

图 4.4 - 1　SCOPUS 数据库文献检索页面

2. 作者检索

通过此功能可查找某一作者发表的论文数，该作者某篇论文被引用的次数及被何人具体引用情况等，如图 4.4 - 2。为处理同一作者可能由不同的姓名表示问题，Scopus 应用作者标识符为 Scopus 中的每个作者分配了一个唯一编号并将该作者所著述的所有文献分为一组，从而起到将这些姓名区分开来的作用。例如，同一位作者在一篇文献中可能显示为 Lewis，M，在另一篇中是 Lewis，M. J，而在又一篇中则是 Lewis，Michael。Scopus 作者标识符可以在此作者所著的文献之间建立匹配关系，从而将这些姓名变体分为一组，这样假使在引用作者时采用了不同的方式，也能将他们与各自的论文联系起来。

3. 归属机构检索

点击"按归属机构检索"，显示的检索界面如图 4.4 - 3 所示。Scopus 通

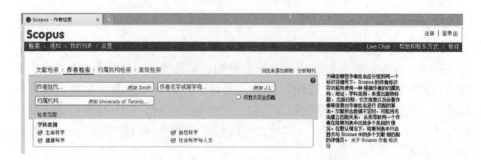

图 4.4 - 2   SCOPUS 的作者检索界面

过归属机构标识符为 Scopus 中的每个归属机构分配了一个唯一的编号并将归属于某个组织机构的所有文献分为一组，从而起到将名称类似的归属机构区分开来的作用。该功能可区分名称相同的院系，还可以区分在不同出版物中采用不同格式的归属机构名称。例如：输入 psychology toronto 可以检索在首选名称、名称变体、城市或国家/地区字段中包含 psychology 和 toronto 的结果，它能检索出首选名称为 University of Toronto，Department of Psychology，或 Toronto Institute of Psychology 的归属机构。

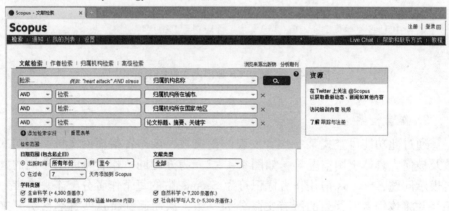

图 4.4 - 3   SCOPUS 按归属机构检索文献界面

4. 高级检索

高级检索可以使用布尔值等逻辑运算符 AND、OR、AND NOT 和位置算符 PRE/、W/等构建的检索式进行检索，检索界面如图 4.4 - 4 所示。

Scopus 提供 ABS（摘要，文献的概要）、AFFIL（归属机构）、AU - ID

图 4.4 - 4 SCOPUS 高级检索界面

（作者标识符）、AUTH（作者）、CHEM（化学物质）、DOI 等将近 70 个检索字段，可满足灵活多样的检索需求。如，检索式 TITLE - ABS - KEY（prion disease）将返回在标题、关键字或摘要中包含该词的文献，检索式 INDEX-TERMS（prion disease）将返回带有索引词 prion disease 的文献。

三、检索应用案例

【案例】查找福州大学 lidengfeng（Li，D. F.）被 Scopus 数据库收录的文献。

检索步骤：

① 进入 Scopus 数据库选择"作者检索"界面。

② 输入检索条件。在"作者姓氏"栏输入：li；在"作者名字或首字母"栏输入：D. F.；在"归属机构"栏输入：fuzhou university，如图4.4-5。

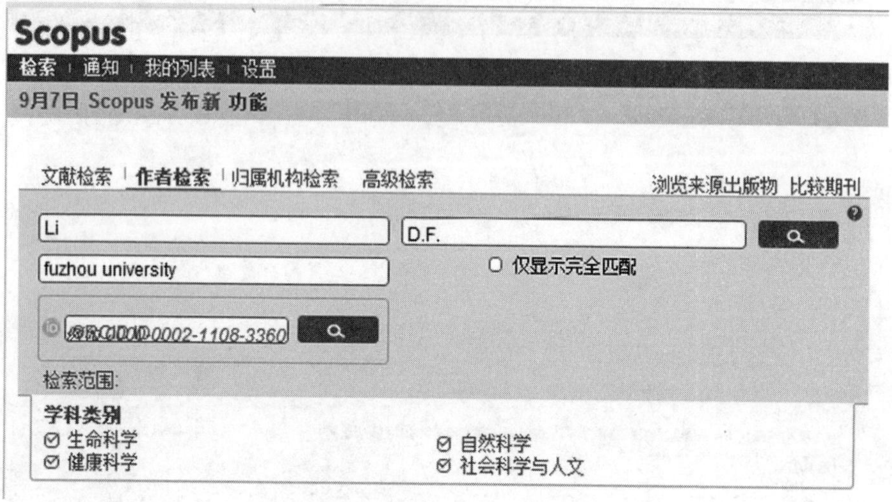

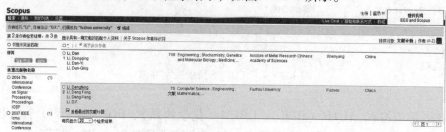

图4.4-5 Scopus 实例的作者检索

③ 单击检索按钮，显示检索结果，如图4.4-6所示。

图4.4-6 Scopus 实例的作者检索结果

④ 在检索结果页，点击作者姓名，查看此作者的个人资料，显示作者详情。内容包括：作者姓名（全称）、作者单位、作者 ID 号、发表的文献数、被引用的总次数、h-index、合著者、学科类别、发表文献的题录信息（包括文献标题、作者、刊名、出版年、施引文献数）等，如图4.4-7。

在检索结果页的右边显示，点击"作者评估系统"查看该作者在 2004 年之后所发论文分布情况，如图4.4-8。

此外，还可以对搜索结果进行分析，如，按归属机构分析结果，如图4.4-9。

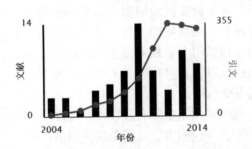

图 4.4 - 7 Scopus 实例的作者详情

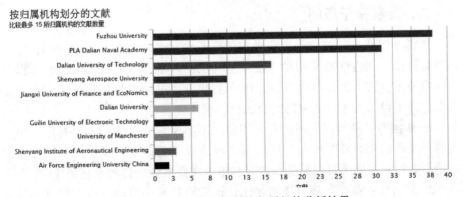

图 4.4 - 8 Scopus 实例的作者的发文量和被引用情况

图 4.4 - 9 Scopus 实例的按归属机构分析结果

第五章 专利文献检索与应用

第一节 专利及专利文献

一、专利及专利文献

如本书第一章第一节所言，从法律意义上说，专利是专利权的简称，指依法定程序确认的专利权人对发明创造享有的专有权。

专利文献是指专利申请文件经国家主管专利的机关依法受理、审查合格后，定期出版的各种官方出版物的总称。从狭义上讲，专利文献是指由国家知识产权局公布的专利说明书和权利要求书；从广义上讲，专利文献还包括说明书摘要、专利公报以及各种检索工具书、与专利有关的法律文件等。我国出版的专利文献主要包括：

1. 发明专利公报、实用新型专利公报和外观设计专利公报；
2. 发明专利申请公开说明书、发明专利说明书；
3. 实用新型专利说明书；
4. 专利年度索引。

二、专利授予原则

我国《专利法》第二十二条规定，授予专利权的发明和实用新型，应当具备新颖性、创造性和实用性。授予专利权的外观设计，应当同申请日以前在国内外出版物上公开发表过或者国内公开使用过的外观设计不相同和不相近似，并不得与他人在先取得的合法权利相冲突。

1. 新颖性：是指该发明或者实用新型不属于现有技术；也没有任何单位或者个人就同样的发明或者实用新型在申请日以前向国家知识产权局提出过申请，并记载在申请日以后公布的专利申请文件或者公告的专利文件中。

2. 创造性：是指与现有技术相比，该发明具有突出的实质性特点和显著的进步，该实用新型具有实质性特点和显著的进步。

3. 实用性：是指该发明或者实用新型能够制造或者使用，并且能够产生积极效果。

所谓现有技术，是指申请日（有优先权的，指优先权日）以前在国内外为公众所知的技术。现有技术的公开形式包括出版物公开、使用公开、其他方式公开。

此外，专利法规定，以下内容或技术领域不授予专利权：

1. 科学发现；
2. 智力活动的规则和方法；
3. 疾病的诊断和治疗方法；
4. 动物和植物品种；
5. 用原子核变换方法获得的物质；
6. 对平面印刷品的图案、色彩或者二者的结合作出的主要起标识作用的设计。

三、专利权特点

专利属于知识产权的一部分，是一种无形的财产，它具有排他性、区域性、时间性特点。

1. 排他性：即独占性。它是指在一定时间（专利权有效期内）和区域（法律管辖区）内，任何单位或个人未经专利权人许可都不得实施其专利，即不得为生产经营目的的制造、使用、许诺销售、销售、进口其专利产品，或者使用其专利方法以及制造、使用、许诺销售、销售、进口其专利产品，否则属于侵权行为。

2. 区域性：是指专利权是一种有区域范围限制的权利，它只有在法律管辖区域内有效。除在一些情况下，依据保护知识产权的国际公约，以及个别国家承认另一国批准的专利权有效以外，技术发明在哪个国家申请专利，就由哪个国家授予专利权，而且只在专利授予国的范围内有效，而对其他国家则不具有法律约束力，其他国家不承担任何保护义务。但是，同一发明可以同时在两个或两个以上的国家申请专利，获得批准后其发明便可以在所有申请国获得法律保护。

3. 时间性：是指专利只有在法律规定的期限内才有效。专利权的有效保护期限结束以后，专利权人所享有的专利权便自动丧失，一般不能续展。发明便随着保护期限的结束而成为社会公有的财富，其他人便可以自由地使用该发明来创造产品。专利受法律保护的期限的长短由有关国家的专利法或有关国际公约规定。目前世界各国的专利法对专利的保护期限规定不一。我国《专利法》第四十二条规定：发明专利权的期限为二十年，实用新型专利权和外观设计专利权的期限为十年，均自申请日起计算。

四、专利分类法

目前，国际上存在三种类型的专利文献分类体系：

1. 国际通用分类体系。当前国际上通用的专利文献分类规则是根据《国际专利分类斯特拉斯堡协定（1971 年）》编制的《国际专利分类表》（IPC）。

我国采用国际专利分类法对发明和实用新型进行分类，采用国际外观设计分类法（洛迦诺分类法）对外观设计专利进行分类。

2. 部分国家或专利组织制定的分类体系，如欧洲专利局（EPO）、美国专利商标局（USPTO）以及日本特许厅（JPO）根据自身的需要，各自制定 ECLA、UC、FI/FT 等分类体系，对其公布的专利文献、部分外国专利文献和一些非专利文献进行分类。

3. 部分商业公司制定的分类体系，如德温特公司在其世界专利索引数据库 DII 中使用 MC 手工代码和 DC 分类号对专利文献进行标引。

国际专利分类 IPC 是世界上应用最广的专利分类体系，也是其他大部分专利分类体系的基础。IPC 是一种等级分类系统，低等级的内容是其所从属的较高等级的内容的细分。按照分类等级由高至低分为：部、大类、小类、大组、小组。部有 8 个，分别是：

A 部——人类生活必需

B 部——作业；运输

C 部——化学；冶金

D 部——纺织；造纸

E 部——固定建筑物

F 部——机械工程；照明；加热；武器；爆破

G 部——物理

H 部——电学

详细分类可参考《国际专利分类表（2010.01 版）》。

IPC 具有以下作用：

（1）使各国专利文献获得统一的分类工具，以便于对专利文献进行分类管理、使用、查找。

（2）在各种检索中使用，如检索确定专利申请的新颖性、创造性（包括对技术先进性和实用价值作出评价）。

（3）利用 IPC 分类表编排专利文献，使用户可方便地从中获得技术上和法律上的信息。

（4）作为对所有专利信息用户进行选择性报导的基础。

（5）作为对某一个技术领域进行现有技术水平调研的基础。

（6）作为进行专利统计工作的基础，从而对各个技术领域的技术发展状况作出评价。

五、专利应用价值与风险

1. 专利及专利文献应用价值

每一件专利文献都记载着解决一项技术课题的新方案，它的价值不仅在于避免重复研究，避免侵犯他人专利权，也在于启发创新思路，帮助解决技术困难。据世界知识产权组织统计，世界上 90% – 95% 的发明能在专利文献中查到，并且许多发明只能在专利文献中查到。可以说，专利文献几乎记载了人类取得的每一个新技术成果，是最具权威性的世界技术方案宝库。

当前，国外专利数量已超过 8 000 万件。根据国家知识产权局公布的数据，截止 2014 年 8 月 20 日，国内已申请专利数量达 1 214 万件，其中，发明专利 399 万件（含授权专利 144 万件），实用新型专利 523 万件（含授权专利 378 万件），外观设计专利 292 万件。这些专利中，专利权已终止，成为人类公共知识的专利达 226 万件，其中，发明专利 31 万件，实用新型专利 150 万件，外观设计 145 万件。另外，发明专利申请公布后被驳回的有 17 万件，发明专利申请公布后视为撤回的有 65 万件。因此，从理论上说，已进入公有领域的失效专利超过 300 万件，占全国已申请专利数量的四分之一。

2. 专利及专利文献应用风险

与期刊、学位论文、会议论文等文献相比，专利文献是一种集技术、法律、经济情报为一体的独特文献。每一件专利文献不仅记载着创新方案，同时也包含发明所有权权属、权利要求范围等信息。自主创新或盲目利用专利文献记载中的技术方案，都可能侵犯他人专利权。2013 年，全国知识产权案例达 10 万件，其中，大部分都是专利纠纷案。因此，在创新活动中不仅要善于利用专利情报，也要注意避免潜在的专利侵权。

第二节　专利文献检索系统

一、专利行政机构提供的免费专利数据库

目前，许多国家或地区的专利行政机构/组织都在其官方网站上提供免费的专利检索，包括中国国家知识产权局（SIPO），以及国外的八国两组织：美国专利商标局（USPTO）、日本特许厅（JPO）、德国专利商标局（DPMA）、法国工业产权局（INPI）、英国知识产权局（UK－IPO）、澳大利亚知识产权局（IP Australia）、俄罗斯联邦知识产权专利和商标局（Rospatent）、韩国知识产权局（KIPO）、世界知识产权组织（WIPO）、欧洲专利局（EPO）。以下仅简要介绍中国专利公布布告系统、欧洲 esp@cenet 专利数据库、世界知识产权数字图书馆 PATENTSCOPE 数据库和美国专利全文数据库。

1. 中国专利公布布告系统

中国专利公布布告系统（epub. sipo. gov. cn）是由中华人民共和国知识产权局主办，知识产权出版社设计开发的免费专利检索系统。它提供自 1985 年 9 月 10 日以来公布公告的全部中国专利信息，包括：

（1）发明公布、发明授权（1993 年以前为发明审定）、实用新型专利（1993 年以前为实用新型专利申请）的著录项目、摘要、摘要附图，其更正的著录项目、摘要、摘要附图（2011 年 7 月 27 日及之后），及相应的专利单行本（包括更正）。

（2）外观设计专利（1993 年以前为外观设计专利申请）的著录项目、简要说明及指定视图，其更正的著录项目、简要说明及指定视图（2011 年 7 月 27 日及之后），及外观设计全部图形（2010 年 3 月 31 日及以前）或外观单行本（2010 年 4 月 7 日及之后）（均包括更正）。

（3）事务数据。

中国专利公布布告系统提供高级检索界面，支持用 and、or、not 连接的逻辑检索式，以及?、%表示的截词符。特别的，该系统提供 IPC/LOC 分类检索，支持输入关键字查分类号、输入分类号查含义；同时，在事务数据查询中支持专利权无效宣告、专利实施许可、专利权质押等事务检索。

图 5.2 - 1　中国专利公布布告系统高级检索界面

2. 欧洲 esp@cenet 专利数据库

1998 年 10 月，欧洲专利局、欧洲专利组织成员国及欧洲委员会联手推出 esp@cenet 服务，正式开始通过 Inrernet 提供免费专利查询服务。目前，esp@cenet 提供来自世界上九十多个国家公开的专利文献。esp@cenet 的建成，使得世界上许多主要国家及组织的专利文献通过一个资源网站就可以被获取，方便用户采集世界范围内的免费专利信息。

esp@cenet（worldwide. espacenet. com）包含三种专利数据库：

（1）Worldwide 专利数据库：收录 90 多个国家与地区公布的专利申请信息；

（2）EP 专利数据库：收录欧洲专利局公布的所有欧洲专利申请数据；

（3）WIPO 专利数据库：收录 WIPO 公布的所有 PCT 申请数据库。

其中，Worldwide 专利数据库对日本专利文献的收录较为完整，因此希望了解日本某领域专利技术情况，但又存在语言障碍时，可以采用该库进行检索。

3. 世界知识产权数字图书馆

世界知识产权数字图书馆（WIPOIntellectual Property Digital Library，简称 IPDL）由世界知识产权组织（WIPO）国际局于 1998 年组织建立，网址为：

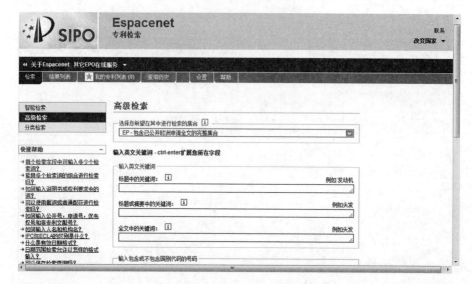

图 5.2 – 2　ESP@ CENET 专利数据库高级检索界面

http：//ipdl. wipo. int。其目的是为政府机构和个人用户提供电子化知识产权信息服务。目前，该网站主要提供 WIPO 维护的数据库检索服务，其中包括：

（1）PATENTSCOPE：可检索 3 200 多万专利文献中含有的技术，其中包括 220 万件 PCT 国际专利申请；

（2）全球品牌数据库：可检索来自多个国家和国际来源的品牌信息，包括商标、原产地名称和官方徽记；

（3）ROMARIN：可检索目前有效和过去六个月内失效的马德里体系国际商标的详细信息，数据库每日更新；

（4）Hague Express：可检索海牙体系现在和过去注册的工业品外观设计；

（5）Lisbon Express：可检索里斯本体系注册的原产地名称；

（6）Article 6ter Express：可检索已根据第六条之三通知保护的国徽和政府间组织的名称、缩写和其他徽记。

PATENTSCOPE 是 IPDL 的最重要资源，可以用来查询有关以国际专利申请的形式首次公开的新技术的信息，免费提供 1978 年以后公布的所有申请的文档内容和涉及国际专利申请状况的重要信息，包括专利申请的书面意见或国际初步审查报告。

PATENTSCOPE 支持用英语、法语、德语、西班牙语、俄语、日语、葡萄牙语、中文、韩文进行全文数据检索。

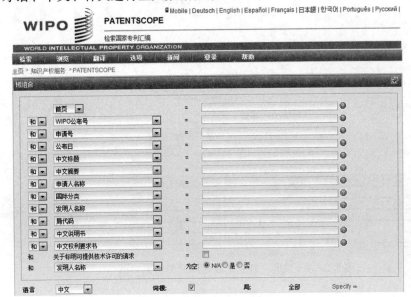

图 5.2 – 3   WIPO PATENTSCOPE 高级检索界面

4. 美国专利全文数据库

美国专利商标局（USPTO）在其官方网站 patft. uspto. gov 上通过 "Patent Full – Text Database（专利全文数据库）" 向互联网用户提供免费的美国专利全文和图像检索。该网站提供的资源有：授权专利数据库、申请专利数据库、法律状态检索、专利权转移检索、专利基因序列表检索、撤回专利检索、延长专利保护期检索、专利公报检索及专利分类等。数据库每周更新一次。其中，授权专利数据库提供了 1790 年至今各类授权的美国专利，其中有 1790 年至今的图像说明书，1976 年至今的全文文本说明书（附图像链接）；申请专利数据库则提供了 2001 年 3 月 15 日起申请说明书的文本和图像。

二、商业性专利数据库

目前，提供收费专利检索服务的商业性数据库有许多，较著名的有汤森路透（Thomson Reuters）集团的 Thomson Innovation、德温特（Derwent）公司的德温特创新索引（DII）、ProQuest Dialog 公司的 Innography、QUESTEL Orbit

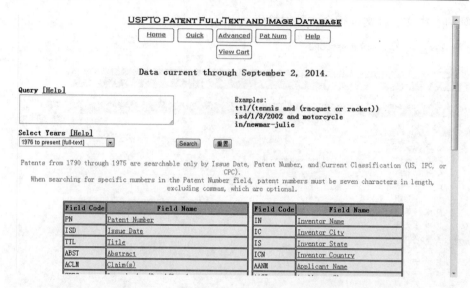

图 5.2 - 4   美国专利全文数据库高级检索界面

公司的 Orbit、律商联讯（LexisNexis）公司的 TotalPatent、MINESOFT 公司的
PatBase、智慧芽公司的 PatSnap 等。商业性专利数据库除提供世界主要国家的
专利数据检索功能以外，一般还提供专利分析、专利预警等多样化的增值服
务功能。以下仅简要介绍较有代表性的 Thomson Innovation 和 Innography。

1. Thomson Innovation

Thomson Innovation（简称 TI）是汤森路透集团升级 Aureka 平台后的一种
集专利检索与专利技术情报分析于一体的综合性专利数据库平台，其特点是
把深加工专利数据及专利全文集成在一起进行检索，它整合了汤森路透的德
温特世界专利索引数据库（Derwent World Patent Index ®）、科学引文索引数
据库（Science Citation Index ®）、会议论文引文索引数据库（Conference Pro-
ceedings Citation Index），及来自 90 多个国家和地区的专利全文、商业和新闻
信息，提供具有特色的 ThemeScape 专利地图、专利引证树图等高级分析功
能，支持搭建跨部门的信息协同工作流程。

（1）收录范围：Thomson Innovation 除收录 DWPI 数据以外，还收录来自
全球 90 多个国家和地区的 8 000 万篇专利信息，包含题录信息、PDF 全文，
法律状态信息等专利信息深加工的数据和原始数据，另外还有 INPADOC 法律
状态和美国 Re - assignment 数据库。

（2）检索字段：TI提供多达近百种检索字段，包括美国政府资助情况、诉讼信息等字段，可方便用户从多角度进行检索和竞争情报分析，满足不同的检索需求。除了TI预制的检索字段外，用户还可以根据自己的需要，对专利进行自定义标引生成检索字段。

（3）法律状态信息：TI收录INPADOC数据库中关于专利的法律状态的信息更新，整合了专利的技术信息、法律信息和经济信息，从而加强了专利数据竞争情报分析的价值。

（4）可视化分析功能：TI在整合检索的基础上提供了从多角度、可视化的全景分析功能，除统计图表分析外，还提供文本聚类、专利地图、引证树等特色分析功能。

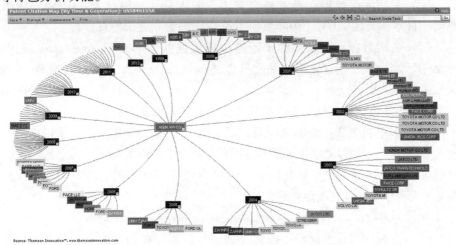

图 5.2 – 5   THOMSON INNOVATION 中专利引证图

（5）管理跟踪功能：利用目录树管理相关检索、分析项目。用户可根据学科或行业情况，建立对应的目录在线文件夹以管理相关信息；同时相关目录还可以在机构内部共享，加强同事间合作。利用跟踪功能，可针对某个行业、机构或某篇专利提供实时监控功能，随时了解行业、机构或专利的最新动向。

（6）附加功能：

①公司树：TI提供对公司的分支机构、兼并情况产生不同名称的整理归并，帮助用户针对机构进行更加全面准确的检索和分析；

②数据上传：TI提供批量上传专利号功能，帮助用户利用 Thomson Innovation 的分析功能分析用户所整理的专利项目数据；

③数据下载：TI 可提供全球数十个国家和地区的专利全文打包下载，还可以订购专利的审查历史文档，用于与专利相关的法务工作。一次最多可打包下载 60 000 条专利题录信息，或同时打包下载 500 篇专利全文。

2. Innography

Innography 是 ProQuest Dialog 公司旗下的专利检索与分析平台，平台收录的数据主要有：

（1）专利数据：包含世界九十多个国家/地区，以及 WIPO、EPO 的超过 8 000 万专利数据，以及来自 INPADOC 的专利法律状态数据和引文信息；

（2）专利诉讼数据：提供来自美国、澳大利亚、加拿大、中国、法国、德国、日本、英国、ITC（国际贸易委员会）的专利诉讼信息；

（3）公司数据：提供来源于证券市场数据（Yahoo! Finance、Google Finance）、邓白氏、美国证券交易委员会（www. sec. gov）、欧专局专利权人数据库的公司数据；

（4）商标数据：提供 1884 年至今的所有美国商标数据；

（5）非专利文献：提供 400 万件以上的非专利文献以及 1 亿条以上的引文关联数据。非专利文献收录最早追溯到 1980 年，覆盖包括生物、医学、计算机科学、工程学、化学和物理学，74% 为研究论文和期刊，22% 为会议论文集，4% 为其他引用过专利的文献。

针对上述数据，Innography 提供相应的检索方法，包括：

（1）专利检索：支持多字段的专利文献检索、专利号检索、申请号检索和语义检索；

（2）公司名称检索：输入公司名称，直接进入公司概览；支持 5 家公司的专利竞争力对比；

（3）诉讼检索：支持多字段对诉讼信息进行检索；

（4）商标检索：支持多字段对商标信息进行检索；

（5）非专利文献检索：支持多字段对非专利文献进行检索。

在专利分析领域，Innography 提供了独具特色的专利强度（Patent Strength）指标和专利相似度（Patent Similarity）指标。其中，专利强度（Patent Strength）是 Innography 特色的专利评价指标，其作用是帮助用户快速有效地从海量的专利数据中筛选出核心专利，它参考了十余个专利价值的相关指标，包括：专利权利要求数量、引用先前技术文献数量、专利被引用次数、

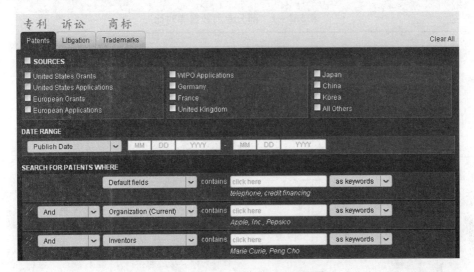

图 5.2 - 6　Innography 检索界面

专利及专利申请案的家族、专利申请时程、专利年龄、专利诉讼等；专利相似度（Patent Similarity）则利用 IPC 和专利引文数据，通过 Innography 设计的相似度算法生成。另外，Innography 将专利、商业、诉讼等各方面信息结合在一起形成结构化分析方案，以可视化图表形式，如专利权人气泡图、发明人分布图、诉讼热力图、专利引证图等直观地呈现出来。

三、其它专利数据库

除上述两类专利检索系统外，还存在许多专利数据库与检索系统。这些系统按是否收费可分成两类，一类是部分收费系统，如 CNIPR 中外专利数据库服务平台、专利检索与服务系统、专利之星检索系统、Soopat 专利搜索系统等；二是完全免费系统，主要是各省市建立的公共服务平台，如广东省知识产权公共信息综合服务平台在线专利检索系统、上海知识产权（专利信息）公共服务平台检索系统、厦漳泉科技基础资源服务专利平台等，以及一些搜索引擎建立的专利检索系统，如谷歌专利检索系统。表 5.2 - 1 列出了几个代表性数据库系统。

表 5.2 - 1　部分专利数据库对比

序号	数据库	主办单位	检索范围	免费功能	收费功能	收费模式
1	CNIPR 中外专利数据库服务平台	知识产权出版社有限责任公司	中国专利、世界专利	专利检索（快速检索、智能检索、表格检索）、法律状态检索、失效专利检索、专利分析	查看权利要求书/说明书、运营信息检索、著录项/TFT 图/代码化下载、	会员制
2	专利检索与服务系统	国家知识产权局	中国专利、世界专利	专利检索（常规检索、表格检索）、分类号查询、法律状态查询/申请（专利权）人别名查询/国别代码查询、双语词典、分类号关联查询、关联词查询	检索历史、文献收藏夹、批处理管理、批量下载库、专利分析	会员制
3	专利之星检索系统	国家知识产权局中国专利信息中心	中国专利、世界专利	专利检索（智能检索、表格检索、专家检索）、法律状态检索、分类号查询、	专利预警、专利分析、机器翻译、著录项导出	会员制
4	谷歌专利检索系统	谷歌公司	美国、中国、德国、加拿大专利、EPO 专利、WIPO 专利	专利检索（快速检索、高级检索）		免费

第三节　专利之星（PATENTSTAR）专利检索系统

一、专利之星概述

专利之星（searchtel. patentstar. com. cn）专利检索系统是在国家知识产权局专利局审查员专用的 CPRS 专利检索系统的基础上，由北京新发智信科技有限责任公司研发完成的一款集专利文献检索、统计分析、机器翻译、定制预警等功能于一体的多功能综合性专利检索系统。

与国家知识产权局提供的中国专利公布布告系统相比，专利之星的专利数据覆盖范围更广泛，检索和分析应用功能也更为强大。

1. 数据收录范围

该检索系统是全球专利数据收录最全的系统之一，除了拥有完整的中文专利数据外，外文专利数据包含 98 个国家和地区，数据量超过 8 000 万条，是国内少数提供外文全文数据的检索系统之一。系统全面收录专利摘要、全文、专利家族、引证、欧洲专利分类等信息，为用户提供完整的信息参考。

2. 数据说明

中文专利数据：该数据涵盖著录项目信息、权利要求书、说明书及附图，包含 1985 至今的所有中国专利数据。中国专利数据每周更新，专利全文通过 PDF 格式及 XML 格式浏览。

世界（英文）专利数据：该数据涵盖著录项目信息及专利全文数据，包含 98 个要国家和地区的 8 000 多万条专利数据。世界专利数据每月更新，专利全文通过 PDF 格式浏览。

中国专利全文代码化（XML）数据：该数据涵盖权利要求、说明书、摘要、著录项目信息等数据。全文代码化数据较 PDF 数据更新周期晚约 6 个月，可以导出 WORD 文档到本地进行浏览编辑。

3. 运算符说明

专利之星（patentstar）专利检索系统中使用的运算符包括："∗"、"＋"、"－"、"（）"、"＞"、"NEARn"、"ADJn"、"SKIPn"、"＄"、"J"。其中，"NEARn"、"ADJn"、"SKIPn"为邻近算符，只支持世界专利检索。

专利之星检索系统用"∗"、"＋"、"－"表达逻辑与、或、非关系，支持括号"（）"算符，并支持范围算符"＞"，邻近算符"NEAR"、"ADJ"、"SKIP"，截词符"＄"，以及连接符"J"。

（1）范围算符。"＞"算符仅适用于日期型字段，且日期需要精确到日，如：20100101＞20101231。

（2）邻近算符。邻近算符"ADJ"、"NEAR"、"SKIP"只支持在世界专利检索中应用，其具体含义见表5.3－1。

表 5.3 − 1　专利之星检索系统临近算符

算符	连接两个检索项的关系	例子
ADJ n	A < ADJn > B： A 和 B 之间有 0 − n 个词，且 A 和 B 前后顺序不能变化； n 属于（0 − 9）	F TI Vitamin < adj2 > derivative （代表查找发明名称中包含 vitamin 和 derivative，两词之间可以间隔 0 − 2 个词，且 vitamin 和 derivative 前后顺序无变化的文献）
NEAR n	A < NEARn > B： A 和 B 之间有 0 − n 个词，且 A 和 B 前后顺序可以变化； n 属于（0 − 9）	F TI Vitamin < near2 > derivative （代表查找发明名称中包含 vitamin 和 derivative，两词之间可以间隔 0 − 2 个词，且 vitamin 和 derivative 前后顺序可以变化的文献）
SKIP n	A < SKIPn > B： A 和 B 之间只能有 n 个词，词序不能变化； n 属于（0 − 9）	F TI Vitamin < skip2 > derivative （代表查找发明名称中包含 vitamin 和 derivative，两词之间必须间隔 2 个词，且 vitamin 和 derivative 前后顺序不能变化的文献）

（3）截词符。"＄"算符属于前方一致截词，仅适用于字母型字段。如，用"com＄"可检索 computer、comprise。

专利之星检索系统对于日期型、数字型、IPC 字段自动使用前方一致规则。

（4）连接算符。"J"算符是专利之星检索系统专家检索中特有的算符，用于连接多个检索结果进行布尔运算。如："J　001 + 003"表示连接检索式 001 和检索式 003 进行"或"运算。在连接运算时，可以使用布尔算符和括号算符进行组合以获得最佳的检索结果。

4. 功能说明

专利之星提供了丰富的检索功能，如，智能检索、表格检索和专家检索，检索对象包括中国专利及其法律状态、世界专利。此外，专利之星还提供了完善的专利分析功能，以及专利对比、查找相似专利等功能。

需指出的是，检索功能（除著录项导出外）、专利对比、查找相似专利功能为免费应用，专利分析功能为收费应用。

二、中国专利检索

免费注册为专利之星用户后，即可进行专利检索，但专利数据批量下载、检索结果分析等功能只有付费用户才可以使用。

1. 智能检索

智能检索是一种简单、快捷检索专利的途径，支持字、词、号及日期的任意组合检索多个检索词时，词与词之间使用空格来分隔，表示检索项之间是"与"的关系。例如，检索包含"LED"以及"植物照明"方面的专利，则可以输入"LED 植物照明"，点击"回车"键，或者右侧的"搜索"按钮即可获得检索结果，如图5.3-1所示。

图5.3-1 专利之星检索系统

检索结果如图5.3-2所示。

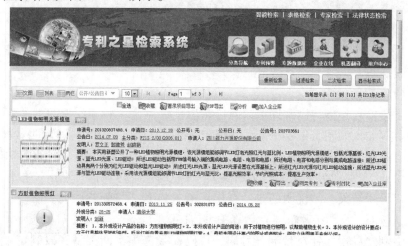

图5.3-2 检索结果

2. 表格检索

　　表格检索就是专利之星检索系统的高级检索。表格检索是一种更加高效的检索模式，用户可根据表格检索入口快速确定检索要素并构建检索式进行检索。表格检索界面如图 5.3 - 3 所示：

图 5.3 - 3　专利之星表格检索页面

　　表格检索中有"检索"和"搜索"两个按钮，可分别执行条件检索和逻辑检索。

（1）字段检索

　　字段检索是指将检索词填入对应检索项，点击"检索"按钮，得到检索结果。例如，如图 5.3 - 4 所示，检索申请日为 2010 - 2012 年，发明名称包含 LED 和植物照明的中国专利，可以在"申请日"入口输入"20100101 > 20121231"，在"发明名称"入口输入"LED * 植物照明"，点击"检索"按钮获得检索结果。需说明的是，直接点击"检索"按钮检索时，各个检索入口默认按照"*"（逻辑与）运算关系连接。

　　专利之星检索针对日期、号码、代码、字符等不同类型字段制定了不同的输入规则，详细内容可参考系统帮助文档。本书仅举部分例子予以说明。

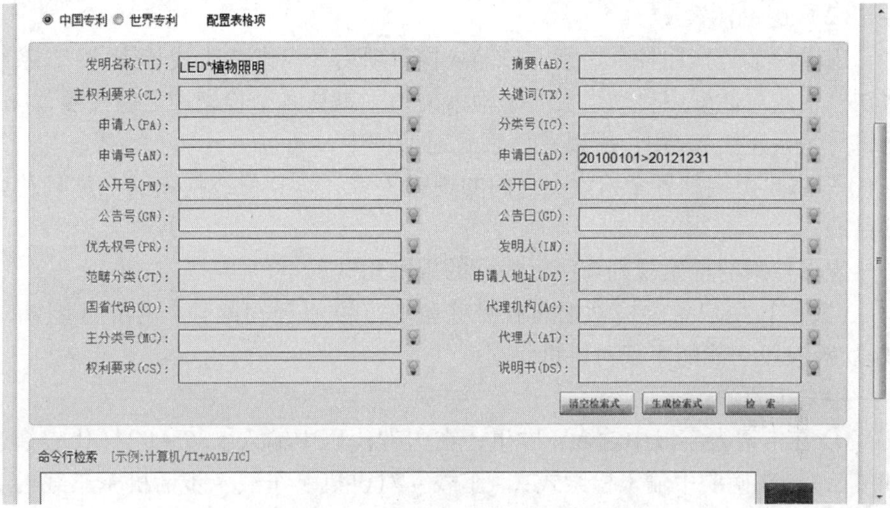

图 5.3 – 4　表格检索示例

①在申请日字段栏输入：20090101 > 20121231（注意连续的时间范围必须精确到日），可检索 2009 年至 2012 年申请的专利。

②在申请日字段栏输入：2008 + 2009，可检索 2009 年和 2009 年申请的专利。

③在申请号字段栏输入：200820028064 + 200890100326，可检索申请号包含 200820028064 或 200890100326 的专利。

④在申请人字段栏输入：维信诺 –（清华大学 + 昆山工研院），可检索维信诺公司独自申请，而不含合作申请人清华大学、昆山工研院的专利。

⑤在发明人字段栏输入：（蔡培崧 + 蔡家豪）– 包书林，可检索发明人姓名包含蔡培崧或蔡家豪，不包含包书林的专利。

⑥在摘要字段栏输入：（LED + 发光二极管）* 植物照明 – 模组，可检索包含 LED（发光二极管）和植物照明，不包含模组的专利。

需特别说明的是：中国专利申请号的正式编号规则为 8 或 12 位，申请号外加以为一位校验位，申请号与校验位之间用"."隔开。对于申请号为 8 位的专利，系统会自动转换为 12 位显示。例如：85107482，显示检索结果 198510007482。检索时，12 位申请号检索必须输入 4 – 12 位（早期的 8 位申请号必须输入 2 – 8 位），公开号、公告号检索必须输入 2 – 9 位。

（2）逻辑检索

逻辑检索是指在各个检索入口输入检索项后，点击"生成检索式"，系统将在检式对话框中自动生成一个检索语句（默认各个检索项之间按照"＊"逻辑与关系连接），用户可以在检索式对话框中，通过"＊"、"＋"、"－"、"（）"来自由调整各个检索项之间的逻辑关系，达到修改检索式和精确检索的目的。

逻辑检索的检索规则与字段检索的规则相同。

【案例】用户希望检索福建省哪些企业（欧讯公司除外）申请了具有多波段/跨波段功能的车载对讲机。

检索步骤为：

① 在申请人字段中输入：欧讯，在国省代码中输入：35＋92（代表福建和厦门），在摘要中输入检索式：（车载＊对讲机＋车载＊步话机＋车载＊步谈机＋车载台＋车载电台）＊（双段＋频段＋波段＋多段＋跨段＋跨频段）。

② 点击"生成检索式"按钮，在命令行检索栏中生成逻辑检索式：F XX（（车载/AB＊对讲机/AB＋车载/AB＊步话机/AB＋车载/AB＊步谈机/AB＋车载台/AB＋车载电台/AB）＊（双段/AB＋频段/AB＋波段/AB＋多段/AB＋跨段/AB＋跨频段/AB））＊（欧讯/PA）＊（35/CO＋92/CO）。

③ 修改逻辑检索式，把"＊（欧讯/PA）"改成"－（欧讯/PA）"，并放在检索式最后，得到：F XX（（车载/AB＊对讲机/AB＋车载/AB＊步话机/AB＋车载/AB＊步谈机/AB＋车载台/AB＋车载电台/AB）＊（双段/AB＋频段/AB＋波段/AB＋多段/AB＋跨段/AB＋跨频段/AB））＊（35/CO＋92/CO）－（欧讯/PA）。如图5.3－5所示。

④ 点击"搜索"按钮，得到检索结果，如图5.3－6所示。对检索结果中的申请人进行统计可得答案。

3. 专家检索

专家检索为专利查新员、审核员提供一种类似Dialog的专业检索界面，用户可根据实际检索目的采用多种检索策略进行检索，并快速获得检索结果。该界面提供22个检索字段，用户可用不同组合形式进行快速检索，并具有以下特性：

① 可预览检索结果命中数；

② 可保留每一次的检索式，并可调用保存过的检索式，非正常关机时检索式亦可保留。

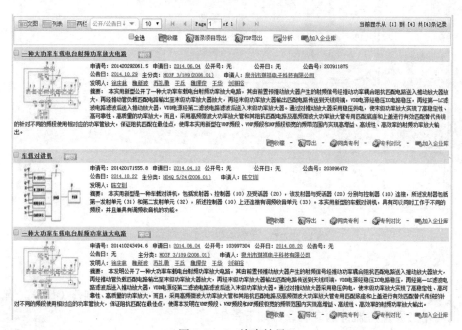

图 5.3 – 5　逻辑检索示例

图 5.3 – 6　检索结果

　　专家检索的最大特点在于对每个字段的检索项单独进行检索，再通过对之前检索结果进行逻辑运算以获得最终的检索结果，检索过程中可针对命中记录数的不同来及时调整检索项的关键词和其他检索项的检索范围，达到达到对检索目标步步逼近并且优化检索式的目的。

　　专家检索界面如图 5.3 –7 所示，左侧区域为检索项入口，右侧空白区域为历史记录区域，下方空白区域为检索式对话框。用户点击检索项后，系统会在检索式对话框中生成检索项对应的保留字段，用户可以在保留字段后添加具体的检索项内容组成检索式，点击检索后，对应的检索结果预览将呈现在历史记录区域。

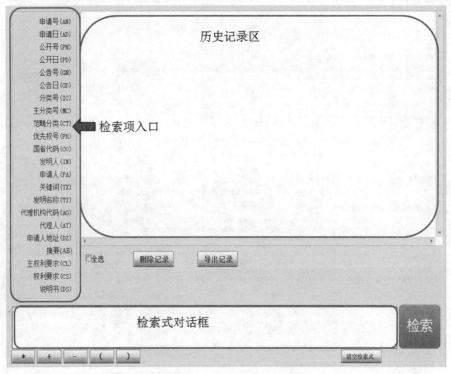

图 5.3 – 7　专利之星专家检索界面

专家检索的检索规则与表格检索的规则相同。

【案例】为了解应用真空蒸镀技术（IPC 为 C23C14/24）制作 OLED（有机发光二极管）器件的专利，可如下检索：

① 在检索项入口处点击"分类号"，系统自动在检索式对话框中生成分

类号代码"IC";

② 在"IC"后输入：C23C14/24，点击"搜索"或回车；

③ 系统在历史记录区显示：（216）2014 – 08 – 18 15：00：03 F IC C23C14/24 ＜hits：1978＞。其中：

a. （216）表示 SET 号，即第 216 号检索结果集。点击 SET 号前的"查看"超链接可查看该检索式检索结果，同时，该 SET 号还可以用于二次检索；

b. 2014 – 08 – 18 15：00：03 表示检索时间；

c. F IC C23C14/24 表示用户输入的检索式；

d. ＜hits：1978＞表示检索命中记录数为 1978 条。

④ 按相似方法在摘要中检索：OLED + 有机发光二极管，得到：（217）2014 – 08 – 18 15：01：00 F AB OLED + 有机发光二极管 ＜hits：4825＞；

⑤ 对检索式 216 和 217 执行逻辑与的连接操作：J 216 * 217，得到：（218）2014 – 08 – 18 15：01：22 J 216 * 217 ＜hits：63＞。如图 5.3 – 8。

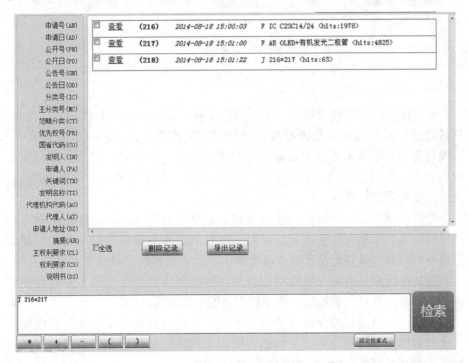

图 5.3 – 8　专家检索示例

⑥ 点击点击 SET 号（218）前的"查看"超链接可查看该次检索的结果，如图 5.3 –9。

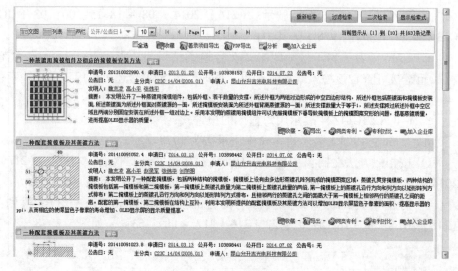

图 5.3 –9　专家检索结果

4. 法律状态检索

专利法律状态检索是指对一项专利或专利申请当前所处的状态进行检索，其目的是了解专利申请是否授权，授权专利是否有效，专利权人是否变更，以及与专利法律状态相关的信息。专利法律状态包括专利权有效、专利权有效期届满、专利申请尚未授权、专利申请撤回与申请被驳回、专利权终止、无效以及专利权转移等。

专利法律状态检索属于简单和客观的检索，分为专利有效性检索和专利地域性检索。专利有效性检索是指对一项专利或专利申请当前所处的法律状态进行的检索，其目的是了解该项专利申请是否被授权，授权专利是否有效。专利地域性检索是指对一项发明创造都在哪些国家和地区申请了专利保护所进行的检索，其目的是确定该项专利申请的地域范围。

专利之星提供的法律状态检索主要提供专利有效性检索功能，但该功能又比其它检索系统更为丰富，包括：中国专利法律状态检索、专利权利转移检索、专利质押保全检索、专利实施许可检索。

（1）中国专利法律状态检索

中国专利法律状态检索页面提供的检索项入口有：专利申请号、法律状

态公告号、法律状态、专利权人。如图 5.3 - 10，在"专利申请号"项输入
"200510106793"，点击"查询"，可查看该专利的法律状态（图 5.3 - 11）。

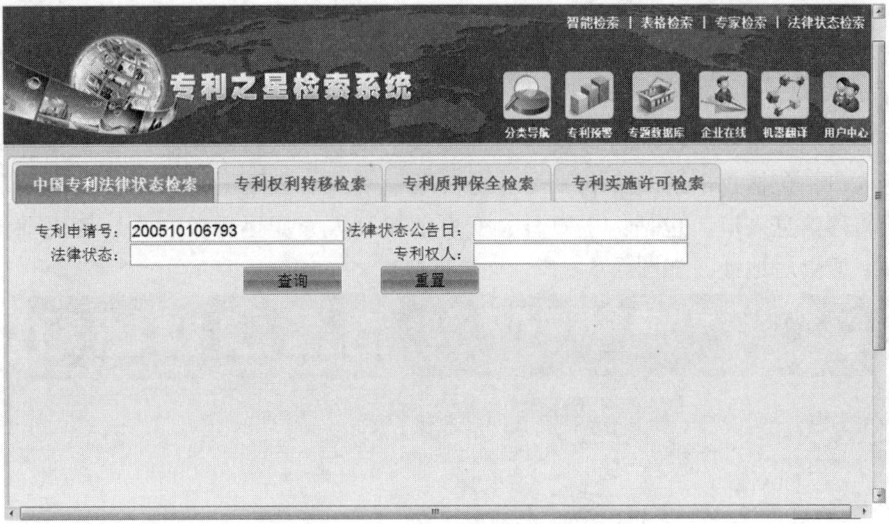

图 5.3 - 10　中国法律状态检索

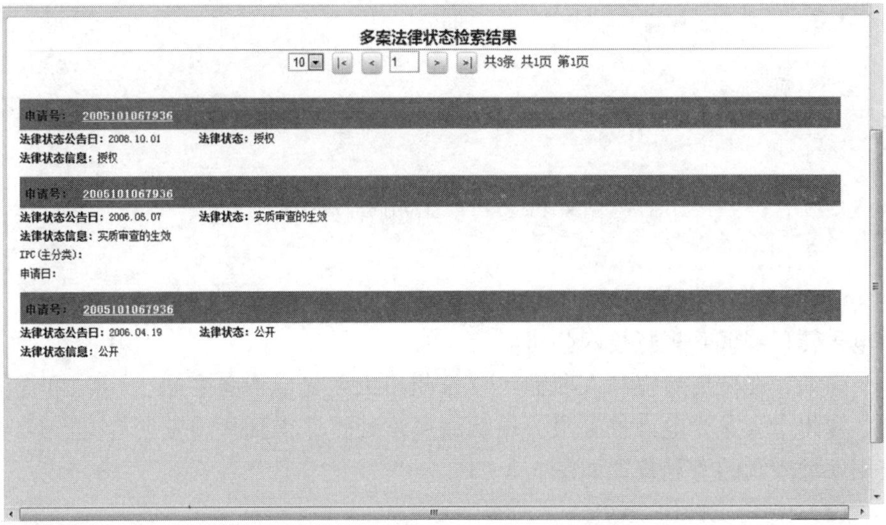

图 5.3 - 11　中国法律状态检索结果

（2）专利权利转移检索

专利转让是指专利权人作为转让方，将其发明创造专利的所有权或将持有权移转受让方，受让方支付约定价款所订立的合同。通过专利权转让合同取得专利权的当事人，即成为新的合法专利权人，同样也可以与他人订立专利转让合同，专利实施许可合同，包括专利申请权转让。

专利之星专利权利转移检索页面提供的检索项入口有两类，一是专利信息入口，包括：申请（专利）号、分类号、名称、摘要、主权项；二是专利权转移信息入口，包括：生效日、变更前权利人、变更后权利人、变更前地址、变更后地址，如图5.3－12。

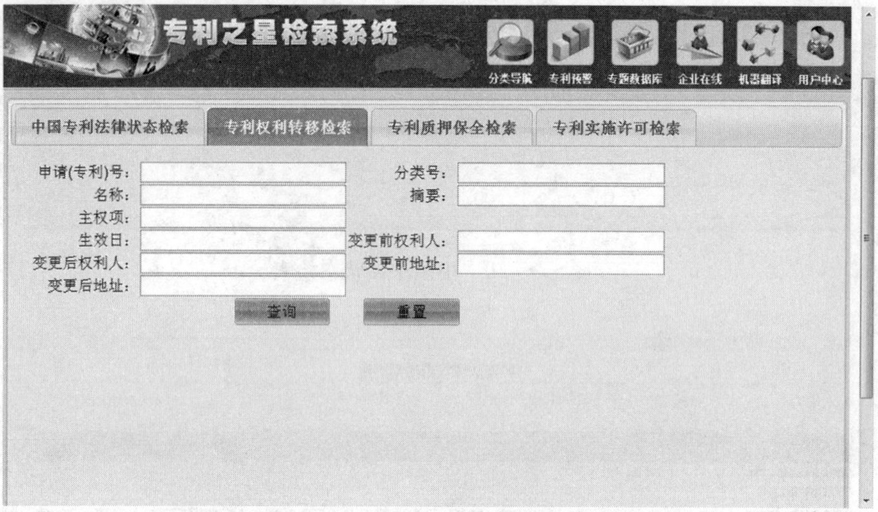

图 5.3 – 12　专利权利转移检索

例如，输入申请号2007100891909可查询到，该专利权已从株式会社大宇电子转移到枫叶视野技术公司。

又如，在变更后权利人项输入"常州市天龙光电设备有限公司"可查询到，常州市天龙光电设备有限公司从潘燕萍处转让得到4项发明专利、11项实用新型专利的专利权，如图5.3－14。

（3）专利质押保全检索

专利权质押是指债务人或第三人（出质人）将拥有的专利权担保其债务的履行，当债务人不履行债务的情况下，债权人（质权人）有权把折价、拍卖或者变卖该专利权所得的价款优先受偿的物权担保行为。

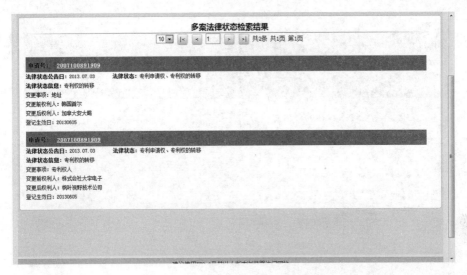

图 5.3 – 13　专利权利转移检索结果

图 5.3 – 14　专利权利转移检索结果

　　专利之星专利质押保全检索页面提供的检索项入口除专利信息入口外，还有质押保全信息入口，包括：生效日、变更日、解除日、合同登记号、出质人、质权人，如图5.3 – 15。

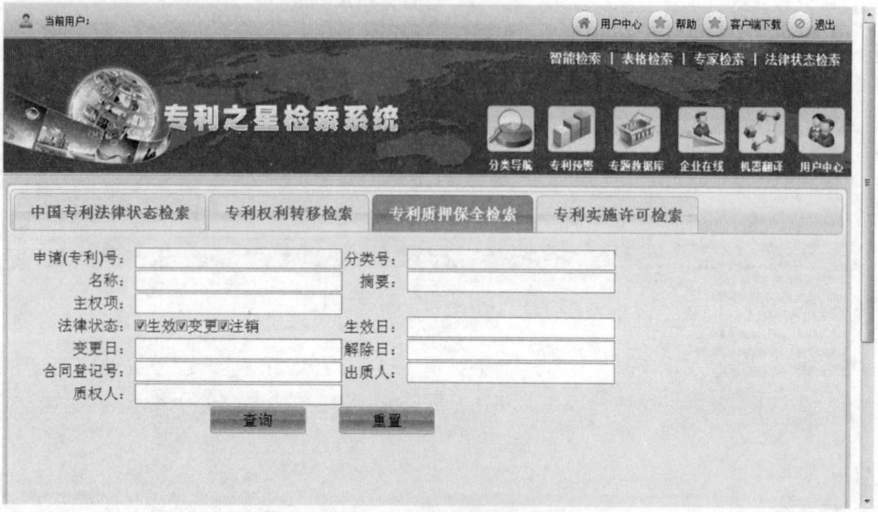

图 5.3 – 15　专利质押保全检索

　　例如，在质权人项输入"西安创新融资担保有限公司"可查询到，该公司已为西安兴航航空制造有限公司等企业提供了专利权质押保全担保融资，如图 5.3 – 16。

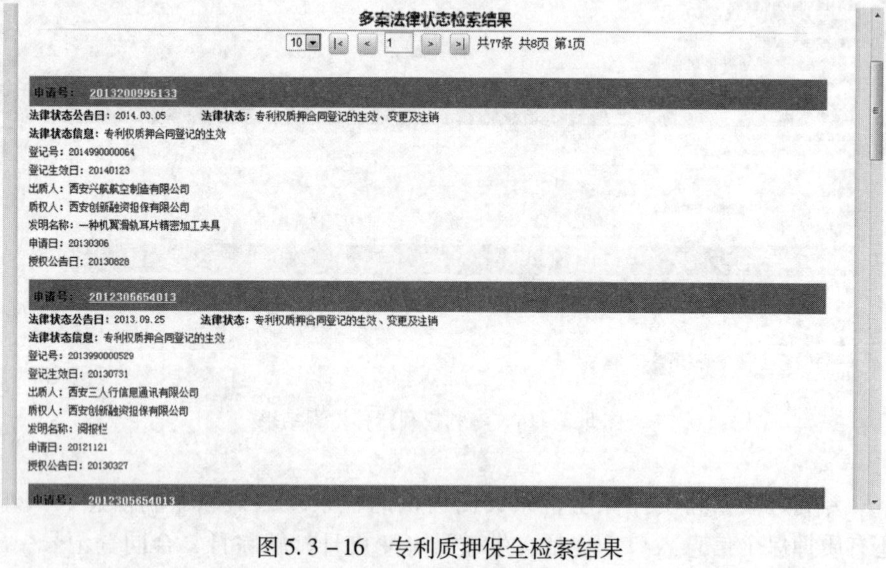

图 5.3 – 16　专利质押保全检索结果

（4）专利实施许可检索

专利实施许可也称专利许可证贸易，是指专利技术所有人或其授权人许可他人在一定期限、一定地区、以一定方式实施其所拥有的专利，并向他人收取使用费用。专利实施许可类别包括：独占许可、排他许可、普通许可、分许可、交叉许可。

专利之星专利实施许可检索页面提供的检索项入口除专利信息入口外，还有实施许可信息入口，包括：许可类别、合同备案阶段、备案日、变更日、解除日、合同备案号、让与人、受让人，如图5.3－17。

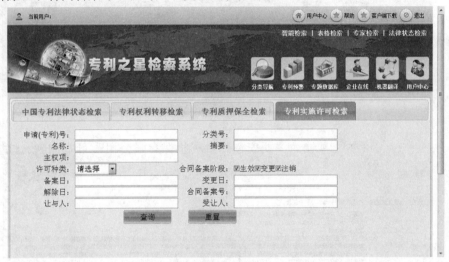

图5.3－17　专利实施许可检索

例如，在受让人项中输入"加西亚电子电器有限公司"可查询到，加西亚公司从上海巢安电气有限公司获得了漏电保护器等14项专利的独占许可，如图5.3－18。

5.检索结果查看

专利之星检索结果概览页面上不仅提供了详细的专利文献信息，还提供了丰富的操作功能，如图5.3－19。

（1）条件检索

概览页上方提供三个条件检索按钮，分别是重新检索、过滤检索、二次检索，具体如下：

①重新检索：在弹出的对话框中重新进行检索，检索规则跟表格检索

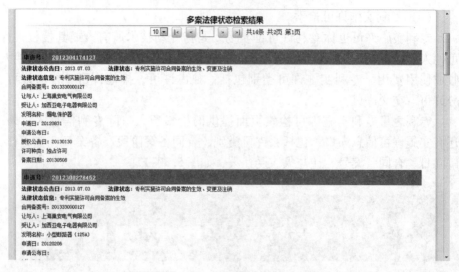

图 5.3 - 18　专利实施许可检索结果

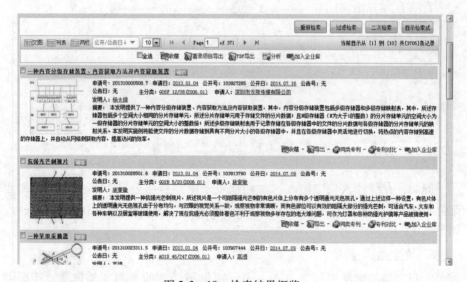

图 5.3 - 19　检索结果概览

一致。

②过滤检索：是在目前的检索结果上进行非"－"运算，检索规则跟表格检索一致。

③ 二次检索：是在目前的检索结果上进行与"＊"运算，检索规则跟表格检索一致。

中文检索的所有结果默认是按照公开/公告日降序排列，即最新公开的案件在前面。

（2）显示模式

在概览页上方提供"文图"、"列表"、"两栏"三种选项，用于选择检索结果的展示方式，系统默认的展示方式为图文模式。

"文图"模式每页展示 10 个结果，内容包含摘要附图、发明名称、申请号、申请日、公开号、公开日、主分类号、申请人、摘要等信息。

（3）专利操作

每一专利信息左上方均有复选框，点击可选中该专利，或点击检索结果上方的"全选"复选框，实现本页专利的快速批量选择。对于选中的专利可以通过上方的"收藏"、"著录项导出"、"PDF 导出"、"分析"、"加入企业库"进行相关操作。

① 著录项导出。用户可以通过单选或多选当前页的结果后，点击"著录项导出"，将对应专利的著录项目以 excel 的格式导出。

② PDF 导出。单选或多选当前页的结果后，点击"全文导出"，可以将对应专利的全文打包成 ZIP 格式后将 PDF 文件批量导出。

③ 分析。该功能是将整个结果集经过系统化处理后，分析整理出直观易懂的结果，并以图表的形式展现出来，如图 5.3 - 20 所示。

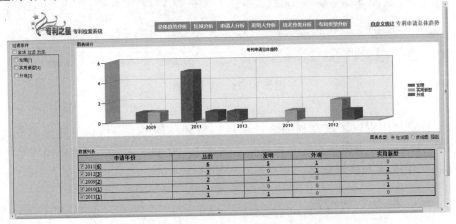

图 5.3 - 20　专利分析

④ 加入企业库。该功能支持用户将检索到的专利用文件夹的形式创建一个层级关系，通过对文件夹及文件自定义名称，新增、修改、删除文件内容等操作，对某一专题或技术领域实现分类管理。

此外，在每条专利概要信息下方，专利之星还提供"同类专利"和"专利对比"功能。

（4）专利信息浏览

专利之星在检索结果页面的主要位置提供相关专利的信息概览，包括标题、申请号、申请日、主分类号、公开号、公开日、申请人、摘要，并提供该专利的法律状态和全文链接。

点击"标题"或"查看"可以查看该专利的详览页。如图 5.3 - 21 为"芯块以及用于电机的使用芯块的磁极芯"专利的详览页信息。

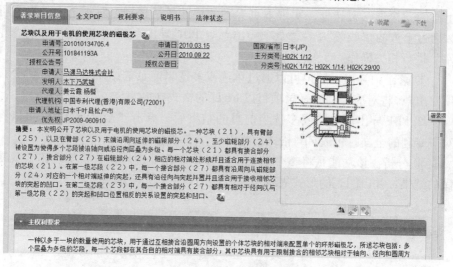

图 5.3 - 21　详览页面

详览页中提供了该专利的著录项目信息和权利要求等信息，并提供全文PDF、说明书、法律状态等专利信息。图 5.3 - 22 和 5.3 - 23 分别给出了该专利的 PDF 全文和法律状态。

三、世界专利检索

世界专利数据包含 98 个国家和地区的 8 000 多万条专利数据。和中国专利一样，专利之星提供智能检索、表格检索和专家检索三种方式，检索方法

169

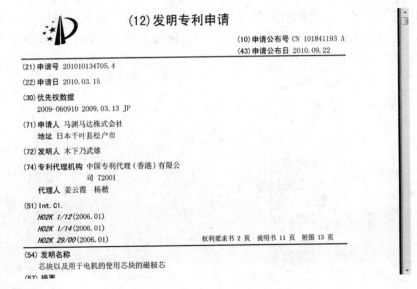

图 5.3 - 22　专利 PDF 全文

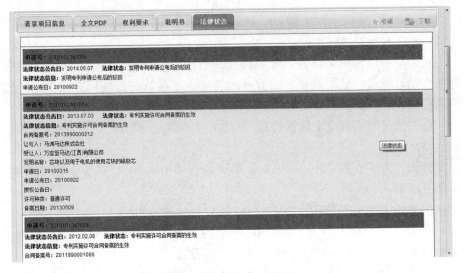

图 5.3 - 23　专利法律状态

也基本相同，为不赘述，以下仅介绍表格检索。

　　与中国专利页面相比，世界专利表格检索页面变化主要有两点：一是多了一栏国家和地区复选区，默认为全选，用户也可以单独选一国家或地区/组织进行检索；二是针对世界专利的特殊性，删除了权利要求、主权利要求、说明书、国省代码、代理人等检索项，增加了引用文献和欧洲分类检索项。如图 5.3 - 24。

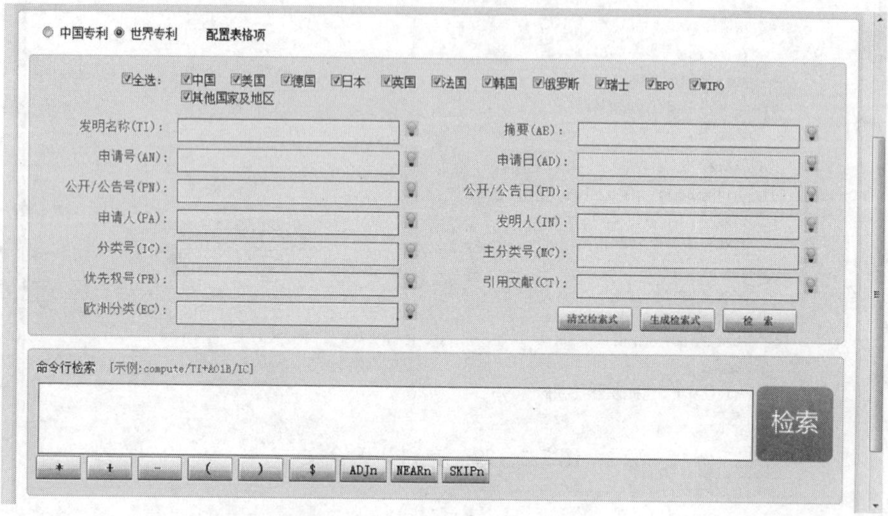

图 5.3 - 24　世界专利检索

　　世界专利检索在字段输入规则和使用方法，以及检索语法中的布尔逻辑算法、括号算符、范围算符、前方一致算法、连接算符的使用方法上与中国专利相同，唯一的区别是增加了临近算符（位置算符）。

　　专利之星的临近规定的算符有：ADJn、NEARn、SKIPn，其具体含义如表 5.3 - 3。

　　例如，为了查找 2010 - 2013 年申请的有关 Doherty 功率放大器的专利，可如下检索：

　　① 确定检索词为 2010、2013、Doherty、poweramplifier；

　　② 在专利名称中输入：Doherty $ * （power < ADJ1 > amplifier），在申请日中输入：20100101 > 20131231，如图 5.3 - 25；

　　③ 点击"生成检索式"，点击"检索"，得到检索结果，如图 5.3 - 26。

二、检索应用案例

　　检索课题：检索 2010 - 2014 年间，福建企业申请的，有关应用 LED（发光二极管）促进植物生长的专利。

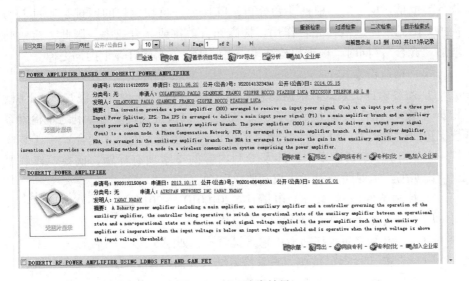

图 5.3 - 25　检索示例

图 5.3 - 26　检索结果

分析：该检索课题的主要难点在于如何界定福建企业。

（1）界定专利申请人属于福建的方法

根据专利之星的检索功能，可通过"国省代码"项检索属于福建申请的专利，福建的国省代码为35。值得注意的是，厦门作为计划单列市，拥有单独的国省代码92，如未考虑到这点，将漏检许多专利。

（2）界定申请人是企业的方法

企业存在三类基本组织形式：独资企业、合伙企业和公司，公司制企业是现代企业中最主要的最典型的组织形式。因此，确定是企业申请，而不是自然人或科研院所申请的专利时，可在"申请人"检索项中输入"公司"来筛选。此外，考虑到我国许多具有研发生产能力的工厂，以及日资、韩资在华公司也有申请专利的事实，我们采用在"申请人"检索项中输入"公司＋厂＋株式会社"检索式的方式筛选企业申请专利。

检索步骤：

（1）确定检索词

根据题意，内容条件检索词有：LED、发光二极管、植物、生长；控制条件检索词有：2010、2014。考虑到植物是一个广泛的概念，包含花草树木，以及蔬菜、中药材等，仅凭"植物"作为检索词不可避免漏检，完全罗列植物种类也是不现实的。根据课题分析，LED 促进植物生长的原理是通过 LED 模拟太阳光，促进植物光合作用，提高光合效率或光合速率。因此，检索词增加"光合"。同时，根据粗检结果，将装饰灯、水族灯等干扰词去掉。

（2）构造检索式

① 内容条件检索式。根据题意，应该为：（LED or 发光二极管）and（植物 or 生长 or 光合）not（装饰灯 or 水族灯）。该检索式转换为专利之星检索系统支持的检索式为：（LED＋发光二极管）＊（植物＋生长＋光合）－（装饰灯＋水族灯）。专利检索中，涉及专利内容的检索项有标题、摘要、权利要求、说明书。本课题采用"主权利要求"项。

② 控制条件检索式。a）申请日：20100101＞20141231；b）申请人：公司＋厂＋株式会社；c）国省代码：35＋92。

（3）在专利之星表格检索中输入检索式，如图 5.3－27 所示。

（4）点击"检索"按钮，查看检索结果，如图 5.3－28。

需补充说明的是，当检索某一企业拥有专利时，为防止企业信息不全造成漏检，建议采用企业商号（字号）＋行政区域（国省代码）方式检索。如，检索福州迪亚瑞公司申请的专利，可选择在"申请人"在输入"迪亚瑞"，在"国省代码"中输入福建省代码"35"。

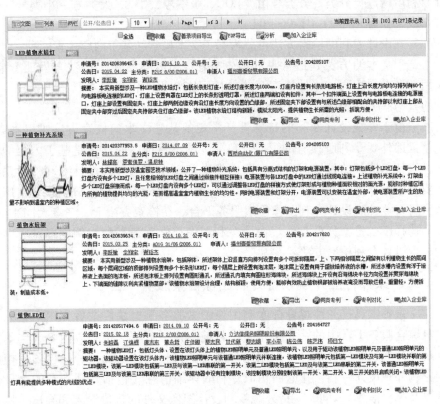

◉ 中国专利　◎ 世界专利　　配置表格项

发明名称(TI)：		摘要(AB)：	
主权利要求(CL)：	(LED+发光二极管)*(植物+光合)-(装饰	关键词(TX)：	
申请人(PA)：	公司+厂+株式会社	分类号(IC)：	
申请号(AN)：		申请日(AD)：	20100101>20141231
公开号(PN)：		公开日(PD)：	
公告号(GN)：		公告日(GD)：	
优先权号(PR)：		发明人(IN)：	
范畴分类(CT)：		申请人地址(DZ)：	
国省代码(CO)：	35+92	代理机构(AG)：	
主分类号(MC)：		代理人(AT)：	
权利要求(CS)：		说明书(DS)：	

清空检索式　生成检索式　检 索

图 5.3 - 27　输入检索条件

图文图　列表　两栏　公开/公告日↓▼　10 ▼ |◀ ◀ Page 1 of 3 ▶ ▶| 　当前显示从 [1] 到 [10] 共[27]条记录

□全选　📁收藏　📄著录项导出　📄PDF导出　📊分析　📁加入企业库

□ LED植物水培灯

申请号：201420639645.5　申请日：2014.10.31　公开号：无　公开日：无　公告号：204285107
公告日：2015.04.22　主分类号：F21S 8/00 (2006.01)　申请人：福州嘉豪贸易有限公司
发明人：李跃璇　金贤宝　谢岭杰
摘要：本实用新型涉及一种LED植物水培灯，包括长条形灯座，所述灯座长度为1000mm，灯座内设置有长条形电路板，灯座上沿长度方向均匀排列有60个与电路板电连接的LED灯，灯座上设置有罩在LED灯上的长条形透明灯罩，所述灯座两端扣合有扣件，其中一个扣件插面上设置有与电路板电连接的光源接口，灯座上部设置有固定夹，灯座上部两侧均设有沿灯座长度方向设置的卡接部，所述固定夹下部设置有与所述卡接部相配合的夹持部以利灯座上部从固定夹中部穿过后固定夹持住灯罩凸缘部。该LED植物水培灯结构新颖，模拟太阳光，提供植物生长所需的光照，拆装方便。

□ 一种植物补光系统

申请号：201420377953.5　申请日：2014.07.09　公开号：无　公开日：无　公告号：204285103
公告日：2015.04.22　主分类号：F21S 8/00 (2006.01)　申请人：西祐自动化(厦门)有限公司
发明人：林耀嘉　罗寰俊罗·温启袢
摘要：本实用新型涉及温室园艺技术领域，公开了一种植物补光系统，包括具有分离式结构的灯架和电源装置，其中：灯架包括多个灯盘，每一个LED灯盘内设有多个LED灯，且任意相邻的LED灯盘之间通过拼接件相互拼接；电源装置与各LED灯盘的LED灯通过线缆电连接。上述植物补光系统中，可灯架由多个LED灯盘拼接而成，每一个LED灯盘内设有多个LED灯，可以通过LED灯盘的拼接方式实现灯盘照射面积灵活的扩大，进而实现对种植区域内所有的植物提供均匀的光能，进而提高温室室内植物生长的均匀性。同时电源装置和灯架分开，电源装置可以安装在温室外部，使电源装置所产生的热量不影响到温室内的种植区域。

□ 植物水培架

申请号：201420639634.7　申请日：2014.10.31　公开号：无　公开日：无　公告号：204217620
公告日：2015.03.25　主分类号：A01G 31/06 (2006.01)　申请人：福州嘉豪贸易有限公司
发明人：李跃璇　金贤宝　谢岭杰
摘要：本实用新型涉及一种植物水培架，包括架体，所述架体上沿竖直方向排列设置有多个可拆卸隔层，上、下两组相邻隔层之间留有以利植物生长的层间区域，每个层间区域的顶部排列设置有多个长条形LED灯，每个隔层上侧设置有泡末层，泡末层上设置有用于固放培养液的水槽，所述水槽中设置有浮于培养液上表面的泡末板，所述泡末板上排列设置有通孔，所述通孔内嵌有固定圆形海绵块，所述海绵块上开设有沿海绵块半径方向设置并贯穿海绵块上、下端面的缝隙以利夹紧植物茎部。该植物水培架设计合理，结构新颖，使用方便，能够有效防止植物根部销毁养液滋没没而导致烂根，重量轻，方便拆装，制造成本低。

□ 植物LED灯

申请号：201420517494.6　申请日：2014.09.10　公开号：无　公开日：无　公告号：204164727
公告日：2015.02.18　主分类号：F21S 2/00 (2006.01)　申请人：立大道绿色照明股份有限公司
发明人：朱超磊　江焰辉　唐志东　董永胜　佳德耀　萄太见　甘代琳　黎志银　李小平　陈云伟　陈艺伟　须日文
摘要：一种植物LED灯，包括灯头体、设置在该灯头体上的植物LED照明单元及普通LED照明单元、以及用于驱动该植物LED照明单元及普通LED照明单元的驱动器，该驱动器设置在该灯头体内，该植物LED照明单元与该普通LED照明单元并联连接，该植物LED照明单元包括第一LED及与该第一LED串联的第一开关，第二LED模块包括第二LED及与该第二LED串联的第二开关，该普通LED照明单元包括第三LED及与该第三LED串联的第三开关，该驱动器中设有控制模块，该控制模块分别控制该第一开关、第二开关、第三开关的开启或关闭。该植物LED灯具有能提供多种模式的光线的优点。

图 5.3 - 28　检索结果

第四节 外观设计专利设计检索系统

一、外观设计专利及其检索

外观设计，是指对产品的形状、图案或者其结合以及色彩与形状、图案的结合所作出的富有美感并适于工业应用的新设计，是我国《专利法》规定的三种专利之一。

通常，可以构成外观设计的组合有：产品的形状；产品的图案；产品的形状和图案；产品的形状和色彩；产品的图案和色彩；产品的形状、图案和色彩。

国家知识产权局采用国际外观设计分类法（即洛迦诺分类法）对外观设计专利申请进行分类，分类号由"LOC、版本号、C1.、大类号 – 小类号"组合而成，如 LOC（9）C1.06 – 04 。

外观设计专利的检索方法可分为基于文本检索和基于内容检索两种。

基于文本的方法是最常见的检索方法，其检索规则、语法与发明专利、实用新型专利相同，这类检索系统包括国家知识产权局的专利布告系统、专利检索与服务系统、专利之星，以及 Soopat、谷歌专利等。

但由于外观设计专利的特殊性，常规的基于文本的检索方法难以准确、完整描述外观专利所独有的形状、色彩、图案特征，而这正是基于内容的图像检索技术擅长的领域。目前，国内提供基于内容的外观设计专利检索系统主要有中国外观专利设计智能检索系统、CNKI 外观专利检索分析系统、广东省家具行业外观设计专利图像检索服务平台。在检索方法上，三者大同小异，本书选择广东省家具行业外观设计专利图像检索服务平台为例阐释基于内容的外观设计专利检索方法。

二、家具行业外观设计专利图像检索服务平台

广东省家具行业外观设计专利图像检索服务平台是广东省知识产权公共信息综合服务平台中的一个子平台。目前，该平台可支持基于内容或文本的外观设计专利图像检索，可根据用户提交的待检图片，找到和待检图片相似的家具外观设计专利，并返回相似专利的详细信息（包括外观专利的著录信息以及视图信息），同时支持外观专利设计图像文件的批量导入和导出、检索目标图像数据文件的加载等功能。

1. 文字检索

用户首先进入登陆页面（http：//183.62.9.134：8081/），在登录页面输入用户名、密码以及验证码后，点击登录进入系统，默认用户为 guest 用户，如图 5.4 - 1 所示。

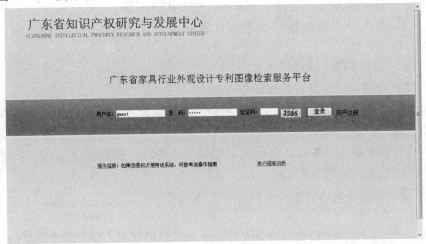

图 5.4 - 1　广东省家具行业外观设计专利图像检索服务平台

用户登录系统后，进入图像检索界面，点击"文字检索"图标切换至文字检索操作界面，如图 5.4 - 2 所示。

图 5.4 - 2　广东省家具行业外观设计专利图像检索服务平台检索页面

　　文字检索界面中提供申请（专利）号、名称、公开（公告）号、分类号、申请人等十四个检索项。检索规则如下：

　　（1）名称、地址、专利代理机构支持布尔逻辑与检索，逻辑与用空格表示，即，检索词与检索词之间通过空格隔开；

　　（2）日期输入格式为 yyyy. mm. dd，如 2013. 01. 04；

　　（3）分类号为洛迦诺分类号，只需输入"大类号 – 小类号"，如：06 –01；

　　（4）所有字段支持模糊检索；

　　（5）检索项之间默认按逻辑与连接。

　　例如，检索福建莆田于 2012 年申请的雕花家具外观设计专利，检索方法如下：

　　在名称中输入：雕花；在申请日中输入：2012；在地址中输入：福建莆田，点击检索，如图 5.4 – 3。

图 5.4 – 3　文字检索与结果

2. 图像检索

　　广东省家具行业外观设计专利图像检索服务平台的图像检索素材来源包括上传图片和检索结果两种。

　　（1）根据上传图片进行图像检索

　　①上传图片。在图像检索页面，点击"选择文件"按钮，选择本地的待

检图片，点击打开，然后点击"上传"按钮将该待测图片上传到服务器，如图 5.4 – 4 所示。

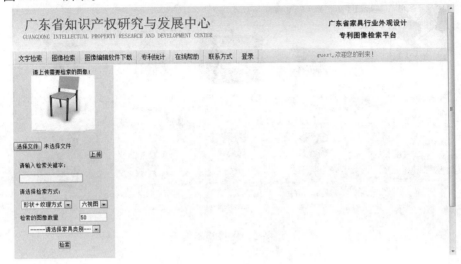

图 5.4 – 4　图像检索方式

②组合检索。该平台支持图像与关键字、查询方式、查询视图以及家具类别等条件进行组合检索。其中：

a. 查询方式包括"形状 + 纹理方式"、"形状方式"、"纹理方式"、"颜色方式"四种；

b. 查询视图包括"六视图"、"后视图"、"左视图"、"右视图"、"仰视图"、"俯视图"六种；

c. 家具类别是根据国际洛迦诺分类进行分类检索（默认为所有分类）。

上传待检图片后，可在关键字文本框输入要检索图片的相关文字信息，并选择查询类别、查询视图、家具类别等选项，实现组合检索。

例如，按关键字、"形状方式"进行图像检索，检索结果如图 5.4 –5。

（2）由检索结果进行外观专利检索

如果对检索结果中的某个专利的视图感兴趣，可以点击视图下面的"点击检索此图"链接进入检索界面，可以按照"根据上传图片进行图像检索"中所述方法进行相应检索条件的设置，不再赘述。

3. 结果查看

对于文字检索或图像检索的结果，点击专利的视图或专利号可以查看该

图 5.4-5　图像检索结果

专利的详细信息。在该页面可以查看相应专利的著录信息以及视图信息，如
5.4-6 所示。

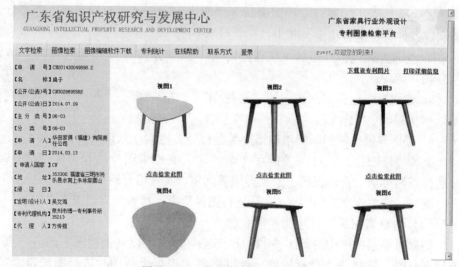

图 5.4-6　外观专利详细信息页面

点击页面中的每一幅图片均可看该图的大图。点击右上角的"下载该专利
图片"、"打印详细信息"超链接还可下载、打印该专利的视图信息和著录信息。

三、检索应用实例

某家具厂设计人员在互联网上偶见一种太师椅（图 5.4 - 7），欲了解该椅子是否申请外观专利保护。

图 5.4 - 7   待检索外观图像

方法一：图像检索

登录广东省家具行业外观设计专利图像检索服务平台，选择图像检索。上传图 5.4 - 7，输入检索关键字：椅，选择检索方式为：形状 + 纹理、六视图，家具类别为：座椅。点击检索，结果如图 5.4 - 8。查看后，发觉效果不理想。

图 5.4 - 8   图像检索

　　为改善检索结果，应用平台提供的图像编辑软件，去除图片背景，如图5.4-9。按照前面的步骤重新检索，得到新的检索结果（图5.4-10）。

图5.4-9　去除背景后的待检图像

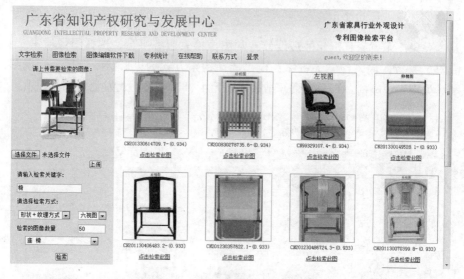

图5.4-10　检索结果浏览

　　浏览检索结果，发现有2个外观设计与检索图片相似，申请号分别是CN201230486724.3、CN201230068012.X。点击申请号分别查看，如图5.4-11和5.4-12，并将其专利图片下载，交由家具厂设计人员比对分析。同时，根据申请号，到中国专利公布布告系统中查得：CN201230486724.3（太师椅（非洲黄花梨木））已于 2013 年 04 月 24 日获得授权；CN201230068012.X（椅子（17））因未缴年费已于 2014 年 05 月 07 日被终止专利权。

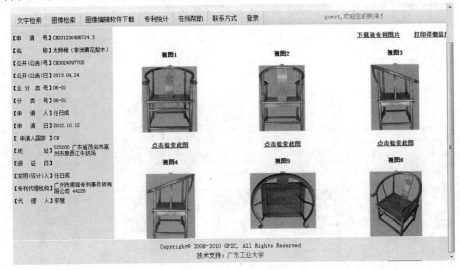

图 5.4 – 11　外观专利详细信息

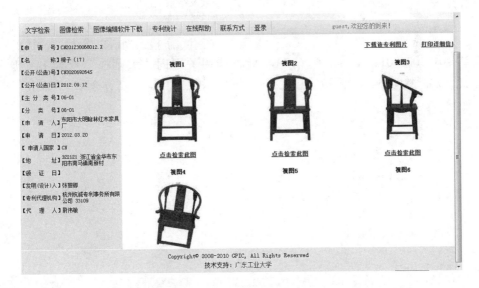

图 5.4 – 12　外观专利详细信息

方法二：文字检索

因该检索课题需求清晰，根据图片判断产品为太师椅，故也可以用文字检索，如图 5.4 – 13。可以看出，除 CN201230486724.3（太师椅（非洲黄花梨木））外，CN200330123492.6（太师椅（明式））也和检索产品相似。

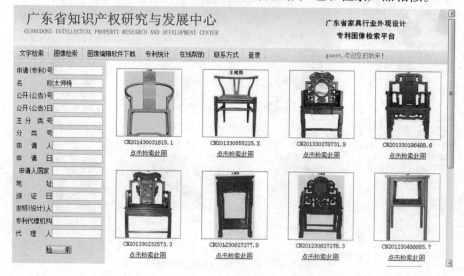

图 5.4 – 13　文字检索及结果

需说明的是，单用文字检索会产生漏检，如图像检索中的 CN201230068012.X（椅子（17））就不能用关键词"太师椅"检索出。因此，实际检索中，图像检索和文字检索常常交叉使用，提高查全率。

第六章　特种文献检索与应用

第一节　产品样本检索

一、产品样本概述

产品样本是生产厂商为向用户宣传和推销其产品而印发的介绍产品情况的文献，通常包括产品说明书、产品数据手册、产品目录等。产品样本的内容主要是对产品的名称、商标、型号、规格、结构、性能、用途、价格等说明信息，所介绍的产品多是已投产和正在行销的产品，反映的技术比较成熟，数据也较为可靠，内容具体和通俗易懂，常附较多的外观照片和结构简图，直观性较强。但产品样本的时间性强，使用寿命较短，且多不提供详细数据和理论依据。大多数产品样本以散页形式印发，有的则汇编成产品样本集，还有些散见于企业刊物、外贸刊物中。产品样本是技术人员设计、制造新产品的一种有价值的参考资料，也是计划、开发、采购、销售、外贸等专业人员了解各厂商出厂产品现状、掌握产品市场情况及发展动向的重要情报源。

二、尚唯产品样本数据库（GPD）

全球产品样本数据库（简称 GPD）是我国第一个上规模的、深度建设的产品样本数据库，由隶属于科技部西南信息中心的重庆尚唯信息技术有限公司研制开发。GPD 收录了丰富的产品样本数据，包括：企业信息、企业产品目录、产品一般性说明书、产品标准图片、产品技术资料、产品 CAD 设计图、产品视频/音频资料等。

GPD 覆盖的产品范围可分为七大类，包括：①通用设备；②专用设备；③交通运输设备；④电气机械和器材；⑤通信设备、计算机及其它电子设备；⑥仪器仪表及文化、办公用机械；⑦材料与物资。

GPD 通过直接向各个企业索取、网上资源的采集整理等方式目前，GPD 已收录欧美、日韩及国内 1.6 万余家企业的 252 余万件产品样本，包括世界机械 500 强企业中的 347 家企业 1624 个品牌（或子公司）产品、中国机械 500 强企业中 359 家企业 562 个品牌（或子公司）产品。

登录尚唯产品样本数据库（GPD）（gpd. sunwayinfo. com. cn），如图 6.1－1 所示，提供分类导航、学科导航、企业导航和高级检索这四种浏览检索方式。

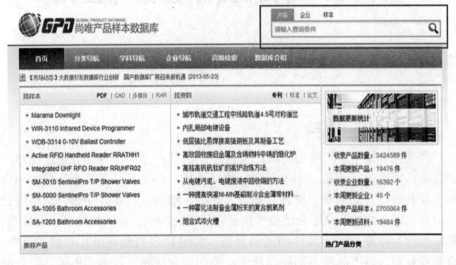

图 6.1－1　尚唯产品样本检索界面

1. 分类导航

分类导航是根据国家统计局提供的常用设备分类法进行分类标引，总共有 7 个一级分类，203 个二级分类，1205 个三级分类目录。检索时可以根据自已所要检索的产品进行下位类的选择找到相符合的检索结果。例如，要了解自行车相关产品情况，就可以选择交通运输设备—脚踏自行车—两轮自行车，检索结果如图 6.1－2 所示。

2. 学科导航

学科导航根据教育部发布的学科分类体系提供的学科分类，总共包含 20 个一级学科，84 个二级学科，如图 6.1－3 所示。检索时可以根据自已所要检索的产品进行下位类的选择找到相符合的检索结果。学科导航所分的类别相对于分类导航不够细化，所以只能大概了解学科的产品样本情况，一般是结合其他的产品限制条件进行给合检索。

图 6.1 - 2　分类导航检索结果

图 6.1 - 3　学科导航

3. 企业导航

企业导航根据收入企业名称的首字母和企业所在的国别进行排序导航,

如图 6.1 -4 所示。

图 6.1 -4   企业导航

例如要了解韩国三星电子公司相关情况，可以先在"国别导航"选择亚洲—韩国，在字母导航选择"S"，总共命中 15 个企业，命中的企业是按入库的时间进行排序的，检索结果如图 6.1 -6 所示。点击"Samsung Electronics Co. Ltd"进入在企业详细记录页面。该页面详细记录有企业地址、联系方式、企业简介，企业 logo 等相关企业信息，如图 6.1 -6 所示。

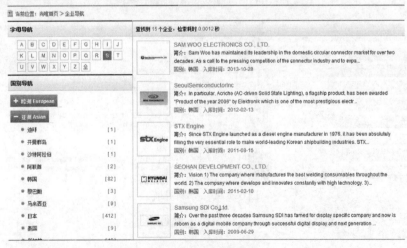

图 6.1 -5   检索结果

图 6.1-6　企业相关信息

4. 高级检索

高级检索页面中提供产品名称、产品简介、发布单位、关键词、企业名称、分类号和国别检索字段，在检索字段中输入检索词，检索词与检索词之间提供"并且"、"或者"、"不包括"这三类的逻辑关系，可以进行自由组配。高级检索界面中还提供专业、国别和企业这三个筛选项，可进一步限制产品样本来源。

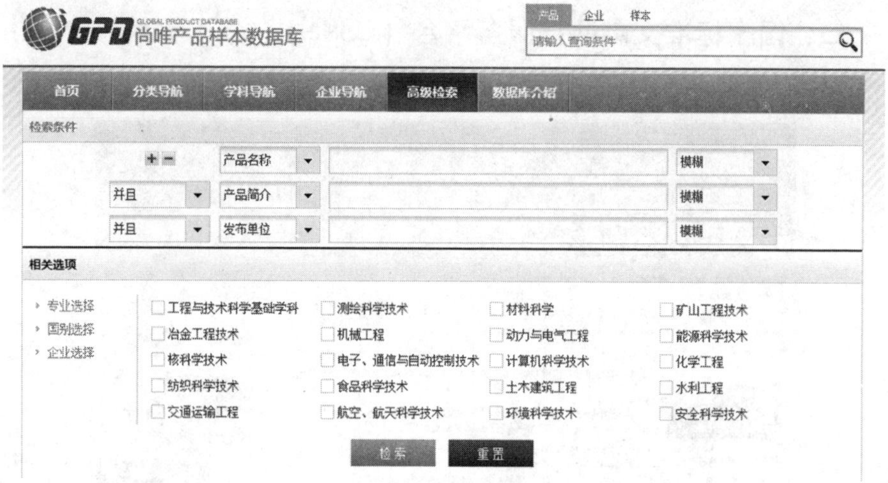

图 6.1-7　高级检索

第二节　标准文献检索

一、国家标准馆概述

国家标准馆是我国唯一的国家级标准文献、图书、情报的馆藏、研究和服务机构，隶属中国标准化研究院，是国家标准化管理委员会的基础信息支撑机构。国家标准馆是国家标准文献中心，是中国图书馆学会专业图书馆分会理事单位和国家科技图书文献中心（NSTL）的成员单位，是我国历史最久、资源最全、服务最广、影响最大的权威性标准文献服务机构。

国家标准馆成立于1963年，馆藏资源有一个世纪以来国内外各类标准文献97万余件，包括齐全的中国国家标准和66个行业标准，60多个国家、70多个国际和区域性标准化组织、450多个专业协（学）会的成套标准，160多种国内外标准化期刊及标准化专著。

国家标准馆自2005年开始进行的"国家标准文献共享服务平台"，在整合全国已有标准文献资源的基础上，形成了规模庞大标准文献题录数据库、全文数据库和专业数据库。目前标准文献题录数据库量已达130万余条，是我国迄今为止最全的标准文献信息库。

二、国家标准文献共享服务平台（CSSN）

登录国家标准文献共享服务平台（www.cssn.net.cn），如图6.2-1。

图6.2-1　CSSN首页

1. 简单检索

国家标准文献共享服务平台在首页提供一框式简单检索，如图 6.2 - 1 所示。检索项包括：标准号、关键词。检索数据类型包括：标准、技术法规、ASTM 检索、标准术语。

如，检索有关"饮用天然矿泉水"的国家标准。选择默认的数据类型：标准，在输入框中输入检索词：饮用天然矿泉水，点击"搜索"，结果如图 6.2 - 2 所示。

图 6.2 - 2　检索结果页面

检索结果页面分为检索栏和结果显示栏两部分。

图 6.2 - 2 区域①为检索栏，提供重新检索、在结果中查找、返回（首页）、按品种筛选四个按钮。

区域②为结果显示栏，提供标准号、标准名称、发表日期、实施日期四项标准信息。

点击标准名称可查看标准详细信息。如，点击"饮用天然矿泉水"，可看到该标准的发布机构为：国家质检总局；发布日期为：2008 - 12 - 29；实施日期为：2009 - 10 - 01；适用范围为：规定了饮用天然矿泉水的产品分类、要求、检验方法、检验规则以及标志、包装、运输和贮存，适用于饮用天然矿泉水的生产、检验与销售。在"关联标准"栏可看到，该标准替代了"GB 8537-1995 饮用天然矿泉水"标准，并引用了"GB 16330-1996 饮用天然矿泉水厂卫生规范"、"GB/T 13727-1992 天然矿泉水地质勘探规范"、"GB/T 8538-2008 饮用天然矿泉水检验方法"、"GB 7718-2011 食品安全国家标准 预包装食品标签通则"，并被"LY/T 1912-2010"标准引用。如图 6.2-3 所示。

图 6.2-3　标准详细信息页面

2. 高级检索

在国家标准文献共享服务平台首页点击"高级检索"即进入高级检索页面，如图 6.2-4 所示。

高级检索页面中各检索项如下：

（1）关键词。在标准名称中检索。支持用空格表示的逻辑与检索。如，可输入单检索词：引用天然矿泉水，也可以输入两个以上检索词（词与词之间用空格隔开，表示逻辑与关系）：矿泉水卫生规范。

（2）标准号。在标准编号中检索。支持用空格表示的逻辑与检索。如，可输入单检索词：24613，也可以输入两个以上检索词（词与词之间用空格隔开，表示逻辑与关系）：24613 2009。

（3）国际标准分类。点击右边的"选择"按钮进入国际标准分类选择，

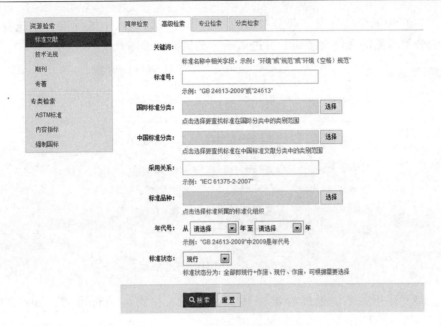

图 6.2 – 4　高级检索页面

点击分类后面的文件夹按钮，可进入子分类页面，如图 6.2 – 5 所示。

图 6.2 – 5　国际标准分类选择

（4）中国标准分类。点击右边的"选择"按钮进入中国标准分类选择，点击分类后面的文件夹按钮，可进入子分类页面，如图6.2-6所示。

□ A 综合	□ B 农业、林业	□ C 医药、卫生、劳动保护
□ D 矿业	□ E 石油	□ F 能源、核技术
□ G 化工	□ H 冶金	□ J 机械
□ K 电工	□ L 电子元器件与信息技术	□ M 通信、广播
□ N 仪器、仪表	□ P 土木、建筑	□ Q 建材
□ R 公路、水路运输	□ S 铁路	□ T 车辆
□ U 船舶	□ V 航空、航天	□ W 纺织
□ X 食品	□ Y 轻工、文化与生活用品	□ Z 环境保护

图6.2-6　中国标准分类

（5）采用关系。根据标准采用关系检索，检索词为标准号，如：IEC 61375-2-2007。

（6）标准品种。点击选择标准所属的标准化组织，如图6.2-7所示。标准化组织包括国内和国外两大类。国内标准化组织包括国家、地方、行业三种；国外标准化组织包括国际、国家、学协会三种。

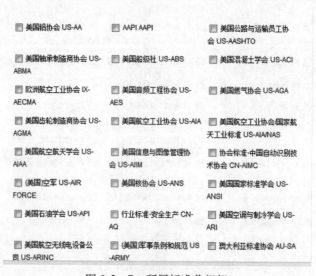

图6.2-7　所属标准化组织

（7）年代号。指按标准发布年代检索。

（8）标准状态。标准状态分为：全部即现行＋作废（全部）、现行、作废，可根据需要选择。

【案例】检索中国自动识别技术协会 CN – AIMC 在 2005 – 2012 年间制定的有关射频识别的现行标准。

检索方法：

登录国家标准文献共享服务平台，进入高级检索页面。在"关键词"栏中输入"射频识别"；在"标准品种"中选择"国内－行业"选项卡，选择"协会标准－中国自动识别技术协会 CN – AIMC"，点击"确定"；在"年代号"中选择 2005 – 2012；在"标准状态"中选择"现行"，如图 6. 2 – 8。点击"搜索按钮"，可得结果，如图 6. 2 – 9。

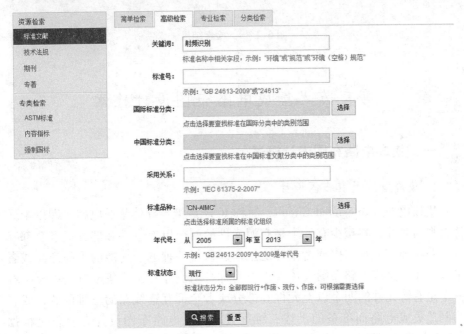

图 6. 2 – 8　检索页面

图 6.2 – 9　检索结果

第三节　集成电路布图设计检索

一、集成电路布图设计概述

1. 集成电路及其布图设计

集成电路（Integrated Circuit，简称 IC）是指半导体集成电路，即以半导体材料为基片，将至少有一个是有源元件的两个以上元件和部分或者全部互连线路集成在基片之中或者基片之上，以执行某种电子功能的中间产品或者最终产品。集成电路布图设计（以下简称布图设计）是指集成电路中至少有一个是有源元件的两个以上元件和部分或者全部互连线路的三维配置，或者为制造集成电路而准备的上述三维配置。集成电路布图设计专有权是根据《集成电路布图设计保护条例》对具有独创性的集成电路布图设计进行保护的一种知识产权。它与专利权、著作权等一样，是知识产权的一部分。

自《集成电路布图设计保护条例》实施以来，集成电路布图设计专有权已成为集成电路企业、尤其是设计企业的重要知识产权保护形式。2001 年 10 月 1 日至 2012 年 12 月 31 日，在中国登记公告的布图设计总计 6 506 件（包括国外的企业和个人在中国登记的所有布图设计专有权），呈现逐年递增态势，较好地保护了布图设计专有权人的利益。

2. IC 布图设计文献

集成电路布图设计文献主要有两种，一是布图设计申请文献，二是布图设计公告文献。

关于申请文献，根据规定，布图设计登记公告后，公众可以请求查阅（不能复制，如拍照）该布图设计的图纸，但申请人提交的电子版本的复制件或者图样，除侵权诉讼或者行政处理程序需要外，任何人不得查阅。为满足基本技术检索要求，国家知识产权局公开了布图设计的类别信息，包括结构、技术和功能。

关于公告文献，它又分为两种，一是集成电路布图设计专有权公告，二是集成电路布图设计专有权事务公告。前者主要描述了布图设计的产品信息、原始权利人/创作人信息和代理机构信息，是一种高度结构化信息，是目前国内布图设计检索的的最主要来源，如图 6.3 - 1 所示；后者描述了布图设计专有权变更信息，是目前国内该种专有权检索的权威来源。

```
布图设计登记号：BS.135007755
布图设计申请日：2013 年 7 月 4 日
公告日期：2014 年 3 月 28 日
公告号：8692
布图设计名称：LED 照明驱动器电源管理电路 HL2018
布图设计类别：
结构：Bi-MOS
技术：CMOS
功能：线性
布图设计权利人：绍兴恒力特微电子有限公司
布图设计权利人国籍：中国
布图设计权利人地址：浙江省绍兴市越城区舜江路 683 号科创大厦 1309 室
布图设计创作人：陈龙
代理机构：浙江杭州金通专利事务所有限公司
代理人:赵芳
```

图 6.3 - 1　集成电路布图设计专有权信息

二、集成电路布图设计专有权检索平台

国家知识产权局在其门户网站不定期公布集成电路布图设计公告和集成电路专有权事务公告。通过这两个公告可查询到 2001 年 10 月 1 日至今的所有

集成电路布图设计申请和专有权情况。但从数以千计的公告文件中检索所需信息的方法无异于落后的手工检索，在检索效率和成本上是难以接受的。

目前，国内提供集成电路布图设计检索的平台主要有广东省知识产权公共信息综合服务平台（以下简称广东平台）和上海知识产权（专利信息）公共服务平台（以下简称上海平台）。其中，广东平台提供在线专利检索分析、家具行业外观设计专利图像检索、科技文献及标准数据库查询、知识产权专家及法律法规数据库查询、版权数据库查询、商标数据库查询、植物新品种数据库查询、集成电路布图设计在线查询等，是国内最为全面的知识产权公共信息服务平台之一。与上海平台相比，广东平台中的集成电路布图设计在线查询平台不仅检索字段丰富，检索技术也明显优于上海平台，因此，本书选择广东平台中的集成电路布图设计在线查询平台进行介绍。

进入广东平台后，点击"集成电路布图设计在线查询"链接，进入检索系统，如图 6.3－2。

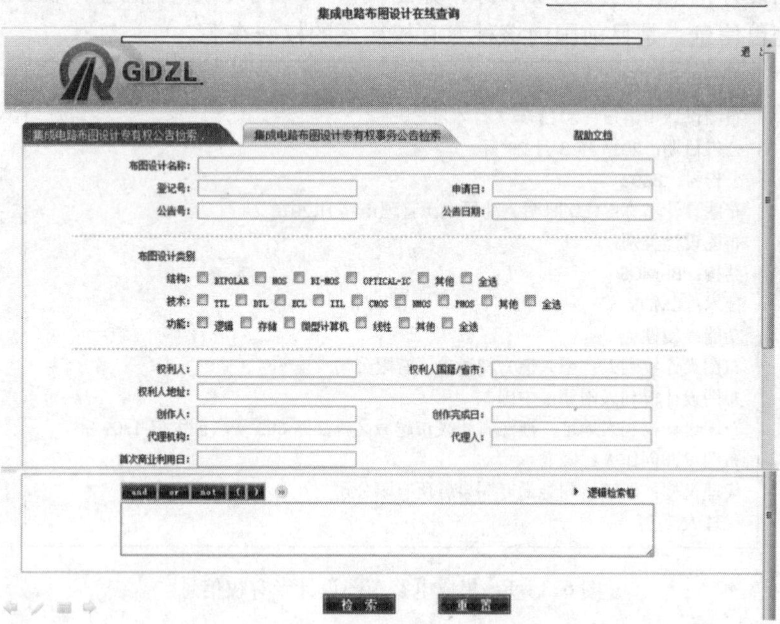

图 6.3－2　广东平台集成电路布图设计在线查询

集成电路布图设计在线查询系统提供集成电路布图设计专有权公告和专有权事务公告两种检索。

1. 集成电路布图设计专有权公告检索

专有权公告检索页面提供布图设计名称、登记号、申请日、权利人、创作人等检索字段，其检索语法如表6.3 – 1：

表6.3 – 1　检索语法规则

		算符	含义
布尔 逻辑符	逻辑与	and	用"与"组合检索词，表示查找包括这两词的记录
	逻辑或	or	用"或"组合检索词，表示查找包括这两词或仅其中任一词的记录
	逻辑非	not	使用"非"查找包括某一项而非另一词的记录
通配符 （截词符）	有限截词	？	代替单个字符
	无限截词	％	代替多个字符
时间关运算符		to	表示日期范围，"to"前后用空格隔开

检索规则如下：

① 字符类字段，包括布图设计名称、权利人、权利人地址、权利人国籍/省市、创作人、代理机构、代理人，支持布尔逻辑检索和通配符。

例如：

a. 欲查找名称中含有"AX690、AX691"这些类似名称的，则输入"AX69？"即可；

b. 欲查找名称前面含有"低成本"，后面含有"控制器"的，则输入"低成本％控制器"即可；

c. 查找名称中含有"微控制器"，同时含有"LCD"或"触摸屏"，但不含"电表"的，则输入"微控制器 and（LCD or 触摸屏）not 电表"即可。

② 号码类字段，包括登记号、公告号，仅支持通配符。如，查找登记号中前面是500后面是88的布图设计，输入"500％88"即可。

③ 日期类字段，包括申请日、公告日期、炒作完成日、首次商业利用日。

a. 支持"年"、"年月"、"年月日"三种检索，年、月、日之间必须用英文"."隔开，月和日为1 – 2位数字；

b. 支持 to 操作，表示日期范围；

c. 支持省略年或月的操作，但是省略年或月时，年或月后面的"."不能省略。

例如：

a. 查找申请日为 2008 年，或 2008 年 8 月，或 2008 年 8 月 4 日的布图设计，则分别输入 2008、2008.8、2008.8.4 即可；

b. 查找申请日为 2008 年到 2009 年 5 月之间的布图设计，则输入 2008 to 2009.5 即可（注意 "to" 前后必须有一个空格）；

c. 查找所有申请日在 8 月，或申请日在 4 日、或申请日在 8 月 4 日的布图设计，则分别输入.8、..4、.8.4 即可（注意 "." 的位置）。

除可自由输入检索内容的字段以外，集成电路布图设计在线查询系统还提供其布图设计结构、技术、功能三种类别选择，如表 6.3 - 2。

表 6.3 - 2　布图设计结构、技术、功能选项

结构	BIPOLAR	MOS	BI - MOS	OPTICAL - TC	其他		
技术	TTL	DTL	BCL	ITL	CMOS	NMOS	PMOS	其他
功能	逻辑	存储	微型计算机	线性	其他		

2. 集成电路布图设计专有权事务公告检索

集成电路布图设计专有权事务公告检索页面提供布图设计名称、登记号、生效日期、申请日、公告日期、事务公告类别检索字段，如图 6.3 - 3，其检索规则与方法与专利权公告检索相似，为不赘述，予以省略。

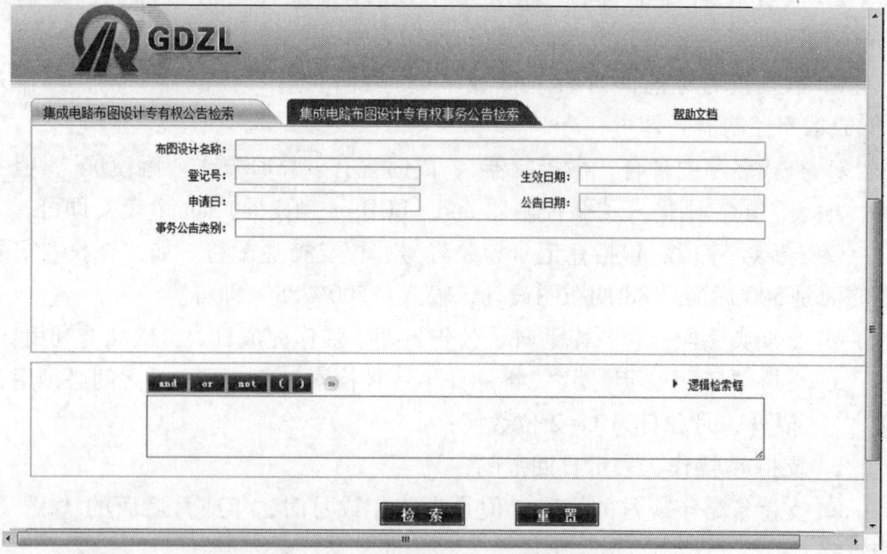

图 6.3 - 3　集成电路布图设计专有权事务公告检索

第四节 商标检索

一、商标概述

商标是区别经营者商品或服务的标记。我国商标法规定，经商标局核准注册的商标，包括商品商标、服务商标和集体商标、证明商标，商标注册人享有商标专用权，受法律保护，如果是驰名商标，将会获得跨类别的商标专用权法律保护。

根据《商标法》规定，与他人的商品区别开的标志，包括文字、图形、字母、数字、三维标志、颜色组合和声音等，以及上述要素的组合，均可以作为商标申请注册。经国家核准注册的商标为"注册商标"，用®表示，受法律保护。商标通过确保商标注册人享有用以标明商品或服务，或者许可他人使用以获取报酬的专用权，而使商标注册人受到保护。

商标注册前进行查询是非常有必要的。通过查询，可以降低商标注册过程中的风险，显著提高商标注册成功率。

二、商标网上查询系统

中国商标网（商标网上查询系统 http：//sbcx. saic. gov. cn：9080/tmois/wscxsy_ getIndex. xhtml）是国家工商行政管理总局商标局主办、工商总局信息中心技术支持的商标互联网免费查询系统，是商标检索的权威网站，它提供商标近似查询、综合查询和状态查新三种检索方式。

1. 商标近似查询

商标近似查询按图形、文字等商标组成要素分别提供近似检索功能，用户可以自行检索在相同或类似商品上是否已有相同或近似的商标，如图6.4 - 1。

近似查询的检索步骤如下：
①选择国际分类号（商品分类号）；
②选择查询方式和查询类型；
近似查询提供汉字、拼音、纯拼音、英语、数字、字头、图形七种查询方式供选择，每一种查询方式对应了不同的查询类型和查询规则，如表6.4 - 1。其中，字头是指由图形化的一个或两个英文字母组成的商标；如选择图形

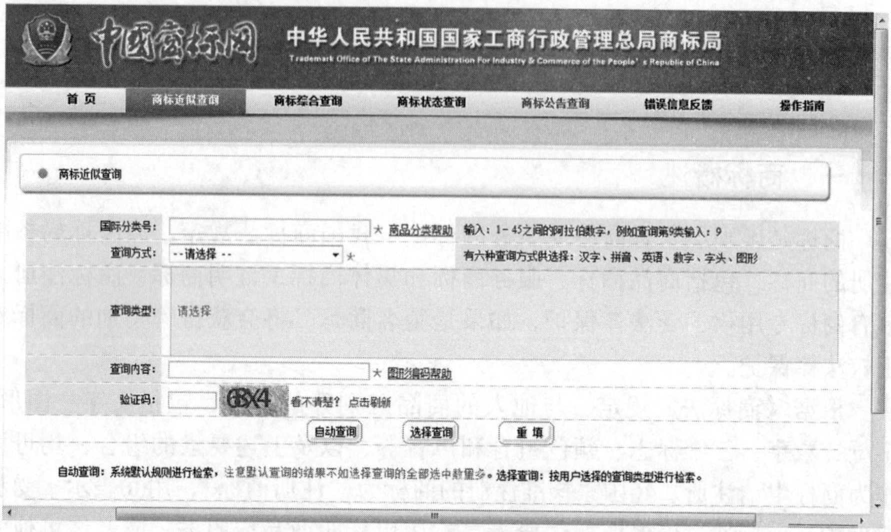

图 6.4 – 1　商标近似查询

查询方式，则查询内容只能输入维也纳图形要素编码（可用"图形编码帮助"辅助选择），否则无法进行查询。

表 6.4 – 1　近似查询方式与规则

序号	查询方式	查询类型	查询规则
1	汉字	换序、减汉字、任意位置加汉字、内含其他商标、完全相同、部分相同、变汉字、含在其它商标中、读音相同、逆序	可输入简体汉字，多个汉字之间不能有空格。
2	拼音	拼音商标相同	每个字的拼音之间加空格；例如：tong ren tang。
3	纯拼音	换序、减字母、变字母、任意位置加字母、完全相同、部分相同、含在其他商标中、内含其他商标、逆序	每个字的拼音之间加空格；例如：tong ren tang。
4	英语	换序、减字母、变字母、含在其他商标中、完全相同、部分相同、内含其他商标、任意位置加字母、读音相同、逆序、百分之二十相似	需输入 3 个或 3 个以上的英文字母（'&或:小数点等符号也可以接受），3 个以下的英文字母选择字头查询

续表

序号	查询方式	查询类型	查询规则
5	数字	换序、完全相同、部分相同、变任一个数字、含在其他商标中、内含其他商标	只支持阿拉伯数字
6	字头	完全相同、换序相同、（指定）字形相近	输入一个或者两个英文字母，三个以上英文字字母另选英文查询。
7	图形	包含查询、完全查询	在查询内容中输入图形编码，编码之间以'；'（英文状态下的）分隔。

③输入查询内容；

④点击查询按钮，执行查询。商标网为每种查询方式提供"自动查询"和"选择查询"两个查询功能按钮。

a. 点击"自动查询"时，系统按默认按全部查询类型检索，但英文的自动查询不包含"读音近似"。自动查询时，用户指定的查询类型选项将无效。

b. 点击"选择查询"则是按用户选择的查询类型进行检索。

例如，查询读音与"安踏"相同的服装、鞋类商品商标，步骤如下：

在商标近似查询中选择国际分类号为 25（服装、鞋、帽），选择查询方式为"汉字"，查询类型为"读音相同"，查询内容为"安踏"，如图 6.4 - 2。

图 6.4 - 2　输入查询条件

输入验证码，点击"选择查询"，得到 42 条检索结果，如图 6.4 – 3。

	序号	注册号/申请号	类别	商标	商品
☐	1	4173442	25	安塔妮娅:ANITANIA	查看
☐	2	1009204	25	ANTA	查看
☐	3	1058869	25	安塔尔 ANTAR	查看
☐	4	547903	25	安踏	查看
☐	5	1333427	25	安踏	查看
☐	6	1387241	25	ANTA	查看
☐	7	1387242	25	安踏	查看
☐	8	2007377	25	安踏	查看
☐	9	2007375	25	ANTA	查看
☐	10	3476919	25	酷克安踏	查看
☐	11	3736684	25	新安踏酷哥	查看
☐	12	3895452	25	安踏	查看
☐	13	3543908	25	ANTA	查看
☐	14	4879786	25	ANTA	查看
☐	15	4879788	25	ANTA	查看
☐	16	4879789	25	安踏	查看
☐	17	6208491	25	巴里安塔	查看
☐	18	6541021	25	安踏	查看
☐	19	6541032	25	ANTA	查看
☐	20	6541036	25	ANTA	查看

图 6.4 – 3　查询结果

在近似查询结果列表界面，点击注册号/申请号、类别号、商标可查看商标详细信息，如图 6.4 – 4。

点击"查看商品信息…"超链接可以查看所有商品和与之相关的类似群，如图 6.4 – 5；点击商标流程，可以看其商标的流程信息，如图 6.4 – 6。

在近似查询结果列表界面，点击"查看"超链接可查看商品信息，如图 6.4 – 7。

2. 商标综合查询

商标综合查询支持用户按商标号、商标、申请人名称等方式，查询某一商标的有关信息，如图 6.4 – 8。

商标综合查询提供国际分类号、注册号/申请号、商标名称、申请人名称（中文）、申请人名称（英文）五种检索入口。商标名称、申请人名称检索入口提供了三种匹配方式，分别是前包含、精确、包含。需特别指出的是，如

图 6.4-4 商标详细信息

商品/服务项目		
打印		关闭
序号	商品/服务	类似群
1	服装	2501
2	海滨浴场用衣	2501
3	纸衣服	2501
4	T恤衫	2501
5	钓鱼背心	2501
6	内衣	2501
7	背心(马甲)	2501
8	背心	2501
9	紧身衣裤	2501
10	睡衣裤	2501

图 6.4-5 类似群

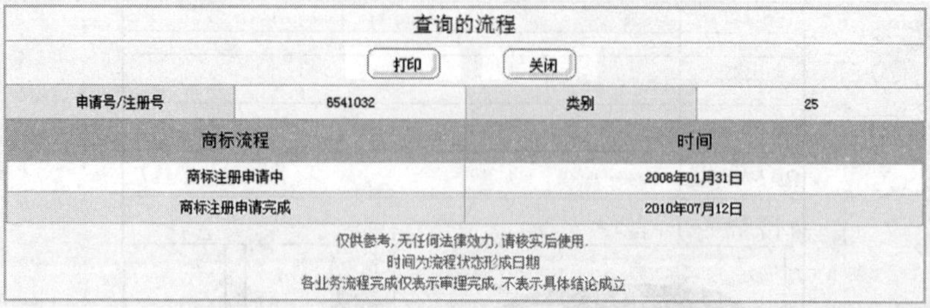

查询的流程			
打印	关闭		
申请号/注册号	6541032	类别	25
商标流程		时间	
商标注册申请中		2008年01月31日	
商标注册申请完成		2010年07月12日	

仅供参考，无任何法律效力，请核实后使用.
时间为流程状态形成日期
各业务流程完成仅表示审理完成，不表示具体结论成立

图 6.4－6　商标流程信息

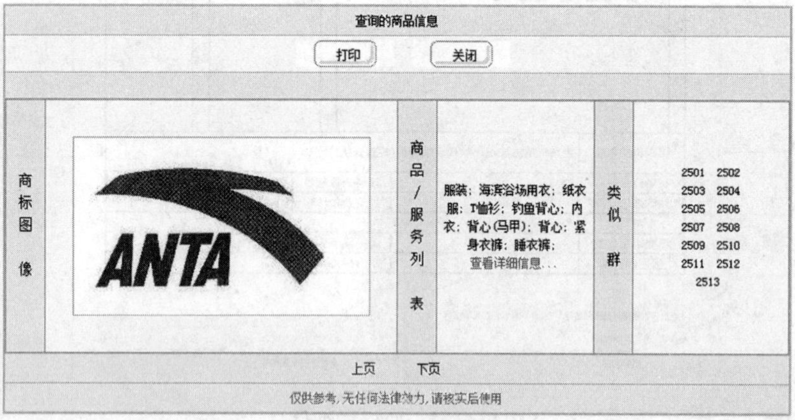

图 6.4－7　商品信息

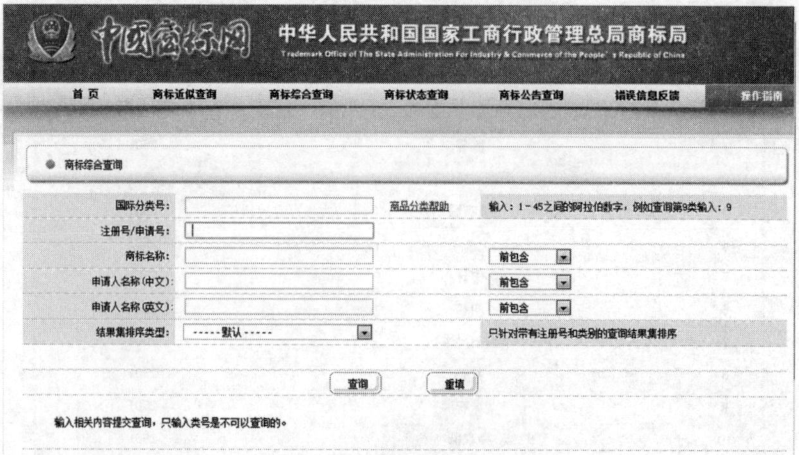

图 6.4－8　商标综合查询

输入了商标名称或申请人名称，则注册号项不能填写，必须清空。此外，商标综合查询页面还提供了两种结果集排序类型，一是按注册号，二是按类别。

　　在查询操作方面，综合查询和近似查询相似，不再赘述。

　　3. 商标状态查询

　　用户可以通过商标申请号或注册号查询有关商标在业务流程中的状态，如图6.4－9。

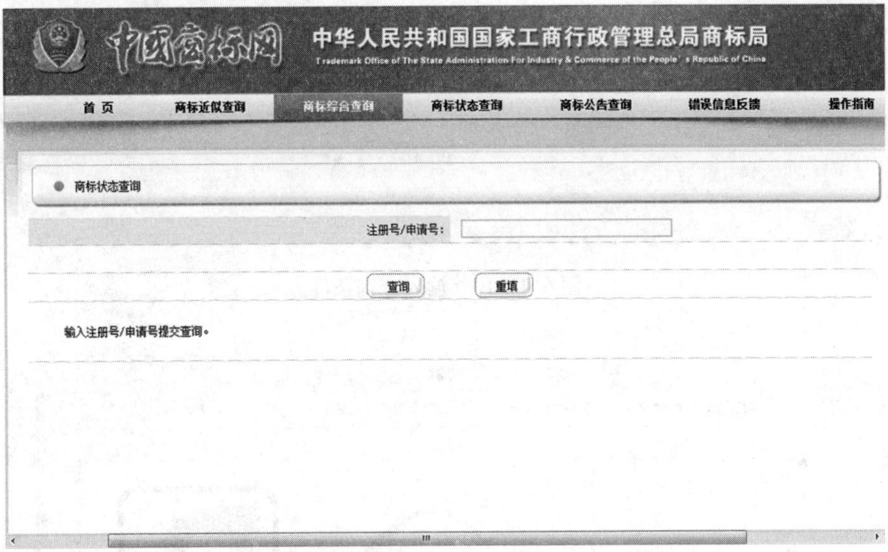

图6.4－9　商标状态查询

　　【案例】T公司是一家生产通信设备的企业，欲将其铁路通信部门分割出来，成为一独立子公司，并启用新品牌。为此，需要设计一全新商标。公司根据产品特征，要求商标中含有火车元素。为获得灵感，避免侵犯他人商标权，商标设计人员决定找出相似商标供参考。

　　根据产品特征，检索人员将商品分类号设定为38——电信，选择"图形"查询方式，查询类型为"包含查询"。在查询内容栏点击"图形编码帮助"，打开图形编码窗口，选择"18.1.11 轨道车辆，火车，有轨电车，＊煤车"。返回近似查询页面，如图6.4－10。

　　输入验证码，点击"选择查询"，可得查询结果，如图6.4－11。

图 6.4 – 10　输入查询条件

图 6.4 – 11　查询结果

第五节　指数工具应用

一、指数概述

从广义上说，指数是指反映现象总体数量变动的相对数，如物价指数、股票价格指数等。指数可以反映复杂现象总体数量上的变动，研究现象的长期变动趋势，综合评价和分析现象数量的变化，因此受到广泛应用。

指数工具有许多，如，搜索引擎提供的百度指数、百度预测（经济指数）、谷歌趋势，科技文献数据库提供的 CNKI 指数、万方知识脉络分析、汤森路透 ESI 等，本书仅介绍百度指数（详见本书第二章）、CNKI 指数、万方知识脉络分析。

二、CNKI 指数

CNKI 指数以中国知网海量文献为基础的免费数据分析服务，它能形象地反映不同关键词在过去一段时间里的变化趋势。CNKI 指数以文献检索数据为基础，通过科学、标准的运算，以直观的图形界面展现。通过 CNKI 指数，可以检索、发现和追踪学术热点话题。

CNKI 指数支持文献分类选择，但仅支持单一检索词检索，不支持布尔逻辑检索。检索时，先选择文献分类，然后输入检索词，如选择在"无线电电子学"分类中检索 LED，如图 6.6 – 1。

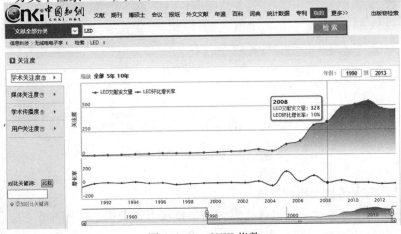

图 6.6 – 1　CNKI 指数

　　如需对比多个关键词，可在左下方的"对比关键词"栏中添加、输入检索词，点击"对比"按钮，即可实现多个关键词的关注度指数对比。

　　CNKI 指数包括关注度、关注文献、学科分布、研究进展、机构分布五个部分。

　　1. 关注度

　　CNKI 指数通过学术关注度、媒体关注度、学术传播度和用户关注度 4 种指数曲线反映关键词的关注度。

　　（1）学术关注度指数曲线

　　该曲线通过统计篇名包含检索词的期刊文献发文量获得。鼠标指向曲线任一节点时将显示该节点所在年份的文献发文量和环比增长数据。曲线默认起点为 1974 年，终点为检索年前一年，可通过调整下方的时间滑块调节时间范围。

　　（2）媒体关注度指数曲线

　　该曲线通过统计篇名包含检索词的报纸文献发文量获得，如图 6.6 - 2。曲线默认起点为 2000 年，终点为检索年前一年。

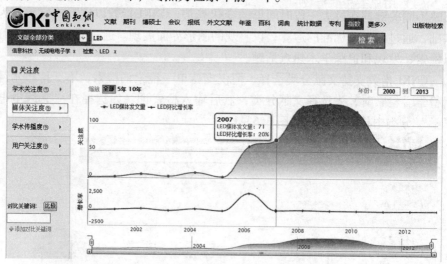

图 6.6 - 2　媒体关注度指数曲线

　　（3）学术传播度指数曲线

　　该曲线通过统计篇名包含检索词的文献被引量获得，如图 6.6 - 3。曲线默认起点为 1979 年，终点为检索年前一年。

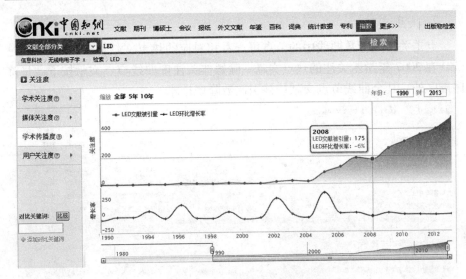

图 6.6 - 3 学术传播度指数曲线

（4）用户关注度指数曲线

该曲线通过统计篇名包含检索词的文献下载量获得，如图 6.6 - 4。曲线默认起点为 2005 年，终点目前为 2011 年。

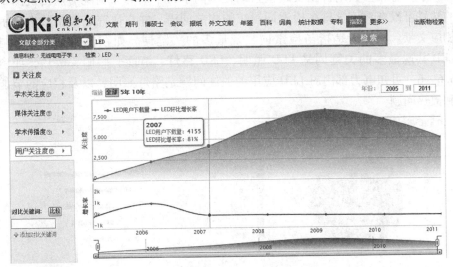

图 6.6 - 4 用户关注度指数曲线

2. 关注文献

点击关注度指数曲线中的节点可查看相对应的热点文献，如图 6.6 - 5 是 LED 在 2007 年学术关注的热点文献。除媒体关注度曲线节点文献按下载量降序排序外，其余曲线节点文献按被引次数降序排序。

题名	作者	来源	年/期	下载	被引
一种新型的基于非成像光学的LED均匀照明系统	杨毅;钱可元;罗毅	光学技术	2007/01	1308	63
LED照明现状与未来展望	大谷义彦;夏晨	中国照明电器	2007/06	1887	44
白光LED及其涂敷用荧光粉的研究进展	刘霖;李万万;孙康	材料导报	2007/08	895	44
大功率LED的封装及其散热基板研究	李华平;萧广跃;彭文达;牛航军	半导体光电	2007/01	1482	43
大功率LED散热封装技术研究	苏达;王德苗	照明工程学报	2007/02	1041	43
LED温度特性的测试	梅毅;陈郁阳;袁川;刘木清	照明工程学报	2007/01	660	40
白光LED用红色荧光粉α-Gd_2(MoO_4)_3:Eu的制备及其发光性能研究	赵晓霞;王晓君;陈宝玖;孟庆裕;颜献;狄卫华	光谱学与光谱分析	2007/04	615	37
大功率LED封装界面材料的热分析	齐昆;陈旭	电子与封装	2007/06	1088	37
大功率LED散热封装技术研究的新进展	苏达;王德苗	电力电子技术	2007/10	1192	37
基于微喷射流的高功率LED散热方案的数值和实验研究	罗小兵;刘胜;江小平;程曜	中国科学(E辑 技术科学)	2007/09	631	35

图 6.6 - 5　关注文献

3. 学科分布

学科分布指数用饼图反映检索词在不同学科中的分布情况。点击饼图中的学科可以查看该学科在检索词领域的相关词语，并在研究进展指数中显示相应文献。相关词是指与检索词共现最多的关键词。如在电力工业中，与 LED 共现最多的关键词是 LED 照明、LED 路灯、节能、照明、散热，如图 6.6 - 6。可知电力部门对 LED 应用的关注问题是路灯照明，以及相应的节能和散热问题。

图 6.6 - 6　学科分布

4. 研究进展

研究进展指数从最早、最新、经典三个角度展示与检索词及学科相关的研究成果，如图6.6－7显示了电信技术中与LED相关的经典文献。

研究进展

最早研究　最新研究　经典文献

题名	作者	来源	年/期	下载	被引
白光LED照明光源用作室内无线通信研究	胡国永;陈长缨;陈振强;	光通信技术	2006/07	1029	75
白光LED驱动综述	平立;	现代显示	2006/06	690	48
大尺寸液晶电视用LED背光源的设计与制作	刘敬伟;王刚;马丽;张凯亮;张丽蕾;王庆江;万丽芳;	液晶与显示	2006/05	792	46
LED用于LCD背光源的前景展望	王晓明,郭伟玲,高国,沈光地	现代显示	2005/07	578	43
有机EL和LED与无机EL和LED发光机制的异同	李文连	液晶与显示	2001/01	289	40
白光LED照明的可见光通信的现状及发展	刘宏展;吕晓旭;王发强;梁瑞生;王金东;张准;	光通信技术	2009/07	1330	38
用74HC595芯片驱动LED的电路设计	翟震,张春玲	机床与液压	2004/12	1263	35
LCD-TV用直下式LED背光源的光学设计	梁萌;王国宏;范曼宁;郭德博;刘广义;马龙;王良臣;李晋闽;	液晶与显示	2007/01	570	33
LED可见光无线通信的现状和发展方向	周洋;刘耀进;赵玉虎;	淮阴工学院学报	2006/03	767	33
大屏幕LED显示控制系统的设计	赵才荣;丁铁夫;郑喜凤;刘高霞;	液晶与显示	2005/06	865	31

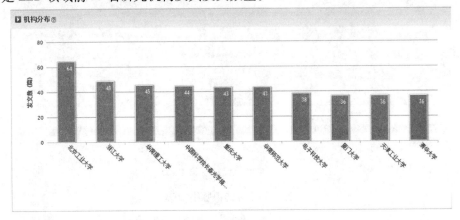

图6.6－7　研究进展

5. 机构分布

机构分布指数反映了检索词在机构（前10名）中分布情况。如图6.6－8是LED领域前10名研究机构及其发文数量。

图6.6－8　机构分布

三、万方知识脉络分析

万方知识脉络分析系统（trend. wanfangdata. com. cn）是基于万方数据知识服务平台收录的海量文献资源，它通过基于共词网络和引文网络的分析方法，显示知识点的研究趋势及随时间变化的演化关系，帮助发现知识点之间交叉、融合的演变关系及新的研究方向、趋势和热点，并提供多个知识点的对比分析。

1. 知识脉络检索

知识脉络检索只支持单一检索词检索，不支持布尔逻辑检索，如输入检索词"创业板"，点击"知识脉络检索"按钮，可得检索词的知识脉络，如图 6.6 – 9。脉络曲线表明该检索词在不同年度的研究热点的趋势变化，通过下方的滑块可以查看脉络曲线其它部分。点击曲线上的节点可查看检索词在该节点年份的发文情况。万方知识脉络分析系统用每百万期刊论文中命中文献数量作为衡量发文数量的指标。年度下方的热词表明在对应年度和该检索词最相关的知识点，它们按相关度从上而下降序排列。

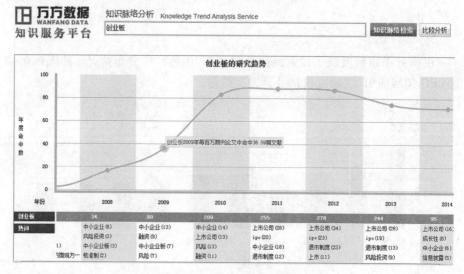

图 6.6 – 9　知识脉络检索

从图 6.6 – 9 中可看出，从 2008 年开始，国内对创业板的研究热度大增，并在 2010 – 2012 年达到顶峰，每百万期刊论文中命中 80 篇以上。另外，通过热词对比可知，2010 年以前，有关创业板的研究主要集中在中小企业融资和风险上；2010 年以后，研究热点则转向上市公司 IPO 及退市制度方面；2014年，创业板上市公司的成长性和信息披露成为新的研究热点。

知识脉络检索提供与检索词相关的经典文献、研究前沿文献和相关学者等信息。其中，学者栏提供学者发文数量、被引次数和 H 指数。点击学者姓名链接，可以查看该学者发表的学术成果、学术关系和被引情况，如图 6.6 – 10。

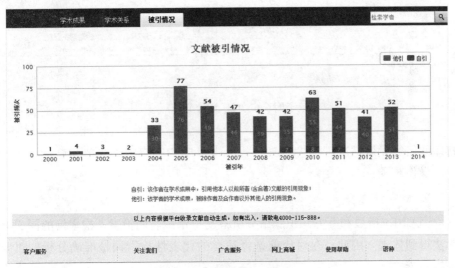

图 6.6 – 10 学者信息页面

2. 比较分析

比较分析是对多个关键词进行脉络曲线对比分析，关键词之间用 ","隔开，最多支持 8 个关键词。分析时，系统默认只显示前 3 个词，剩下的关键词可在曲线下方的 "选择相关词"栏中选择显示。

如，输入 "CRT，液晶，等离子，OLED"，点击 "比较分析"按钮，得到 CRT、液晶和等离子的知识脉络曲线。在 "选择相关词"栏中选择"OLED"，可得 4 个关键词的脉络曲线，如图 6.6 – 11。

四、指数应用案例

应用 CNKI 指数、万方知识脉络分析和百度指数对比 GPS、云计算、3D

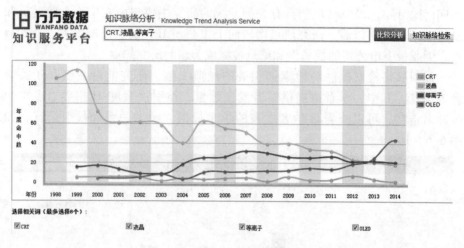

图 6.6 – 11　比较分析

打印的研究发展情况。

操作步骤：

1. 检索词选择

因 CNKI 指数和万方知识脉络分析只支持单一名词检索，检索词的同义词无法得到体现。因此，在对比前选择适合的代表性检索词是准确分析的重要前提。

如，在 CNKI 指数和万方知识脉络分析中对比"GPS"及其同义词"全球定位系统"、"全球卫星定位系统"，如图 6.6 – 12 和 6.6 – 13。从图中可看到，"GPS"的发文量远大于它的两个同义词。另外，在 CNKI 文献数据库中进行内容检索，从检索结果上看，GPS 已成为公认名词，干扰词较少。因此，选择 GPS 为检索词。用相似的方法，从"云计算"及其同义词"cloud computing"、"3D 打印"及其同义词"增材制造"、"激光堆积成型"、"激光快速成型"中选择"云计算"、"3D 打印"为检索词。

2. 实施检索

①在 CNKI 指数中检索"GPS"，获得"GPS"指数曲线。添加对比关键词"云计算"和"3D 打印"，点击"对比"按钮，得到三者的学术关注度曲线，如图 6.6 – 14。

②在万方知识脉络分析中输入检索式：GPS，云计算，3D 打印，点击

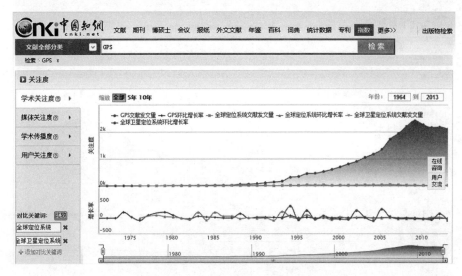

图 6.6 – 12　检索词对比（CNKI 指数）

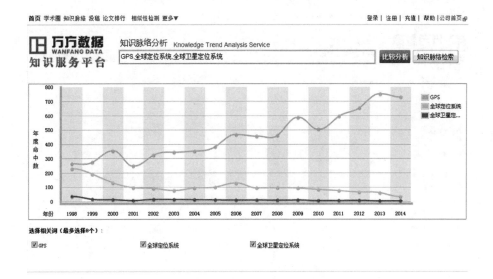

图 6.6 – 13　检索词对比（万方知识脉络分析）

"比较分析"按钮，得到三者知识脉络曲线，如图 6.6 – 15。

从图 6.6 – 14 和图 6.6 – 15 中可看出，自上个世纪 90 年代以来，学术界对 GPS 的研究一直处于热门状态；云计算则从 2008 年开始受到关注，并迅速

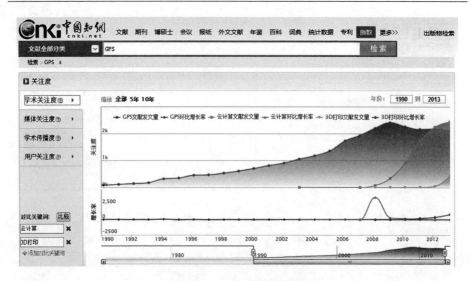

图 6.6 – 14　CNKI 指数检索

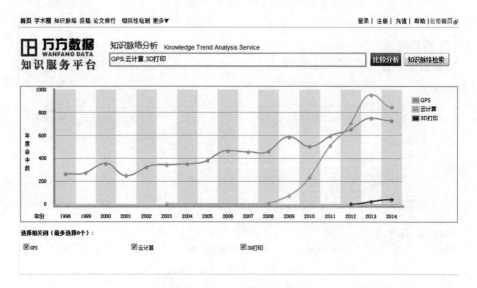

图 6.6 – 15　万方知识脉络检索

成为学术界的研究研究热点；学术界对 3D 打印的关注始于 2012 年，发文量增长迅速，有望成为下一个研究热点。

　　③在百度指数中输入检索式：GPS + 全球定位系统，云计算，3D 打印 +

增材制造，如图6.6－16。其中，因百度指数未收录"cloud computing"，故没有使用。

图6.6－16　百度指数

点击"查看指数"按钮，得到三者的百度指数曲线。在"趋势研究"中选择"PC趋势"，时间调整为：2006－2014，得到如图6.6－17的曲线。

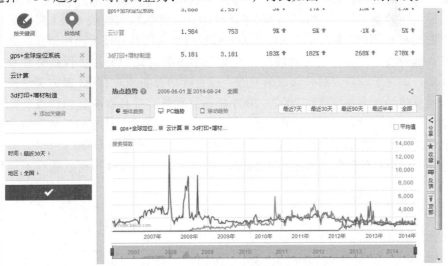

图6.6－17　百度指数检索

④在图 6.6 - 14 中点击"媒体关注度",得到三者的媒体关注度曲线,如图 6.6 - 18。

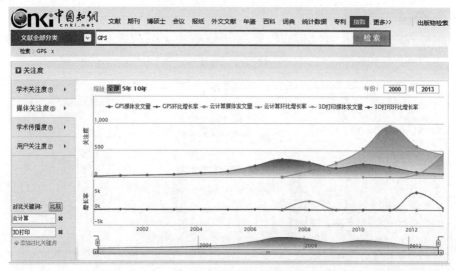

图 6.6 - 18　媒体关注度

通过对比图 6.6 - 17 至 6.6 - 18 可知,百度指数曲线和 CNKI 媒体关注度曲线具有高度相似性,后者可以看作是前者的平滑处理结果。另外,对社会普遍关注的新兴科技,如云计算、3D 打印,百度指数曲线或 CNKI 媒体关注度曲线与 CNKI 学术关注度曲线或万方知识脉络曲线具有较大的相似性,尤其在兴起阶段。而进入发展阶段后,社会与学术界对此的关注步伐则常常难以同步,如对于非新兴科技领域的 GPS,以百度指数曲线或 CNKI 媒体关注度曲线所反映的社会关注度在 2007 - 2008 年达到顶峰,并具有明显的热点新闻驱动特征,新闻时效过后关注度迅速下降;以 CNKI 学术关注度曲线或万方知识脉络曲线所反映的学术界研究热度则持续增长至 2009 年(CNKI 数据),并在总体上保持高位运行,没有明显波动。同样的差异在云计算指数曲线上也得到了反映。

第七章　文献信息应用

第一节　科学研究中的文献信息应用

一、科学研究与文献信息应用

科学研究是指为了增进知识，以及利用这些知识去发现新的知识，或发明新的技术而进行的系统的创造性工作。根据研究工作的目的、任务和方法不同，科学研究通常划分为以下几种类型：

① 基础研究。它是对新理论、新原理的探讨，目的在于发现新的科学领域，为新的技术发明和创造提供理论前提。

② 应用研究。它是把基础研究发现的新理论应用于特定目标的研究，是基础研究的继续，目的在于为基础研究成果开辟具体的应用途径，使之转化为实用技术。

③ 开发研究。又称发展研究，它是把基础研究、应用研究应用于生产实践的研究，是科学转化为生产力的中心环节。

任何科学研究都是在前人研究基础上的进一步深化、完善和发展。在科技飞速发展，科技成为第一生产力的今天，研究进行之前的搜集事实，获得经验材料，避免重复发明比以往显得更为重要。据美国科学基金会和日本国家统计局的统计数字：在整个科研用时中，开题思考计划占 7.7%，查阅有关科技文献占 50.9%，进行科学实验占 32.1%，编写科研报告占 9.3%。另一方面，文献数量正呈爆炸性增长，每年全世界出版的图书就多达 80 万种；科技期刊 8 万多种，发表的论文在 600 万篇以上；公开的专利说明书多达 100 万件；国际会议文献 1 万多篇；美、英、德、日等国产生的科技报告 20 万件左右；中国在线数据库数量超过 10 万个，极度丰富的文献供应极大地方便了研究、学习资料的获取，但也带来了文献质量良莠难辨等问题。因此，有效获取高质量文献是科学研究中文献信息检索与应用的重要内容。

二、科学研究中文献信息应用的策略与步骤

科学研究中的文献信息应用也称为文献调研，根据不同的科研阶段，文献调研分为泛调研、精调研两种。

（1）泛调研。它是指确定科研主题后，对所选主题进行的泛在性文献检索、分析。该检索的目的是了解该科研主题的国内外研究现状、应当解决的问题和未来的发展方向等，从宏观层次了解所选主题的当前研究概貌。泛调研阶段的检索重点是综述性文献，要求尽可能完整地收集该主题的所有文献，突出查全率，文献类型包括图书、期刊论文、会议论文、学位论文、研究报告等。

（2）精调研。它是指在确定具体研究内容后，对该研究内容进行精准性文献检索、分析。该检索的目的是查找与具体研究内容相关的理论、研究方法、研究效果等文献信息。该阶段的重点是查找经典、前沿和高水平文献，突出查准率，文献类型包括图书、期刊论文、会议论文、学位论文、专利等。

不论泛调研还是精调研，其文献信息应用均包含以下几个步骤，如图9.1-1所示：

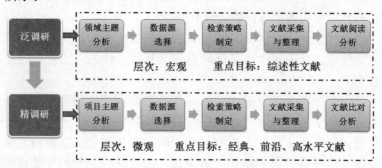

图 7.1-1　文献调研中的文献信息检索与应用步骤

① 主题分析，确定检索词和检索边界；

② 数据源选择，如学术文献数据库、网络搜索引擎、专利数据库等；

③ 检索策略制定，根据不同的检索需求制定不同的检索表达式；

④ 文献采集与整理，针对不同数据源，执行相应检索式，采集并整理所获取文献；

⑤ 文献阅读/比对分析。泛调研时，对一般文献用泛读＋重点阅读相结合的方法阅读文章的摘要和结论；对综述性文献则一般采取重点阅读方法，获取研究领域内的主要研究成果、最新进展、研究动态、前沿问题或历史背景、

前人工作、争论焦点、研究现状和发展前景等内容。精调研时应精读文献，注重分析与研究项目相关的文献内容，提取对研究有帮助的方法或观点。

综述性论文具有综合性、描述性、扼要性、评价性特征，常常包含了大量参考文献，如图7.1-2，在泛调研和精调研阶段均应作为"起步文献"加以利用。

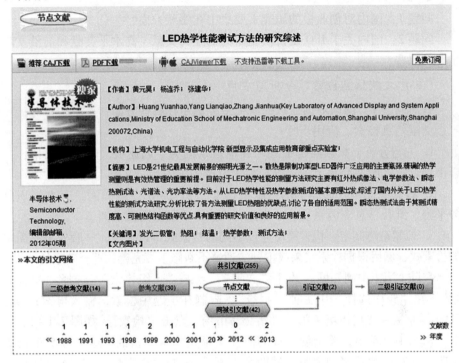

图7.1-2 综述性文献示例

三、案例：创业板研究中的文献调研

（一）案例简介

创业板，又称二板市场、第二股票交易市场，是与主板市场不同的一类证券市场，专为暂时无法在主板上市的创业型企业、中小企业和高科技企业等需要进行融资和发展的企业提供融资途径和成长空间的证券交易市场，是对主板市场的重要补充，在资本市场有着重要的位置。

2009年10月30日上午，深交所首批28家创业板公司上市，揭开了我国多层次资本市场建设的序幕。作为新生事物，创业板有太多值得研究的方面，从 90 年代中期创业板创设以前有关的文献来看，大多涉及创业板的制度设计、模式探讨等方面，随着创业板的开通，这一新兴市场表现出越来越多值得研究的领域。

（二）具体问题

问题 1：国内对创业板的研究主要集中在哪些方面？

问题 2：国内关于 IPO 定价模型研究的经典文献、高水平文献和前沿文献主要有哪些？

（三）文献信息检索、分析与应用

针对问题 1：国内对创业板的研究主要集中在哪些方面？

文献信息检索、应用步骤：

1. 主题分析。根据问题描述，确定检索词为：创业板，及其同义词：二板市场、第二股票交易市场；确定检索范围为国内科技文献。

2. 数据源选择。选择学术文献数据库，如 CNKI 中国知网、万方知识服务平台、维普信息资源系统。本书选择 CNKI 中国知网做示例。

3. 检索策略制定。检索策略通过不同的检索式得以表达，一般先编制简单的检索式，然后根据检索结果或主题的理解不断修正、完善，直至满意的结果。

登陆 CNKI 中国知网，选择"文献"，点击"高级检索"，选择"专业检索"，在"跨库选择"中去掉"报纸"，限制在主题中检索，输入检索式 S1：SU = 创业板 + 二板市场 + 第二股票交易市场，点击"检索"，如图 7.1 - 3。

从图中可看出，关于创业板的研究文献是非常丰富的，达 1 万 5 千余篇文献。面对如此繁多的文献，试图全部阅读是难以实现的。为提高文献相关度，修改检索式，限制标题检索，得检索式 S2：TI = 创业板 + 二板市场 + 第二股票交易市场，检索结果如图 7.1 - 4。

尽管检索结果缩小了三分之二，但文献数量仍达到 6546 篇，仍然是及其庞大的，阅读全部文献是非常困难的。在这种情况下，一种处理方法是细化研究主题，增加检索词，缩小检索范围，降低文献检出量；另一种处里方法是收集综述性文献，借助前人的归纳、总结成果，快速掌握该领域的研究现状。本书采用后一种策略。

综述性文献一般在其标题中含有"综述"、"述评"、"评述"等字眼。为此，将检索式修改为 S3：TI = （创业板 + 二板市场 + 第二股票交易市场）*（综述 + 述评 + 评述），共检索出 19 篇，如图 7.1 - 5 所示。

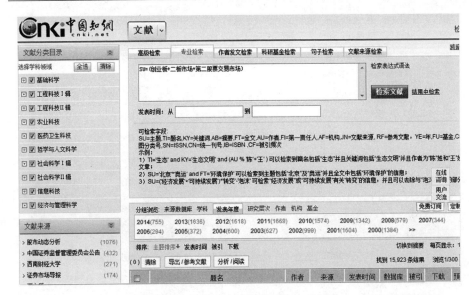

图 7.1 - 3　检索策略制定 - 1

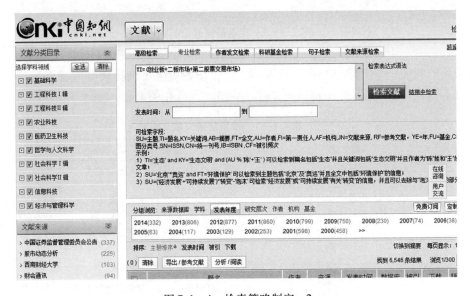

图 7.1 - 4　检索策略制定 - 2

4. 文献采集与整理。删除干扰文献《创业板成功重在监管——香港证监会主席沈联涛在"中国证券市场十年论坛"上的演讲综述》、《香港开启二板

图 7.1 – 5　检索策略制定 – 3

市场的闸门——大陆中小企业在港第二板市场融资上市询证会会议综述》，得到 17 篇有关创业板研究的综述文献。导出、下载相关文献，如表 7.1 – 1。

表 7.1 –1　检索结果文献

序号	题　名	（第一）作者/主编	来　源	发表时间
1	中国创业板问题研究综述	韩红星	经济学动态	2011.10
2	创业板市场上市公司成长性研究综述	孙红梅；邓瑶	会计之友	2011.10
3	创业板上市公司 IPO 超募问题综述	李其成	时代金融	2012.12
4	我国创业板 IPO 定价研究：国内外文献综述	闻岳春；罗琳	金融理论与实践	2013.3
5	创业板上市公司董事会特征与公司绩效关系研究综述	郭明星	物流工程与管理	2011.8
6	中国创业板上市公司股利政策研究文献综述	刘宏伟	财经政法资讯	2013.9

续表

序号	题　名	（第一）作者/主编	来　源	发表时间
7	创业板市场风险与防范问题研究综述	于晓红	经济纵横	2012.3
8	创业板市场问题讨论综述	方芳	经济理论与经济管理	2001.3
9	财务绩效研究文献综述——基于中国创业板上市公司	叶小兰；王燕	金融教育研究	2013.6
10	创业板企业 IPO 中的盈余管理综述及展望	骆静艳	南昌高专学报	2011.10
11	二板市场：现代科技创新的动力之源——我国证券界关于二板市场问题讨论综述	夏燕	经济研究参考	2002.2
12	创业板市场风险监测与管理研究述评	黄福宁	武汉金融	2012.7
13	公司治理结构理论研究述评：以深圳创业板为例	杨幸胜；陈朝晖	财会通讯	2013.12
14	创业板市场上市高管辞职影响因素和效应的研究述评	张漫雪	商业会计	2012.7
15	创业板高管减持文献综述	顾煜；程丹	商业会计	2014.2
16	影响创业板上市公司成长能力因素的研究综述	李站峰	经营管理者	2013.4
17	中国创业板上市公司成长性研究综述	凡卓冉	商场现代化	2014.2

　　5. 文献阅读/比对分析。对上表中文献进行关键词统计分析可知，国内对创业板的研究主要集中在 IPO 定价、超募、盈余管理，风险监测/管理，以及上公司财务绩效、成长性、股利政策、高管减持等方面。

　　以上综述文献可作为下一步检索的"起步文献"加以利用，利用其参考文献和引用文献，分别向前、后方面扩展文献。CNKI 中国知网为每篇文献提供了引文网络，还提供了相应的参考文献、相似文献、同行关注文献、相关机构文献等，可为后续的文献检索提供很好的帮助和启发。如图 7.1 - 6 为文献《创业板市场上市公司成长性研究综述》的引文网络。

　　针对问题 2：国内关于 IPO 定价模型研究的经典文献、高水平文献和前沿文献主要有哪些？

　　针对该问题，检索的重点是找出有关该问题的经典文献、高水平文献和

图 7.1 - 6　CNKI 引文网络

前沿文献。文献计量学中有许多算法用于衡量一篇文献是否为经典文献、高水平文献、前沿文献，但从检索角度，我们可以将其简化为：

经典文献＝高被引文献；

高水平文献＝核心期刊文献或受基金项目资助文献或博硕士论文；

前沿文献＝新发表的高水平文献。

检索分析步骤与问题 1 相似，为不重复赘述，以下仅描述关键部分。

1. 确定检索关键词，并根据经验补充相应同义词，如表 7.1 - 2。

表 7.1 - 2　检索词

序号	关键词	同义词
1	IPO	IPO、首次公开募股、首次公开发行
2	定价	估价、估值
3	模型	机制

注：涉及陌生概念时，可通过百科工具，如维基百科、百度百科、互动百科、MAB 智库等获得有关该概念的解释及相关同义词。

　　应用上表的关键词及同义词构建内容检索式：（IPO＋首次公开募股＋首次公开发现）＊（定价＋估价）＊（模型＋机制），并进入 CNKI 中国知网"文献"跨库检索，限制在题名中检索，如图 7.1－7。

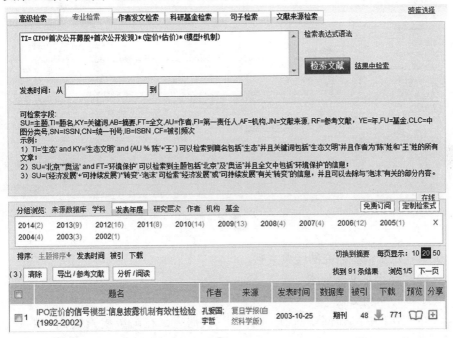

图 7.1－7　检索策略制定－4

　　2. 根据检索结果调整基础检索式，并制定检索策略。从检索结果选择若干文献进行标题、摘要分析可知，IPO 是主流、公认名词，其对应同义词首次公开募股、首次公开发行要么不出现，要么和 IPO 一起出现。因此，可以认为，检索 IPO 即可获得绝大部分相关文献。对检索词"定价"、"模型"的分析可得到相似结论。

　　根据上述分析结果，本书把内容检索式调整为：IPO ＊定价 ＊模型。

　　（1）经典文献检索

　　进入 CNKI 中国知网"文献"跨库检索，限制在主题中检索，得到 31 篇文献，如图 7.1－8。

　　选择"被引"排序方式，实现检索结果按"被引用次数"，从高到低排序，如图 7.1－9。可以看出，《IPO 定价的信号模型：信息披露机制有效性检验（1992－2002）》、《中国证券市场 IPO 定价模型及其实证研究》等文献是

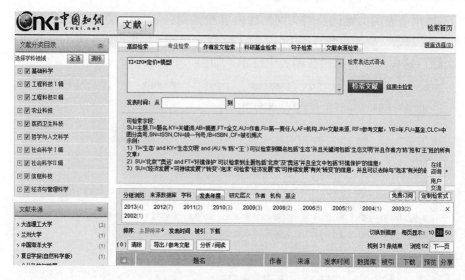

图 7.1 – 8　检索策略制定 – 5

有关 IPO 定价模型研究的经典文献。

（2）高水平文献检索

①核心期刊文献

在 CNKI 中国知网中选择"期刊"数据库，在高级检索页面，限制在"篇名"检索，输入检索词，并在"来源类别"栏中选择：SCI 来源期刊、EI 来源期刊、核心期刊、CSSCI 来源期刊，如图 7.1 – 10。点击检索，得到检索结果 7 篇，如图 7.1 – 11。

注：上述检索请求也可以通过专业检索完成，其检索式为：TI = IPO ∗ 定价 ∗ 模型 AND（SCI = Y OR EI = Y OR HX = Y OR CSSCI = Y）。

②受基金资助文献

在 CNKI 中国知网中选择"文献"数据库，在高级检索页面，限制在"篇名"检索，输入检索词，并在"支持基金"栏输入：基金 + 资金 + 项目 + 课题，如图 9. – 12。或在专业检索页面输入检索式：TI = IPO ∗ 定价 ∗ 模型 AND FU% 基金 + 资金 + 项目 + 课题，得到 3 篇相关文献，如图 7.1 – 13。

③博硕士论文

在 CNKI 中国知网中选择"博硕士"数据库，输入检索式：TI = IPO ∗ 定价 ∗ 模型，得到 13 篇相关文献，如图 7.1 – 14。

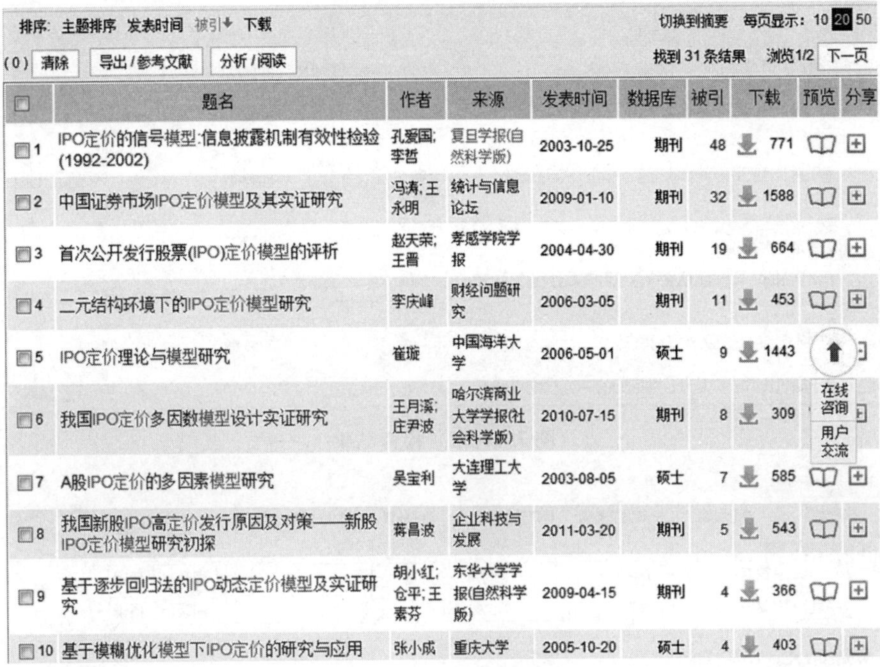

排序: 主题排序 发表时间 被引↓ 下载　　　　　　　　　切换到摘要 每页显示: 10 **20** 50

(0) 清除 | 导出/参考文献 | 分析/阅读　　　　　　找到 31 条结果 浏览1/2 下一页

	题名	作者	来源	发表时间	数据库	被引	下载	预览	分享
□ 1	IPO定价的信号模型:信息披露机制有效性检验(1992-2002)	孔爱国;李哲	夏旦学报(自然科学版)	2003-10-25	期刊	48	771		
□ 2	中国证券市场IPO定价模型及其实证研究	冯涛;王永明	统计与信息论坛	2009-01-10	期刊	32	1588		
□ 3	首次公开发行股票(IPO)定价模型的评析	赵天荣;王晋	孝感学院学报	2004-04-30	期刊	19	664		
□ 4	二元结构环境下的IPO定价模型研究	李庆峰	财经问题研究	2006-03-05	期刊	11	453		
□ 5	IPO定价理论与模型研究	崔璇	中国海洋大学	2006-05-01	硕士	9	1443		
□ 6	我国IPO定价多因数模型设计实证研究	王月溪;庄尹波	哈尔滨商业大学学报(社会科学版)	2010-07-15	期刊	8	309		
□ 7	A股IPO定价的多因素模型研究	吴宝利	大连理工大学	2003-08-05	硕士	7	585		
□ 8	我国新股IPO高定价发行原因及对策——新股IPO定价模型研究初探	蒋昌波	企业科技与发展	2011-03-20	期刊	5	543		
□ 9	基于逐步回归法的IPO动态定价模型及实证研究	胡小红;仓平;王素芬	东华大学学报(自然科学版)	2009-04-15	期刊	4	366		
□ 10	基于模糊优化模型下IPO定价的研究与应用	张小成	重庆大学	2005-10-20	硕士	4	403		

图 7.1-9 检索结果文献

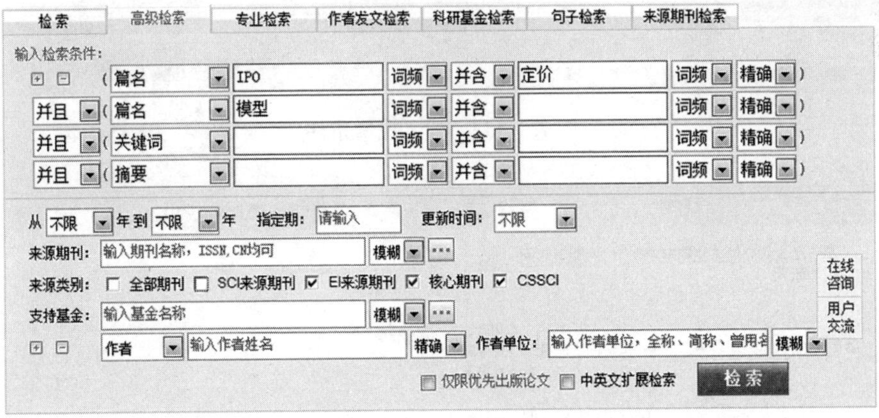

检索 | 高级检索 | 专业检索 | 作者发文检索 | 科研基金检索 | 句子检索 | 来源期刊检索

输入检索条件:

⊞ ⊟ (篇名 ▼ IPO 　词频 ▼ 并含 ▼ 定价 　词频 ▼ 精确 ▼)
并且 ▼ (篇名 ▼ 模型 　　词频 ▼ 并含 ▼ 　　　　词频 ▼ 精确 ▼)
并且 ▼ (关键词 ▼ 　　　词频 ▼ 并含 ▼ 　　　　词频 ▼ 精确 ▼)
并且 ▼ (摘要 ▼ 　　　　词频 ▼ 并含 ▼ 　　　　词频 ▼ 精确 ▼)

从 不限 ▼ 年到 不限 ▼ 年 指定期: 请输入　　更新时间: 不限 ▼

来源期刊: 输入期刊名称, ISSN, CN均可　　模糊 ▼ …

来源类别: □ 全部期刊 □ SCI来源期刊 ☑ EI来源期刊 ☑ 核心期刊 ☑ CSSCI

支持基金: 输入基金名称　　模糊 ▼ …

⊞ ⊟ 作者 ▼ 输入作者姓名　　精确 ▼ 作者单位: 输入作者单位, 全称、简称、曾用名 模糊 ▼

□ 仅限优先出版论文 □ 中英文扩展检索 **检索**

图 7.1-10 输入检索条件

	篇名	作者	刊名	年/期	被引	下载	预览	分享
□1	二元结构环境下的IPO定价模型研究	李庆峰	财经问题研究	2006/03	11	⬇ 453	📖	⊞
□2	中国创业板IPO定价效率研究——基于双边随机前沿模型	黄泽勇	广东商学院学报	2013/02		⬇ 324	📖	⊞
□3	基于逐步回归法的IPO动态定价模型及实证研究	胡小红;仓平;王素芬	东华大学学报(自然科学版)	2009/02	4	⬇ 366	📖	⊞
□4	异质信念与随机需求IPO定价模型——基于承销商视角的理论与数值模拟	张永林;田业钧	投资研究	2013/03		⬇ 123	📖	⊞
□5	IPO定价的信号模型:信息披露机制有效性检验(1992-2002)	孔爱国;李哲	复旦学报(自然科学版)	2003/05	48	⬇ 771	📖	⊞
□6	IPO均衡定价模型及其应用研究	龚睿;吴岚	求索	2008/09	2	⬇ 254	📖	⊞
□7	基于随机边界模型及分位数回归的IPO定价效率分析	陈松林	财会月刊	2012/18	1	⬇ 108		

图 7.1 – 11　检索结果

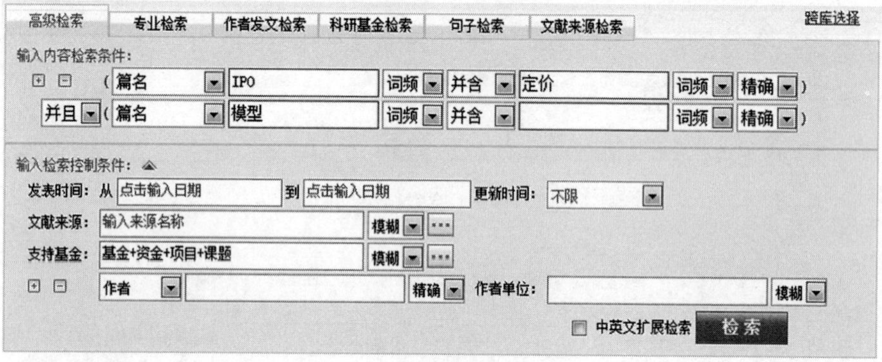

图 7.1 – 12　输入检索条件

	题名	作者	来源	发表时间	数据库	被引	下载	预览	分享
□1	基于私人和公共信息精度IPO定价的期望效用模型研究	潘海峰	南通大学学报(自然科学版)	2013-09-20	期刊	1	⬇ 20	📖	⊞
□2	核准制下我国高科技企业IPO定价模型研究	周孝华;杨秀苔;杜俊涛	2002年中国管理科学学术会议论文集	2002-10-01	中国会议	1	⬇ 64	📖	⊞
□3	基于随机边界模型及分位数回归的IPO定价效率分析	陈松林	财会月刊	2012-06-25	期刊	1	⬇ 108	📖	⊞

图 7.1 – 13　检索结果

	中文题名	作者	学位授予单位	来源数据库	学位授予年度	被引	下载	预览	分享
□1	我国创业板上市公司IPO定价多因素模型研究	李峰	长春工业大学	硕士	2012年	1	🔽 354	📖	➕
□2	基于行业市盈率的中小板IPO定价模型研究	郑李鑫	浙江工业大学	硕士	2013年		🔽 277	📖	➕
□3	基于BP神经网络的中国创业板IPO定价模型研究	黄雯雯	华南理工大学	硕士	2012年		🔽 399	📖	➕
□4	中小企业IPO定价多因素模型研究	李华一	大连理工大学	硕士	2006年	3	🔽 636	📖	➕
□5	基于模糊优化模型下IPO定价的研究与应用	张小威	重庆大学	硕士	2005年	4	🔽 403	📖	➕
□6	多因素模型在我国创业板IPO定价中的应用研究	徐鹏	沈阳理工大学	硕士	2012年		🔽 127	📖	➕
□7	基于多因素模型的农业银行IPO定价研究	张旭东	大连理工大学	硕士	2010年		🔽 275	📖	➕
□8	金川集团有限公司IPO定价模型应用研究	张世聰	兰州大学	硕士	2008年		🔽 257	📖	➕
□9	我国创业板市场IPO定价模型设计	常实	哈尔滨工业大学	硕士	2012年		🔽 30	📖	➕
□10	创业板IPO多因素定价模型	王力	贵州财经学院	硕士	2011年		🔽 148	📖	➕
□11	IPO定价理论与模型研究	崔璇	中国海洋大学	硕士	2006年	9	🔽 1443	📖	➕
□12	A股IPO定价的多因素模型研究	吴宝利	大连理工大学	硕士	2003年	7	🔽 585	📖	➕
□13	IPO定价模型的构建及应用研究	祝小勤	重庆工商大学	硕士	2009年	1	🔽 586	📖	➕

图7.1-14　检索结果

（3）前沿文献检索

根据"前沿文献＝新发表的高水平文献"的简化定义，高水平文献中挑选出近两年，即2013、2014年的文献为前沿文献，如表7.1-3。

表7.1-3　检索结果文献

序号	题　名	（第一）作者/主编	来　源	发表时间
1	中国创业板 IPO 定价效率研究——基于双边随机前沿模型	黄泽勇	广东商学院学报	2013-03-28
2	异质信念与随机需求 IPO 定价模型——基于承销商视角的理论与数值模拟	张永林；田业钧	投资研究	2013-03-10
3	基于私人和公共信息精度 IPO 定价的期望效用模型研究	潘海峰	南通大学学报（自然科学版）	2013-09-20

第二节　新产品研制与上市中的专利信息应用

一、产品研制与上市中需要解决的主要问题

创新是指以现有的思维模式提出有别于常规或常人思路的见解为导向，利用现有的知识和物质，在特定的环境中，本着理想化需要或为满足社会需求，而改进或创造新的事物、方法、元素、路径、环境，并能获得一定有益效果的行为。

创新是企业保持基业长青的重要手段。创新存在于企业经营活动中的方方面面，根据创新对象的不同，可分为产品创新、工艺创新、市场创新和管理创新。本书主要关注产品创新。

创新的首要步骤就是进行信息的搜集与整理，界定所要解决的问题与任务要求，理清创新的大致方向。技术开发方向基本确定以后，将面临具体的产品研制与上市工作。在新产品研制与上市中对文献信息的有效利用主要用于解决以下主要问题：

1. 优化过程——充分利用文献信息，优化产品研制过程；
2. 避免侵权——避免所研制产品产生专利侵权因素；
3. 专利保护——利用专利制度对自己的技术创新点进行必要的保护。

"优化过程"是指参考和借鉴文献信息，依照企业竞争战略的要求和目标市场、目标客户群的需求，以最短的周期和最优的方案，进行产品设计和制造。

"避免侵权"是指通过检索、阅读相关专利信息，了解该技术领域的专利保护状况，采取必要措施，把出现专利纠纷的概率降至最低。

"专利保护"是指对有利于保持竞争优势的技术、有利于遏制竞争者的技术创新点、有利于形成专利池的技术创新申请专利保护。

二、产品研制与上市中的专利信息运用策略与步骤

通常，产品研制与上市中适用的专利信息运用策略主要有：

1. 专利信息检索——按照技术创新决策确定技术范围，根据功能、结构、工艺等对技术范围进行分解，确定数据源，制定相应检索策略，执行检索，获取符合功能与性能要求的科技文献与专利文献；

2. 检索结果分析——对检索结果按照产品构成（包括结构、成分）和工艺流程进行分类标引，生成技术/功效矩阵、产品/技术矩阵，完成数据准备；

3. 技术方案筛选——按照竞争战略的要求，通过矩阵分析实现技术方案筛选，找出与战略要求相一致的技术方案；

4. 产品设计——参考筛选出的专利技术方案，按照市场的具体技术特征需求进行产品设计、工艺设计；

5. 先进性分析——对拟定的产品技术、功能指标进行检索，判断产品上市后是否具有竞争力；

6. 侵权检索分析——对形成的新的技术方案进行潜在侵权检索与分析，并提出解决方案，清除产品上市后可能产生的专利侵权因素，避免侵权风险；

7. 产品制造——按照产品设计方案实施制造；

8. 创新内容保护——对产品设计、制造过程中产生的发明点进行合理的专利保护；

9. 二次侵权检索分析——产品上市或出口前，对新产品进行第二次侵权分析检索，对有侵权分析的重点专利进行分析评估，并提出解决方案。

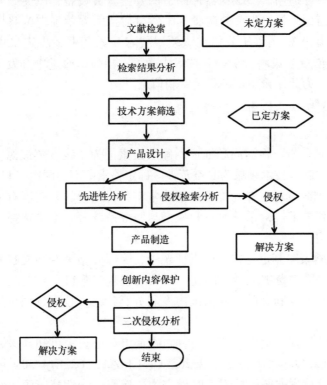

图 7.2 - 1　产品研制与上市中的专利信息运用策略

侵权解决方案一般包括以下四个方面：

1. 针对可能侵犯的专利，收集无效证据，特别是破坏对方专利新颖性的证据。如果能够将其无效，则直接实施该专利技术。

2. 如果不能将可能侵犯的专利无效，则分析能否通过修改设计绕开专利保护范围。

3. 如果前面的两个步骤不能有效实施，则与专利权人协商，获得专利许可或购买专利权。

4. 如果前面的三个步骤均不能有效实施，则重新设计产品，或放弃该产品。

三、案例1：技术方案筛选中的专利信息应用

（一）案例简介

H 公司是一家平板显示器件制造企业。该公司为向 OLED 制造转型、升级，想开发一种适用于 OLED 器件制造的真空蒸镀设备，以突破升级道路上的主要技术瓶颈。根据先前的调研，H 公司把技术方案确定为采用线性蒸镀源的真空蒸镀设备。因 H 公司在该领域技术积累薄弱，决定采用"跟随创新"、"集成创新"策略，从现有技术中学习、模仿、改进中开发一种新的真空蒸镀设备。为此，希望了解相关专利信息。

（二）文献信息检索、分析与应用

1. 专利检索

（1）主题分析。根据问题描述，确定检索词为：线性蒸镀源，及其同义词：线性蒸发源，技术领域为真空蒸镀。确定检索范围为国内专利文献。

（2）数据源选择。专利检索系统非常丰富，免费的系统就有中国专利布告系统、专利之星检索系统、专利检索与服务系统等，本书选择专利之星检索系统做示例。

（3）检索策略制定。在该检索课题中，因部分相关专利文献并不会明确写明其用途是真空蒸镀领域。因此，如果用"真空蒸镀"作为关键词，必然会漏检许多相关专利文献。根据国内专利分类特征，技术领域可用 IPC 分类号进行限定。

真空蒸镀是真空蒸发镀膜的简称，查询 IPC 分类表可知，该领域涉及的分类号有：C23C014/24、C23C14/26、C23C14/28、C23C14/30。因此，根据检索要求，该检索课题的检索策略设定为：摘要 = 线性蒸镀源 + 线性蒸发源 AND 主分类号 = C23C014/24 + C23C14/26 + C23C14/28 + C23C14/30。

（4）执行检索。登录专利之星检索系统，选择表格检索，输入检索策略，如图7.2-2。

图7.2-2　检索策略

2. 检索结果分析

在图7.2-2中点击"检索"按钮，可得相关专利15篇，如图7.2-3。

图7.2-3　检索结果

下载这 15 件专利说明书，交由 H 公司技术人员仔细阅读，并按照专利技术特征、用途进行分类标引，生成专利/技术矩阵和技术/功效矩阵，如表 7.2 - 1 和表 7.2 - 2，完成数据准备。

表 7.2 - 1　专利/技术矩阵

序号	专利	用途	技术特征	示意图
1	一种线性蒸发源装置	铜铟镓硒薄膜电池生产	多个加热源，每个加热源具有独立的控温系统	
2	一种铜铟镓硒薄膜电池共蒸发线性源的布置方法	铜铟镓硒薄膜电池生产	每个蒸发源只放置一种原料，并沿玻璃基板移动方向纵向排列，组成线性蒸发列，位于玻璃基板的正下方，并呈倾角排列。	
3	一种铜铟镓硒薄膜电池共蒸发线性源阵列的排布	铜铟镓硒薄膜电池生产	线性蒸发源为圆柱体或者长方体，其上设有狭长缝状的蒸发带或者设有点状的蒸发孔。	
4	一种线性蒸发源	大尺寸面板制造	线性蒸发源主体一体成型，主体内部两端对称开设有凹槽，凹槽内设有蒸发元件，两个凹槽之间位于主体下方设有加热元件。	
5	蒸镀机以及蒸镀方法	OLED 制造	线性蒸镀源能够在第一蒸镀腔体和第二蒸镀腔体之间往复移动	
6	……			

表 7.2 - 2　技术/功效矩阵

技术功效	提高镀膜均匀性	提高原材料利用率	提高原料配比灵活性	提高原料使用准确性	防止蒸镀源受污染	提高镀膜效率
采用独立温控	1	1				
采用线性蒸发源		2	2			
改进蒸镀源结构	6	2			1	2
改进柑锅结构				1		
改进蒸镀源喷嘴	2				1	

从表 7.2 - 2 可看出，提高镀膜均匀性（提升质量）和提高原材料利用率（降低成本）是该类专利技术的主要关注点。改进蒸镀源结构是实现这两个目标的主要技术，也是专利雷区。而通过改进蒸镀源结构实现提高原材料配比灵活性和原料使用准确性则暂时没有相关专利技术，是技术空白点，可能是潜在技术创新方向。

3. 技术方案筛选

在研究现有发明技术方案后，H 公司筛选出自己的初步技术方案。该方案具有两个特点：

（1）利用已失效专利。根据之前的检索，H 公司发现一件失效专利——用于制造有机发光装置的利用坩埚的线性蒸发器（申请号：2007101037200），其失效原因是发明专利申请公布后的驳回（获得授权后的驳回）。根据分析，该专利技术方案具有很强的借鉴性。因此，H 公司决定在此基础上进行改进，设计出新的线性蒸镀器方案。

（2）改进现有专利。在一种线性蒸镀源喷嘴专利技术方案的基础上，对喷射口宽度进行优化设置，同时引进独立温度控制器，并去除喷射口的遮挡片，实现提高镀膜均匀性、提高原材料利用率和提高镀膜效率三重目标，如表 7.2 - 3。

表 7.2 - 3 技术方案筛选

	提高镀膜均匀性	提高原材料利用率	提高原料配比灵活性	提高原料使用准确性	防止蒸镀源受污染	提高镀膜效率
采用独立温控	1	1				
采用线性蒸发源		2	2			
改进蒸镀源结构	6	2			1	2
改进坩锅结构				1		
改进蒸镀源喷嘴	2				1	

四、案例 2：产品先进性分析中的专利信息应用

（一）案例介绍

G 公司是一家平板显示产品制造企业。2012 年，该企业计划研发一种超

窄边框拼接显示器产品，该产品的主要技术指标如下：

（1）监视器边框最窄处为 1.8 mm，显示单元拼接缝隙为 5.5 mm；

（2）支持 DP 高清信号拼接，可在视频墙上实现高达 10×10 矩阵的 100 个显示器拼接；

（3）多种渠道实现远程控制，支持 RS – 232 和 LAN port 远程控制功能。

G 公司希望了解该产品在技术指标上是否有竞争力。

（二）文献信息检索、分析与应用

（1）主题分析。根据问题描述，确定检索词如表 7.2 – 4。确定检索范围为国内外产品文献。

表 7.2 – 4　检索词

中文英文检索词				英文检索词			
1	电视墙	2	拼接	1	Video Wall	2	LCD
3	边框	4	拼缝	3	Splicing	4	Bezel
5	缝隙	6	Displayport（DP）	5	DisplayPort（DP）	6	RS
7	RS	8	LAN（局域网）	7	LAN	8	RJ
9	RJ	10	显示屏（显示器、显示墙、监视器、显示幕墙）				

（2）数据源选择。针对产品技术指标的检索，一般选择搜索引擎和产品样品数据库。

（3）检索策略制定。根据课题，制定检索策略如下：

检索式 1：（电视墙 or 拼接 and（显示屏 or 显示器 or 显示墙 or 监视器 or 显示幕墙））and（边框 or 拼缝 or 缝隙）

检索式 2：（电视墙 or 拼接 and（显示屏 or 显示器 or 显示墙 or 监视器 or 显示幕墙））and（DP or Displayport）

检索式 3：（电视墙 or 拼接 and（显示屏 or 显示器 or 显示墙 or 监视器 or 显示幕墙））and（RS or LAN or 局域网 or RJ）

检索式 4：（Video（）Wall or LCD（5n）Splic?）and Bezel

检索式 5：（Video（）Wall or LCD（5n）Splic?）and（DP or DisplayPort）

检索式 6：（Video（）Wall or LCD（5n）Splic?）and（RS or LAN or RJ）

（4）检索结果与分析。根据上述检索策略，检出百余篇相关文献，去除重复文献后挑选 10 篇代表性文献进行分析，结果如表 7.2 – 5。

表 7.2 - 5　产品参数对比

序号	厂商产品	拼缝	拼接矩阵	拼接方式	控制方式
1	本案	5.5 mm	10×10	DP	RS - 232/LAN
2	三星 UD55A	5.5 mm	10×10	DP	RS232C/RJ45/LAN
3	LG 55WV70MS	5.3 mm	未提及	DVI, 带有 HDCP 的 HDMI/DVI, DP	RS232C/RJ45/USB
4	GE SCL - 55TS	5.3 mm	未提及	未提及	RS232C/RJ45
5	深圳优色专显科技 PJ5501（拼接屏为三星 LTI550HN01 屏）	5.3 mm	16×16	VGA/DVI/HDMI/YPbPr/AV	RS232C/RJ45
6	深圳优色专显科技 US - PJ5503（拼接屏为 55 寸 LG LCD 屏）	5.3 mm	未提及	CVBS（BNC）/HD-MI/VGA/DVI	RS232
7	三星 LTI550HN01	5.5 mm	未提及	CVBS（BNC）/HD-MI/VGA/DVI	RS232 集中控制/红外遥控/网络远程控制
8	NEC X551UN - TMX4D	5.5 mm	10×10	DP	RS - 232/LAN/红外/DDC/CI
9	松下 TH - 55LFV50U	未提及	未提及	HDMI/DVI - D/PC	RS - 232C/红外

通过表 7.2 - 5 可以看出，三星 UD55A 和 NEC X551UN - TMX4D 的拼缝、拼接矩阵、拼接方式指标和 G 公司预研产品相当，且其控制选项更为丰富多样；LG 55WV70MS、GE SCL - 55TS 的拼缝指标优于 G 公司产品，但控制方式与 G 公司产品有差别；系统集成公司深圳优色专显科技的 PJ5501 在拼缝和拼接矩阵上均优于 G 公司产品，但其拼接屏为三星 LTI550HN01 屏。根据三星的报道，LTI550HN01 拼缝为 5.5 mm，拼接方式包括 CVBS（BNC）/HD-MI/VGA/DVI，RS232 集中控制/红外遥控/网络远程控制。由上述分析可知，G 公司产品欲研制的超窄边框拼接显示器产品与市场上现有产品相比，在技术指标上并无突出之处。

五、案例3：主动侵权检索中的专利信息应用

（一）案例介绍

在通信基站建设中，基站开启环节需要进行相关参数配置，包括设备参数的配置，网络参数的配置以及传输参数的配置等。这一工作对人员的技术

水平有一定要求，无法依赖建站的施工人员来操作，而只能通过专门的开站人员来逐一上站并现场完成，效率地下，且极易出错。

Y 公司研发了一种可自动启动的智能基站，方法是：加载在主控板上固化引导文件，当主控板接上电时，自动加载、引导，实现智能化启动。

Y 公司拟将该产品在国内上市，询问是否有侵权风险。

（二）文献信息检索、分析与应用

与案例 1 相似，首先确定检索词为：基站、自启动（自主启动、智能启动）；确定检索范围为：国内专利，数据源为专利之星检索系统；编制检索式为：基站 AND（自启动 OR 自主启动 OR 智能启动）；执行检索，得到 15 件专利，去掉"自启动直流发电机"等 8 件无关专利后，得到 7 件与 Y 公司产品相似的专利，如表 7.2－6。

表 7.2－6　相关专利

序号	发明名称	权利人	申请日期	法律状态
1	数据库升级方法及系统、基站自启动方法及系统	北京北方烽火科技有限公司	2010.11.17	有效
2	一种协助基站自启动的方法及 RNC/DHCP 服务器	大唐移动通信设备有限公司	2011.06.01	有效
3	一种基站及其自启动方法	大唐移动通信设备有限公司	2011.09.27	有效
4	基站虚拟局域网识别号自动获取方法及系统	大唐移动通信设备有限公司	2013.01.16	审中
5	基站自启动和自启动辅助方法及设备	大唐移动通信设备有限公司	2013.03.06	审中
6	基站自启动配置参数获取方法、基站自启动方法与设备	大唐移动通信设备有限公司	2013.08.06	审中
7	一种基站自启动配置参数获取方法及设备	大唐移动通信设备有限公司	2013.09.03	审中

对这 7 件专利进行分析可知，专利"一种基站及其自启动方法"采用方法——"加载固化在主控板上的引导文件，引导、读取主控板上的完整版加载文件并加载；完整版加载失败时，采用简化版加载，并与操作维护中心 OMC 建立通道，下载完整版加载文件到主控板，进行二次加载；下载完毕后，读取下载到所述主控板上的完整版加载文件并加载"，实现了"基站故障后自动恢复可用状态"功能。从技术角度看，该方法与 Y 公司研发的基站自启动方案相似。

　　查看专利"一种基站及其自启动方法"的权利要求书，如图 7.2 - 4，可知，上述方法已包含在权利要求 1 和 2 中。再检索该专利的法律状态，如图 7.2 - 5，可知，该发明专利已通过实质审查，并获得授权。基于以上分析，可得结论：Y 公司的可自动启动智能基站极可能侵犯了大唐移动通信设备有限公司的权利权。

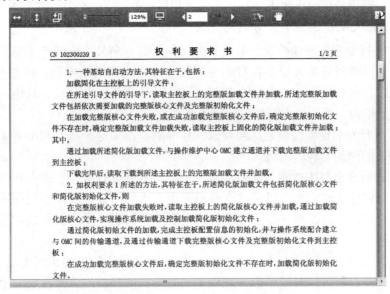

图 7.2 - 4　权利要求书

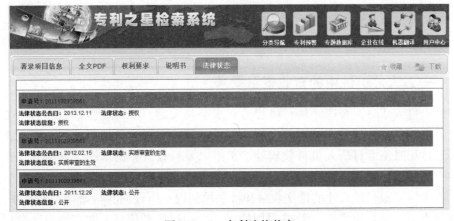

图 7.2 - 5　专利法律状态

六、案例 4：被控侵权检索中的专利信息应用

（一）案例介绍

中国 A 公司生产的某设备一直出口日本，某日 A 公司收到日本 B 公司的律师函，告知其产品侵犯了该公司 5 项专利权，A 公司应采取何种对策？

（二）文献信息检索、分析与应用

1. 进行专利有效性检索。根据 B 公司提供的专利号检索该 5 项专利的授权文本，以专利号为入口，在日本专利数据库检索该 5 项专利，得知其中 3 项专利还在审查阶段，未获得专利权，另外两项获得了专利权，其中一项专利在有效期内，另一项专利授权后因年费终止。

2. 进行专利地域性检索。经检索同族专利，得知这 5 项专利中有 1 项有 US 和 EP 的同族专利。

3. 进行现有技术检索。针对有效专利，检索现有技术中是否存在影响其新颖性、创造性的文献，即通过检索确定能否找到用于无效该专利的现有技术文献。经检索，找到一篇能够影响该申请部分权利要求的新颖性的现有技术文献。

4. 针对 A 公司产品进行全面检索。检索到两篇已授权的美国专利文献，提示该产品如果出口美国可能会遭到专利纠纷。此外，该美国专利文献还具有 EP 同族专利，该专利尚未授权。如果今后该产品需要出口欧洲，则需关注该 EP 同族专利是否授权。

第三节 人才引进中的文献信息应用

一、人才引进中的查收查引需求

引进人才时，合理评估科研能力和水平是关键。根据经验，引文分析方法被证明是一种比较客观可靠、行之有效的评价方法。从微观上讲，引文指标可以用来测度科研人员科技成就、贡献以及科技成果的水平。在实际工作中，一般由具有资质的图书馆、情报所进行查收查引工作，在国内外权威数据库中检索拟引进人才的论文收录和被引用情况，以证明其科研能力和水平。查收查引，又名论文收录及被引用检索，指通过作者信息、期刊信息、会议信息等途径，查找论文被 SCI、SSCI、A&HCI、CPCI－S、SCOPUS、CSSCI、

CSCD、CCD 等引文文献系统收录及被引用情况，并依据检索结果出具检索证明的信息咨询服务。

二、人才引进中的文献信息应用基本步骤

一般的，人才引进中的文献信息应用基本步骤如下：

1. 根据已有信息，到 SCI、EI 等数据库中检索，获得论文被收录信息；

2. 根据已有信息，到 SCI、CPCI－S、CSSCI、CSCD 等数据库中检索，获得论文被引用信息；

3. 进行 H 指数及其他项目分析。

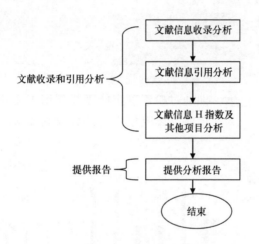

图 7.3 – 1　人才引进中的文献信息应用基本步骤

三、案例 1：利用 CCD 评价人才科研能力

（一）案例介绍

采用中国引文数据库 CCD 来考察福州大学付贤智发表的文献被中国引文数据库 CCD 收录和被引用等情况。

（二）文献信息检索、分析与应用

1. 所发文献被中国引文数据库收录情况

（1）登录中国引文数据库 CCD，进入"高级检索"选项页，选择"作者分析器——发文量"检索界面。

（2）输入检索条件．作者名称字段输入：付贤智；作者单位字段输入：福州大学。

（3）单击"分析"按钮，显示检索结果。福州大学付贤智于 1999 – 2012 年发表的文献被中国引文数据库 CCD 收录的总发文量为 102 篇，每年发文量以柱状图显示，如图 7.3 – 2。

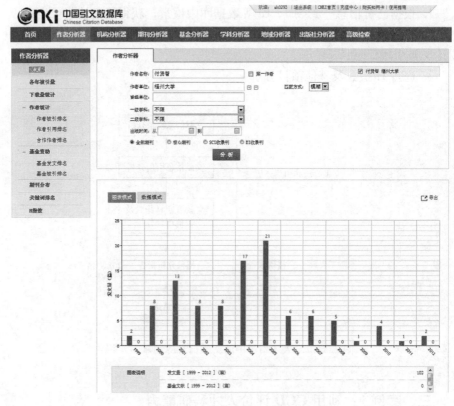

图 7.3 – 2　检索策略和检索结果

2. 在中国引文数据库 CCD 被引用情况

（1）进入"作者分析器——各年被引量"的检索界面。

（2）输入检索条件。作者名称字段输入：付贤智；作者单位字段输入：福州大学。

（3）单击"分析"按钮，显示检索结果。每年被引频次以曲线图显示，见图 7.3 – 3。

图 7.3 - 3　引用情况

从图 7.3 - 3 可以看出，福州大学付贤智发表的文献，在 2000 - 2015 年总被引频次 1 157 次，其中 2005 - 2006、2008 年每年被引频次都超过 100 次，最高 2006 年被引频次达到 120 次，被引频次是很高的。从以上的数据库分析可得出福州大学付贤智的科研成果受关注程度很高。这里的统计包含"自引"文献，但不管是"他引"还是"自引"都从不同侧面说明了文章的参考价值，"他引"说明了成果受他人关注的程度及对同一领域研究的贡献；而"自引"说明了作者研究的延续性和后续研究的活跃程度。

3. 各年文献在中国引文数据库下载情况

（1）进入"作者分析器——下载量统计"检索界面。

（2）输入检索条件。作者名称字段输入：付贤智；作者单位字段输入：福州大学。

（3）单击"分析"按钮，显示检索结果。福州大学付贤智发表的文献1999－2012年被中国引文数据库总下载频次为39869次，每年被下载频次以曲线图显示，见图7.3－4。

图7.3－4　文献被下载情况

从图7.3－4可以看出，1999－2012年在中国引文数据库总下载频次为39869次，其中最高的2003年被下载8 173次，平均每年下载2 847.8次。从某种意义上说，下载量更能说明文献的参考价值，因为很多时候文章被阅读参考过，但是由于没有在文字上直接引用，所以并不一定列入参考文献，而这种情况通过引文检索是无法检索出来的，而下载量的统计恰好弥补了这个不足，所以即使统计了文献的引用频次，仍然有必要统计文献的下载频次，这对于文献分析过程是个很重要的分析指标。

4. H 指数

H 指数是从引证关系上评价学术实力的指标，作者的 H 指数是指该作者至多有 H 篇论文分别被引用了至少 H 次。前面提到过，引文频次的分析有一定的局限性，比如发表的文献总数多引用的频次就高，但是可能单篇文献的引用次数并不高。而 H 指数不仅从引用的次数，还从被引用文献的篇数两个方面对引用情况进行统计，相对来说更加科学一些。

选择"作者分析器——H 指数"检索界面。输入检索条件，作者名称字段输入：付贤智；作者单位字段输入：福州大学。单击"分析"按钮，显示检索结果，见图 7.3 – 5。从图中可以看出福州大学付贤智发表的文献在中国引文数据库的 H 指数为 27，H 指数越高说明文章的参考价值越大。

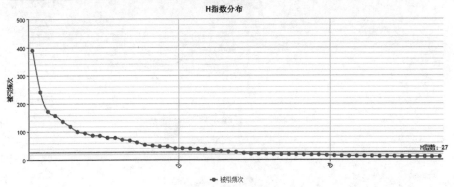

图 7.3 – 5　H 指数

四、案例 2：利用 SCIE 数据库评价人才科研能力

（一）案例介绍

中国引文数据库只能从中文文献的角度分析评估人才、机构等的竞争力。但科研人员除撰写中文论文外，还会撰写大量的外文论文，而 SCIE 数据库是目前国际上引文检索最权威的数据库，所以在进行文献收录、引文分析和 H 指数评价时，SCIE 数据库是一个有效的工具，同时也是比较权威的依据。

本节利用 SCIE 数据库评估福州大学付贤智 2004 – 2013 年发表的论文被 SCIE 收录和被引用情况。

（二）文献信息检索、分析与应用

检索步骤：

1. 在 Web of ScienceTM 核心合集中选择"基本检索"，数据库选择"Science Citation Index Expanded（SCI – EXPANDED）Science Citation Index Expanded（SCI – EXPANDED）– –2004 年至今"。

2. 输入检索条件。作者字段输入：fu，XZ；地址字段输入：fuzhou Univ；时间跨度选择在 2004 – –2013 年，如图 7.3 – 6。

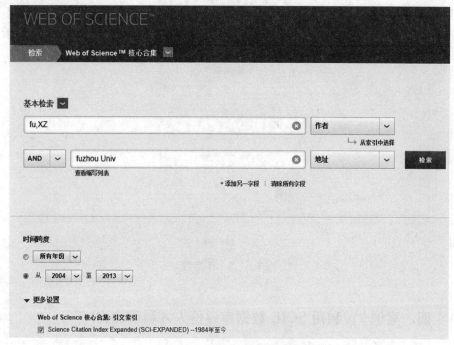

图 7.3 – 6　实例 SCIE 基本检索界面

3. 单击检索按钮。

4. 显示检索结果，并按"被引用频次（降序）"重新排序。

从结果中可看出，2004 – 2013 年，福州大学付贤智被 SCIE 收录的论文共有 236 篇，如图 7.3 – 7 所示。

5. 单击文献标题，可以查看文献的详细信息，如图 7.3 – 8。

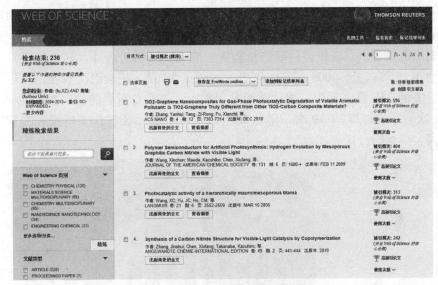

图 7.3 – 7 实例 SCIE 检索结果

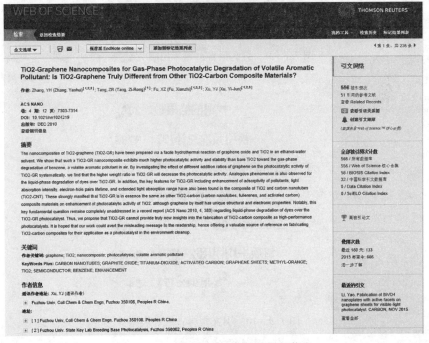

图 7.3 – 8 实例 SCIE 文献的详细信息

6. 单击检索结果页的"创建引文报告"链接，可以查看按不同角度来统计的引文报告图表。如，针对每年出版的文献数进行统计分析，见图 7.3 - 9。从图中可以看出，该作者科研产量较高，除 2007 年 14 篇外，其他年份发文量均在 15 篇以上，2008、2009 年更是达到了 38 篇。从被引次数看，该作者所发表的 236 篇文献中，累计被引 9 798 次，去除自引后的被引次数也达 9 391 次，平均每篇 39.79 次，作者 H 指数达 54，显示出该作者所发表文章质量高，广受同行认可。

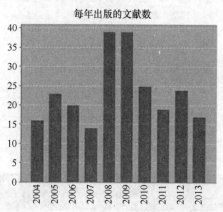

图 7.3 - 9 　引文报告：每年出版文献数

图 7.3 - 10 　引文报告：统计表图

为更清晰显示文章被引用情况，SCIE 还支持对单篇和所有被收录文献每年被引用次数、总被引次数、年平均引用次数的统计图表，如图 7.3－11。可看出，该作者被引用频次最高的文献是发表在《ACS NANO》期刊，2010 年第 4 卷第 12 期，题名为：TiO2－Graphene Nanocomposites for Gas－Phase Photocatalytic Degradation of Volatile Aromatic Pollutant：Is TiO2－Graphene Truly Different from Other TiO2－Carbon Composite Materials?。该篇文献被引用了 554 次(545 篇为英文文献，9 篇为中文文献)，其中他引 492 次（483 篇为英文文献，9 篇为中文文献)，期刊的影响因子为 9.865。

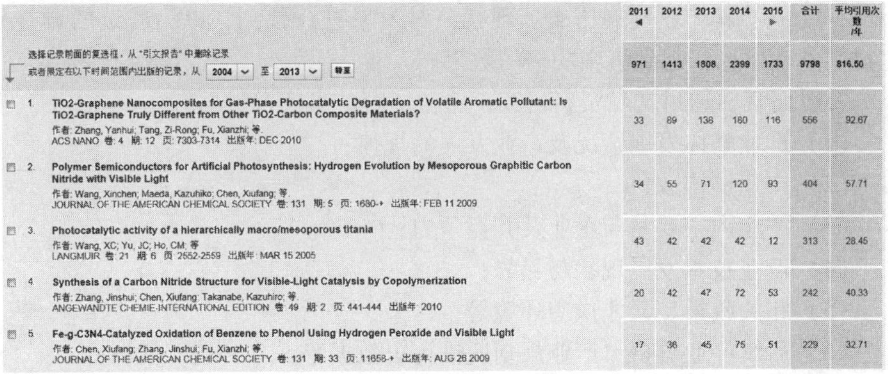

选择记录前面的复选框，从"引文报告"中删除记录 或者限定在以下时间范围内出版的记录，从 2004 至 2013 转至	2011 ◀	2012	2013	2014	2015 ▶	合计	平均引用次数/年
	971	1413	1808	2399	1733	9798	816.50
1. TiO2-Graphene Nanocomposites for Gas-Phase Photocatalytic Degradation of Volatile Aromatic Pollutant: Is TiO2-Graphene Truly Different from Other TiO2-Carbon Composite Materials? 作者: Zhang, Yanhui; Tang, Zi-Rong; Fu, Xianzhi; 等. ACS NANO 卷: 4 期: 12 页: 7303-7314 出版年: DEC 2010	33	89	138	180	116	556	92.67
2. Polymer Semiconductors for Artificial Photosynthesis: Hydrogen Evolution by Mesoporous Graphitic Carbon Nitride with Visible Light 作者: Wang, Xinchen; Maeda, Kazuhiko; Chen, Xiufang; 等. JOURNAL OF THE AMERICAN CHEMICAL SOCIETY 卷: 131 期: 5 页: 1680-+ 出版年: FEB 11 2009	34	55	71	120	93	404	57.71
3. Photocatalytic activity of a hierarchically macro/mesoporous titania 作者: Wang, XC; Yu, JC; Ho, CM; 等 LANGMUIR 卷: 21 期: 6 页: 2552-2559 出版年: MAR 15 2005	43	42	42	42	12	313	28.45
4. Synthesis of a Carbon Nitride Structure for Visible-Light Catalysis by Copolymerization 作者: Zhang, Jinshui; Chen, Xiufang; Takanabe, Kazuhiro; 等. ANGEWANDTE CHEMIE-INTERNATIONAL EDITION 卷: 49 期: 2 页: 441-444 出版年: 2010	20	42	47	72	53	242	40.33
5. Fe-g-C3N4-Catalyzed Oxidation of Benzene to Phenol Using Hydrogen Peroxide and Visible Light 作者: Chen, Xiufang; Zhang, Jinshui; Fu, Xianzhi; 等. JOURNAL OF THE AMERICAN CHEMICAL SOCIETY 卷: 131 期: 33 页: 11658-+ 出版年: AUG 26 2009	17	36	45	75	51	229	32.71

图 7.3－11　统计表图

从来源出版物分布上看，该作者主要将文献发表在：JOURNAL OF PHYSICAL CHEMISTRY C（23 篇，影响因子 4.524）、APPLIED CATALYSIS B ENVIRONMENTAL（13 篇，影响因子 4.749）；CHINESE JOURNAL OF INORGANIC CHEMISTRY（12 篇，影响因子 0.670）、ACTA PHYSICO CHIMICA SINICA（10 篇，影响因子 0.734）、ENVIRONMENTAL SCIENCE TECHNOLOGY（9 篇，影响因子 4.827）等刊物上。

从基金资助机构信息上看，该作者的研究得到了 NATIONAL NATURAL SCIENCE FOUNDATION OF CHINA（中国国家自然科学基金）、NATIONAL BASIC RESEARCH PROGRAM OF CHINA（中国国家重点基础研究发展计划）、NATIONAL BASIC RESEARCH PROGRAM OF CHINA 973 PROGRAM（中国国家基础研究 973 项目）、PROGRAM FOR CHANGJIANG SCHOLARS AND INNOVATIVE RESEARCH TEAM IN UNIVERSITY（大学长江学者和创新团队发展计划）等基金项目的资助。

第四节 产业调研中的文献信息应用

一、产业调研中的文献信息需求

产业调研是产业分析、产业规划的基础。产业调研的方法包括文献资料研究法、调查研究法（包括抽样调查、实地调研、深度访谈等）、归纳与演绎法、比较研究法等。其中，文献资料研究法是基础步骤，恰当应用文献资料不仅有助于了解产业发展历史、现状，对未来进行预测，也为后续的调查研究提供基础信息，起到事半功倍的效果。

一般而言，通过文献资料研究，希望了解的事实及数据有：

（1）产业整体发展情况及产业发展的规律；

（2）产业链构成；

（3）产业内主要参与企业及其竞争力；

（4）产业技术发展现状与趋势；

（5）相关政策、人才供应环境等；

（6）后续产业分析、产业规划所需历史数据等。

二、产业调研中的文献信息运用策略与步骤

在文献资料研究阶段，有效地收集相关文献资料是决定该方法成功与否的关键。为有效收集相关文献资料，需注意以下 4 点：

1. 要善于利用现有的产业研究报告，这种报告常常来源于行业协会、证券研究机构，它有利于帮助产业调研者迅速了解产业现状、关键问题，并常常提供一些意外的信息提示；

2. 要善于转换概念，将一些模糊的、难以检索的概念转化为清晰的、可检索的对等概念或相似概念；

3. 要善于甄选鉴别所检索到的文献信息，对可疑的信息、数据进行比对、验证，确保所收集资料的可靠性；

4. 要做好文献资料的整理、分类工作，以便于后续对资料的处理和使用。

产业调研中的文献信息运用步骤如图 7.4 – 1 所示。

图 7.4 - 1　产业调研中的文献信息运用步骤

三、案例：福建省集成电路产业现状调研

（一）案例简介

福建省发展集成电路产业始于上世纪七十年代。当时，福建半导体器件厂（八四三〇厂）研制开发和小批量生产 TTL 模拟集成电路和 PMOS 数字集成电路。1989 年，八四三〇厂引进了美国 4 英寸集成电路生产设备，开始介入集成电路生产领域，但由于缺乏关键的专业人才和市场资源，这条生产线一直没有利用起来。进入九十年代后，福州高奇晶圆电子公司、福建福顺微电子有限公司和厦门联创微电子股份有限公司等相继成立，1996 年台湾友顺公司租赁了八四三〇厂 4 英寸集成电路生产线，通过改造并引进集成电路生产技术及管理团队，福建才真正开始有了集成电路设计与芯片制造工业。根据 2009 年的数据，经过近四十年的发展，福建省集成电路产业除了专用设备和材料还缺门外，基本涵盖了集成电路设计、芯片制造、封装、测试以及集成电路封装外壳产业链。

2013 年，为实现福建省集成电路产业发展情况十二五中期评估，需了解产业规模变化情况，以及企业研发能力、芯片整机配套能力、人才供给能力等情况，为产业主管部门/行业协会制定产业政策、实施有效产业管理提供基础数据和决策支持。

为提高产业调研效率，先实施文献调研，了解产业发展大致情况，再组织实地调研，是一个较为有效的方法。

（二）文献信息检索、分析与应用

1. 检索思路

该案例的特点是：1. 涉及文献类型广泛，包括网络文献、知识产权（专利、集成电路布图设计）文献、政府文献等；2. 产业规模、研发能力、配套能力、人才供给能力等都是宏观用语，大部分情况下无法通过直接检索获得相关信息，需转换概念检索；3. 信息内容分散，需要从大量文献中挖掘、整理得到相关信息、数据。

为适应这个案例的特点，本书采用引文珠形增长检索策略，先从政府主管部门网站、行业协会网站等权威来源进行检索，获取基础信息后，再进一步扩展检索。同时，为有效检索，将产业规模等概念转换为对等或相似指标，如表 7.4 – 1。

表 7.4 – 1　检索概念转换

序号	原有概念	对等或相似指标	备注
1	产业规模	生产线、产值、销售额	
2	企业研发能力	专利申请量、集成电路布图设计专有权申请量	衡量企业研发能力的另外两个指标：研发投入和研发人员数量，除企业自我披露外，一般难以有效获取，故没有采用。
3	芯片整机配套能力	芯片产品与整机产品对应情况	主要考察福建省重点电子信息产业集群中重点整机企业产品的集成电路/芯片需求与芯片企业产品对应供给情况
4	人才供给能力	省内高校相关专业招生情况	

2. 基础信息检索

这里的基础信息是指区域内产业发展简况，如重点企业、重点产品、发展目标等。获取这类基础信息的快捷方法是查阅当地政府主管部门或行业协会已发布的产业发展规划。产业规划的主要内容一般包括所在区域产业现状分析、发展战略、产业定位与布局、重点建设项目、政策体系等内容，是迅速了解区域内产业发展情况的有效工具。

（1）数据来源：政府主管部门网站，如国家工信部网站、福建省经济和信息化委员会网站；行业协会网站，如中国半导体行业协会；专业性网站，如，中国信息产业网。本案例主要针对福建省集成电路产业，因此可重点关注福建省经济和信息化委员会网站。

（2）检索方法

①登录福建省经济和信息化委员会网站，在"规划计划"栏找到《福建省"十二五"信息产业发展专项规划》（集成电路属于信息产业）。

②在百度、谷歌等搜索引擎中搜索"福建省十二五规划集成电路"，得到相应规划全文链接，如图 7.4 - 2。

福建省 十二五规划 集成电路　　　　百度一下

网页　新闻　贴吧　知道　音乐　图片　视频　地图　文库　更多》

百度为您找到相关结果约4,460,000个

集成电路产业"十二五"发展规划 - 专项规划 - 福建省信息化局
2012年11月19日 - 发展规划》和《电子信息制造业"十二五"规划》的总体要求，在广泛调研、深入研究的基础上，提出发展战略思路，编制集成电路专题规划，作为集成电路行业发展…
www.fjit.gov.cn/htm/zx… - 2012-11-19 ▾ - 百度快照 - 评价

福建省发展和改革委员会-福建省"十二五"信息产业发展专项规划
福建省"十二五"信息产业发展专项规划 二〇一一年八月 目录 前言 第一章 …软件和信息服务业占全行业比重稳步提升，应用软件、集成电路设计、动漫创意产业等…
www.fjdpc.gov.cn/sh…… - 2011-09-03 ▾ - V3 - 百度快照 - 评价

图 7.4 - 2　百度搜索

（3）数据挖掘、整理：通过对规划全文的阅读，可获得许多有用信息，如福顺微电子将在原有 4 英寸及 6 英寸集成电路芯片生产线各一条的基础上，拟扩建一条 0.5 um/1 万片/月的 6 英寸集成电路生产线，建设两条 8 英寸 IC 生产线（其中一期投资 10 亿元建设 0.35 um/1.5 万片/月 8 英寸 IC 生产线一条，二期建设 0.18—0.25 um8 英寸集成电路制造及封装项目）；协力（平潭）科技有限公司在平潭建设 6 英寸、8 英寸集成电路芯片制造、封装、测试生产线，形成 6 英寸月产能 60 000 片（0.35 ~ 2.5 微米）、8 英寸月产能 60 000 片（0.18 ~ 0.25 微米）、封装厂产能 20 亿颗。

3. 集成电路制造业规模检索

集成电路制造业中，产业规模往往用生产线条数来标定。因此，产业规模的检索可以转换为生产线数量的检索。

（1）数据来源：政府主管部门网站、行业协会网站、专业性网站等。

（2）检索方法：

①在百度、谷歌搜索引擎中分别按检索式1、2检索，如在谷歌中检索结果如图7.4-3。

检索式1：（福建 ｜ 福州 ｜ 莆田 ｜ 厦门 ｜ 平潭）集成电路生产线英寸

检索式2：（福建 OR 福州 OR 莆田 OR 厦门 OR 平潭）集成电路生产线英寸

注1：因集成电路芯片生产线以英寸数表明先进程度，注明生产线生产的晶圆英寸数是行业惯例，如，4英寸生产线、8英寸生产线等，故在检索式中添加"英寸"一词用于提高查准率。

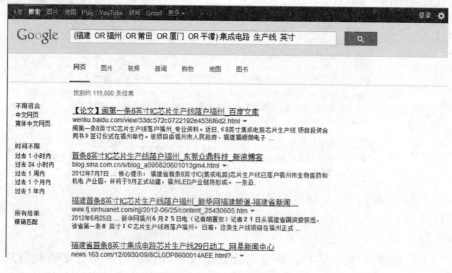

图7.4-3　谷歌搜索

网络文献中某一热点新闻/事件往往会重复、成群出现，如图7.4-4中的新闻《福建首条8英寸IC芯片生产线落户福州》重复出现十余次，其特点是文献标题中出现了"首条8英寸"、"第一条8英寸"。阅读该类文献后，可用检索式3去除该类文献，提高检索效率，如图7.4-4。

检索式3：（福建 OR 福州 OR 莆田 OR 厦门 OR 平潭）集成电路生产线英寸 - 首条8英寸 - 第一条8英寸

注2：因百度将检索式字长度限制为38字符，因此，超出38字符的检索式不适合在百度中检索。

②登陆莆田安特半导体、福建省电子信息集团（福顺微电子、福顺晶圆科技的陆资合作方），查看、核实有关生产线情况。

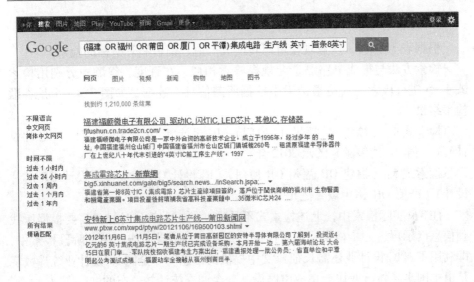

图 7.4 - 4　谷歌搜索 - 2

（3）数据挖掘、整理：将上述检索结果与《福建省"十二五"信息产业发展专项规划》中的数据、信息整合后，可得到以下结论：

福建集成电路芯片制造企业主要有福顺微电子、福顺晶圆科技、安特半导体、厦门集顺半导体。目前，福建省拥有 4 英寸生产线 2 条，5 英寸生产线 1 条、6 英寸生产线 5 条（含在建 1 条），在建/拟建 8 英寸生产线 7 条，拟建 12 英寸生产线 1 条，如表 7.4 - 2。已建成生产线中，制造工艺水平（线宽）平均在 0.8 微米~0.5 微米上下，最高的可达 0.35 微米（厦门集顺半导体）。其中，福建福顺微电子有限公司已列入第一批国家鼓励的集成电路企业名单，可享受国家赋予集成电路企业及产品的各项优惠政策。

表 7.4 - 2　福建省集成电路芯片生产线数量

晶圆尺寸/英寸	4 英寸	5 英寸	6 英寸	8 英寸	12 英寸
福顺晶圆科技	0	0	0	1 条（在建）	0
福顺微电子	1 条	0	2 条	2 条（拟建）	0
协力（平潭）科技	0	0	1 条（在建）	1 条（在建）	0
莆田安特半导体	1 条	1	1 条	1 条（在建）	0
厦门集顺半导体	0	0	1 条	0	0
英孚 - 华生公司	0	0	0	2 条（拟建）	1 条（拟建）
合计	2	1	5	7	1

4. 集成电路设计业规模检索

根据表 7.4-1，产业规模可以转换成产值、销售额等指标的检索。

检索方法与集成电路制造业规模检索相似，在百度、谷歌中分别用检索式 4、5 进行检索，从检索结果中挖掘所需信息、数据，如图 7.4-5 是谷歌检索结果。

检索式 4：（福建 ｜ 福州 ｜ 厦门）（IC 设计 ｜ 集成电路设计 ｜ 芯片设计）（产值 ｜ 销售额）亿元 2012 年

检索式 5：（福建 OR 福州 OR 厦门）（IC 设计 OR 集成电路设计 OR 芯片设计）（产值 OR 销售额）亿元 2012 年

注 3：实际检索中，上述检索式不是唯一的。大部分时候，需要根据所找到信息启示再进一步检索，不断挖掘，直至满意结果。如，在本阶段检索中，即利用了《IC 设计业还需长征》文中提供的信息——全国 IC 设计业统计数字是由中国半导体行业协会集成电路设计分会调查统计并公布的。

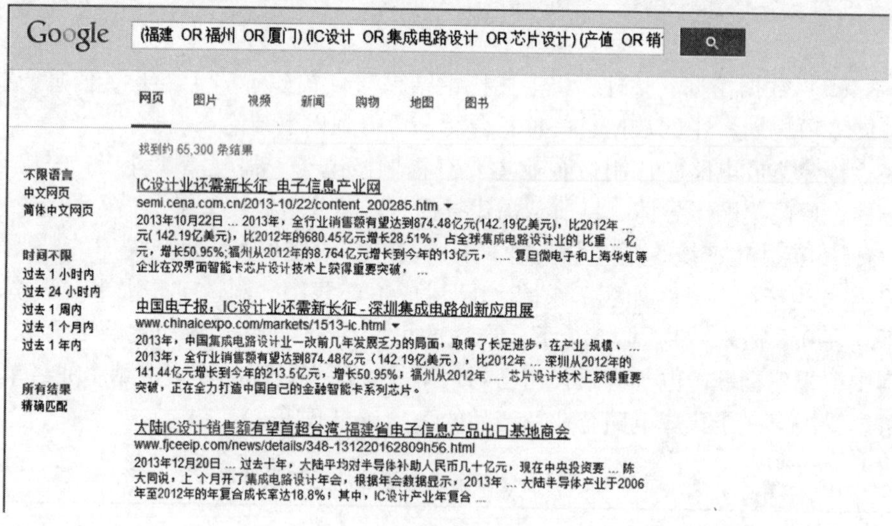

图 7.4-5　谷歌搜索 -3

根据上述检索结果的挖掘、整理，可得到以下结论：

2012 年，福建省集成电路产业总销售额约为 18.27 亿元，只占全国集成电路设计企业总销售额的 2.69%。从城市排名看，厦门和福州分别排在第 13 和 15 位；从省市排名看，福建省芯片设计业排全国第 7 名，但产值不到广东、北京、上海、江苏等省市的五分之一，如表7.4-3和表7.4-4。

表7.4-3　2012年IC设计排名（按城市）

排名	城市	销售额（单位：亿元）
1	北京	142.86
2	深圳	141.44
3	上海	130.87
4	无锡	61.85
5	杭州	39.25
6	南京	32.8
7	成都	25
8	苏州	17.91
9	珠海	14.39
10	西安	13.5
11	天津	12.95
12	大连	9.72
13	厦门	9.51
14	香港	8.93
15	福州	8.76
16	重庆、绵阳	6.58
17	济南	4.12

表7.4-4　2012年IC设计排名（按省市）

排名	省市	销售额（单位：亿元）
1	广东	155.83
2	北京	142.86
3	上海	130.87
4	江苏	112.56
5	浙江	39.25
6	四川	28.00
7	福建	18.27
8	陕西	13.5
9	天津	12.95
10	辽宁	9.75
11	香港	8.93
12	山东	4.12
13	重庆	3.58

5. 集成电路从业企业调研

为做好企业研发能力和芯片整机配套能力调研，需了解现有从业企业，进而获得企业产品、研发能力等信息。为获取较为完整的企业名单，本书尝试从以下 4 个途径获取并核实福建省内集成电路从业企业。

（1）数据来源：政府主管部门网站、行业协会网站、网络搜索引擎、专利数据库等。

（2）检索方法：

① 从政府主管部门网站新闻报道、《发展规划》，以及行业协会，如中国半导体协会，相关公共服务平台，如福建省集成电路设计中心、厦门集成电路设计公共服务平台的会员名录、入驻企业名录等信息中获得福建省部分集成电路企业名单。

② 从集成电路布图设计专有权人中获得部分企业名单。

如，登录上海知识产权（专利信息）公共服务平台，进入集成电路布图设计检索界面，设置查询条件为：布图设计权利人国籍/省市，查询值为福建，点击查询，可获得福建省企业/个人申请的集成电路布图设计情况，如图 7.4 - 6，对其整理后可得福建省部分从事集成电路设计或制造企业。这里隐含的一个信息是，可以认为有申请布图设计专有权的企业即为集成电路从业企业。

注 4：该步骤数据可用于评估企业研发能力。

图 7.4 - 6　集成电路布图设计检索

③ 从企业名称中获得部分集成电路从业企业。企业名称一般由行政区划＋企业字号＋行业＋组织形式四部分组成，而以集成电路为主营业务的企业常常在企业名称中用"微电子"、"半导体"、"芯片"、"集成电路"、"IC"、"晶圆"表明其企业所属行业。根据这个特点，在搜索引擎中按检索式6、7可检索出部分有关企业，如图7.4－7。

检索式6：（福建 ｜ 福州 ｜ 厦门 ｜ 泉州 ｜ 莆田 ｜ 漳州 ｜ 龙岩 ｜ 三明 ｜ 南平 ｜ 宁德）（微电子｜ 半导体 ｜ 芯片 ｜ 集成电路 ｜ IC ｜ 晶圆）（公司 ｜ 集团 ｜ 厂）

检索式7：（福建 OR 福州 OR 厦门 OR 泉州 OR 莆田 OR 漳州 OR 龙岩 OR 三明 OR 南平 OR 宁德）（微电子 OR 半导体 OR 芯片 OR 集成电路 OR IC OR 晶圆）（公司 OR 集团 OR 厂）

注5：因百度限制检索式长度不超过38字符，检索式6可拆分后多次检索得到结果。另外，用此种方法检出的企业不一定就是从事集成电路的企业，需根据其产品进一步筛选。

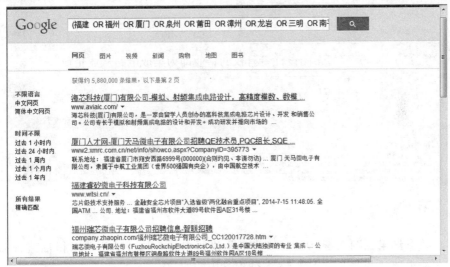

图7.4－7　谷歌搜索－4

④ 从专利申请人中获得部分从业企业名单。

一般地，有申请集成电路相关专利的企业往往是集成电路从业企业。集成电路涉及设计、制造、封装和测试等环节，相关的产品与技术非常丰富，难以一一罗列。本书在专利之星检索系统中通过关键字、分类号、申请人、国省代码等字段组成检索式检索出部分申请集成电路类专利的福建省企业，如图7.4 - 8，检索策略如检索式8。其中，分类号是在中国专利布告系统中通过检索关键词"集成电路"获得。

检索式8：F XX（公司/PA + 集团/PA + 厂/PA）＊（35/CO + 92/CO）＊（芯片/TI + 集成电路/TI + 晶圆/TI + B65D85/90/IC + G01R31/311/IC + G01R31/307/IC + H03F3/213/IC + H03F3/187/IC + H01L27/118/IC + H03F3/347/IC + H03F3/195/IC + G06K19/07/IC + G06F21/87/IC + G06Q20/34/IC + G01R31/303/IC + H01L21/82/IC + H01L23/50/IC + H04M1/675/IC + H01L21/70/IC + G06F21/76/IC + G02F1/136/IC + H01L21/77/IC + H01L21/98/IC + H05K1/00/IC + H01L27/02/IC）

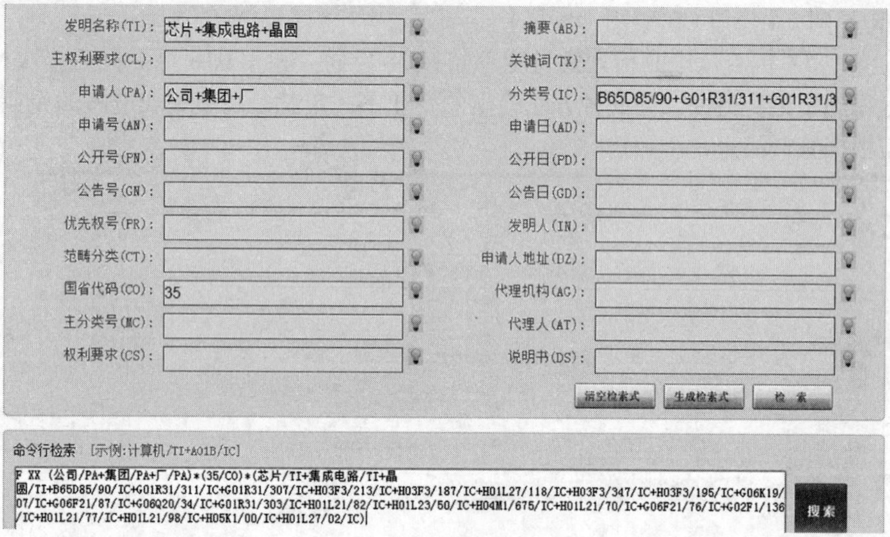

图7.4 - 8　专利之星检索

检索结果如图7.4 - 9。对检索结果进行申请人构成分析，可得福建省部分集成电路从业企业，表7.4 - 5列出其中的前20名企业。

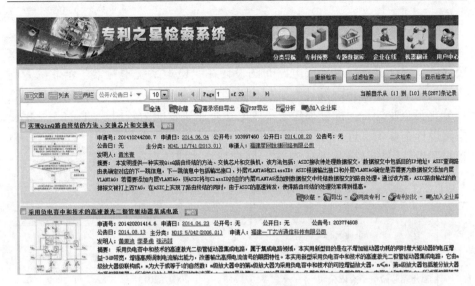

图 7.4 - 9　检索结果

表 7.4 - 5　福建省部分集成电路企业

序号	申请人	专利数	序号	申请人	专利数
1	中华映管股份有限公司	82	11	福建闽航电子有限公司	5
2	福建新大陆电脑股份有限公司	44	12	福建联迪商用设备有限公司	4
3	福建华映显示科技有限公司	36	13	福州福大海矽微电子有限公司	4
4	华映光电股份有限公司	25	14	福州福大海矽集成电路有限公司	4
5	福州华映视讯有限公司	24	15	福建省威诺数控有限公司	4
6	中联创（福建）物联信息科技有限公司	22	16	博嘉圣（福州）微电子科技有限公司	3
7	福州瑞芯微电子有限公司	15	17	福建合顺微电子有限公司	3
8	福建星网锐捷网络有限公司	9	18	福建欧中电子有限公司	3
9	福建福顺半导体制造有限公司	8	19	莆田市龙腾电子科技有限公司	3
10	福建睿矽微电子科技有限公司	6	20	福建福顺微电子有限公司	2

　　除以上 4 种途径外，还可根据一些电子商务网站提供的供应商名录等方法获取有关从业企业信息。综合以上途径检索并整理后得到一份包含 90 余家企业的福建省集成电路企业名录。

6. 企业研发能力检索

根据上一步骤得到的企业名录，到专利之星检索系统和广东省知识产权公共信息综合服务平台集成电路布图设计在线检索系统中检索各企业的专利申请量和集成电路布图设计专有权申请量，如表 7.4 - 6。从统计结果看，除部分龙头企业外，大部分福建省集成电路企业研发能力较弱。如在 65 家集成电路设计企业中，近三分之一企业的专利数量和布图设计专有权数量为 0，申请布图设计保护的企业只有 23 家，实现持续申请的企业只有 12 家。

表 7.4 - 6　福建省集成电路企业知识产权情况

序号	企业名称	知识产权情况			
		专利		布图设计	
		数量	申请时间	数量	申请时间
1	福州瑞芯微电子有限公司	181	2009 - 2013	12	2009 - 2012
2	厦门联创微电子股份有限公司	13	2000 - 2013	46	2001 - 2012
3	矽恩微电子（厦门）有限公司	12	2008 - 2013	45	2007 - 2012
4	厦门元顺微电子技术有限公司	1	2013	40	2004 - 2012
5	厦门市芯阳科技有限公司	11	2003 - 2013	12	2004 - 2010
6	厦门优迅高速芯片有限公司	26	2003 - 2013	11	2006 - 2011
7	天微集成电路（厦门）有限公司	0		10	2012
8	福建联拓科技有限公司	19	2012 - 2013	0	
9	福建福顺半导体制造有限公司	18	2008 - 2012	0	
10	福建省安特半导体有限公司	15	2011 - 2013	0	
	……				

7. 芯片整机配套能力检索

该部分主要考察福建省重点电子信息产业集群中重点整机企业产品的集成电路/芯片需求与芯片企业产品对应供给情况。其中，重点电子信息产业集群及重点整机企业可根据政府相关《发展规划》及统计信息等途径获得，企业产品及部分供应关系则通过访问企业网站获得。通过相应检索，可得到如表 7.4 - 7 所示的初步的芯片整机配套能力估计表。

表7.4-7　芯片整机配套能力估计表

序号	产业群	省内整机企业	配套芯片企业	配套指数
1	平板显示/彩电	冠捷、捷联、捷星、英冠达、华冠、戴尔、厦华、友达、华映光电、日立、乐捷、景致	无	O
2	计算机及网络通信	戴尔、星网锐捷	厦门优迅高速芯片有限公司	★★
			福建一丁芯光通信科技有限公司	
3	移动智能终端	联想移动、万利达	福州瑞芯微电子有限公司	★★★★
			贝莱特集成电路（福州）有限公司	
			厦门晶尊微电子科技有限公司	
	……			

注1：O 表示省内无 IC 设计企业与整机企业配套；

注2：★表示 IC 设计企业与整机企业配套程度。其中，一颗★表示省内有潜在 IC 设计企业与整机企业配套，五颗★表示省内 IC 设计企业可完全满足整机企业配套需求。

8. 人才供给能力检索

该指标主要通过检索福建省内高校相关专业招生情况获得。从检索结果上看，目前，福建省厦门大学、福大大学等 7 所高校已设置集成电路相关专业。其中，本科阶段年招生约 370 人，硕士研究生阶段年招生约 100 人（含工程硕士），博士研究生阶段年招生约 10 人，如表 7.4-8 至 -10 所示。

表7.4-8　本科生培养情况

序号	学校	专业	年招生人数
1	厦门大学	集成电路设计与集成系统	60
2	集美大学	电子科学与技术	60
3	福州大学	微电子科学与工程	70
4	福建师范大学	电子信息	50
5	福建工程学院	电子科学与技术	40
6	华侨大学	集成电路设计与集成系统	40
7	闽江学院	电子科学与技术	50
8	合计		370

表 7.4 – 9　硕士研究生培养情况

序号	学校	专业	年招生人数
1	厦门大学	微电子学与固体电子学	30
		电子与通信工程	
2	福州大学	集成电路工程	15
		物理电子学	8
		电路与系统	15
		微电子学与固体电子学	9
		集成电路工程（工程硕士）	15
3	华侨大学	电路与系统	4
		物理电子学	4
		微电子学与固体电子学	4
	合计		104

表 7.4 – 10　博士研究生培养情况

序号	学校	专业	年招生人数
1	厦门大学	电子科学与技术	5
2	福州大学	物理电子学	1
		电路与系统	1
		微电子学与固体电子学	3
3	合计		10

第八章　文献信息可视化分析

第一节　可视化概述

可视化是将数据、信息、知识等内容转换为图形进行展示的一种方法，最早出现于计算机科学领域。可视化一般可分为科学计算可视化与信息可视化两大类。本章节侧重于信息可视化及其在文献信息中的应用。

一、科学计算可视化

1987 年 2 月，美国国家科学基金会在其召开的图形图像专题研讨会上提出了科学计算可视化（Visualization in Scientific Computing，ViSC）的概念。科学计算可视化是利用计算机图形学和图形处理技术，将科学计算过程中产生的数据及计算结果转换为图形或图像在屏幕上显示出来，并进行交互处理的理论、方法和技术。它涉及计算机图形学、图像处理、计算机视觉、计算机辅助设计及图形用户界面等多个研究领域。科学计算可视化一经提出，很快就在计算机图形学的基础上发展成为一门新兴的学科方向。科学计算可视化已经被成功的运用到天体研究、地震预测、气象分析、航空航天、船舶、建筑等许多领域。科学计算可视化计算结果的分析过程中所带来的直观性、准确性等都给科学家们带来了很大方便，科学计算可视化的快速发展引发了科学计算风格的一次革命。

二、信息可视化

1. 信息可视化背景与概念

信息可视化是科学计算可视化在社会科学领域的演化与发展。大数据时代，信息呈现出数据量大、价值密度低及快时效等特点，人们保存、检索、分析及利用能力面临着巨大的挑战。信息可视化工具的出现，使得大规模非数值型信息资源得以视觉呈现，为人们理解和分析数据提供了帮助。

　　所谓信息可视化（Information Visualization）是可视化技术在非空间数据领域的应用，是将数据信息转化为视觉形式的过程，以增强数据呈现效果，让用户以直观交互的方式实现数据的观察和浏览，从而发现数据中隐藏的特征、关系和模式。这里的数据信息可以是来自社会科学各个领域和现实社会各个方面，如：科技文献、专利文献、网络信息、金融数据、商业信息等。可视化的目的是洞察数据，发现知识，作出决策或解释数据。

　　2. 信息可视化交互机制

　　查看可视化结果时，用户一般从信息空间的全景开始，放大他感兴趣的部分，然后找到更多细节信息。美国马里兰大学的施奈德曼（Shneiderman）提出了一套用来描述用户与大量信息进行可视化交互的机制。

　　（1）全景，观察总体模式及发展趋势。

　　（2）变焦，观察数据的一个较小的子集。

　　（3）过滤，基于检索词观察子集。

　　（4）细节，交互时观察所选对象的值。

　　（5）关联，观察关系并比较观察值。

　　（6）历史，追踪行动和见解。

　　（7）提取，标记和捕获数据。

　　3. 信息可视化产品形式

　　总的来说，信息可视化技术产品有两种模式，一种是将信息可视化技术转化为信息可视化产品，如 CiteSpace、Vosviewer、SciMAT、Sci2、Treemap、theBrain、IN – SPIRETM 等；另一种是信息可视化技术与现有软件、数据库系统结合，作为其他软件、数据库系统的构件或辅助功能而存在。如，百度指数、百度预测、中国知网（CNKI）等。图 8.1 – 1 即为中国知网（CNKI）对选中的检索结果文献进行相互引用分析，生成的可视化文献互引图。

　　4. 信息可视化热点应用领域

　　近十年来，信息可视化作为一门新的研究领域获得了较大的进展，取得了很多的研究成果。信息可视化的方法和技术已经应用到了越来越多的领域，同时这些领域内的应用也为可视化技术的完善和发展提供良好的环境，当前和未来信息可视化应用的热点领域包括以下5个方面。

　　（1）新闻可视化：通过对新闻内容进行抓取、清洗和提取和可视化展示，让繁杂的信息有据可依、有线可寻、有图可索，让信息传播更直观、更生、更快捷。

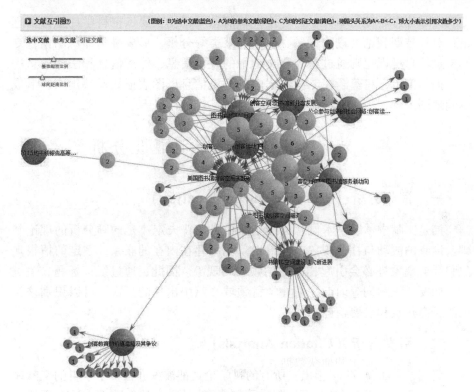

图 8.1 - 1　中国知网（CNKI）文献互引图

（2）社交网络可视化：通过可视化方式显示社交网络的数据，通过对社交网络中节点、关系及时空数据的集成，有效揭示社交网络的关联、比较、走势关系。

（3）搜索日志可视化：针对在使用搜索引擎时产生的海量搜索日志，可视化的展现用户的搜索行为、用户与信息化环境的交互模式、用户与用户之间的交互关系，获取用户的需求和关系模式。

（4）科学技术可视化：综合运用文献计量学、技术机会分析、未来技术分析等方法，宏观描述当前科学技术发展态势与趋势，剖析技术状态、联系与路径，以期为技术管理者与政策制定者提供可视化决策辅助支持。

（5）文献信息可视化：针对迅猛增长的科学文献，运用大型文献处理软件和处理海量的科学文献数据，并借助信息可视化技术，使人们更容易地观察、浏览和理解信息，并且找到数据中隐藏的规律和模式，从而为决策提供依据。根据处理文献类型的不同，文献信息可视化分为科技文献信息可视化、专利文献信息可视化。其中，科技文献信息可视化主要依据科学计量分析理论，对科技期刊论文进行词频、引用、聚类等分析，形成科学知识图谱；专利文献信息可视化则通过对专利文献中的技术信息、经济信息和法律信息进行挖掘与剖析，将蕴涵在专利数据内的海量信息以图表形式反映出来，形成专利地图。

第二节　科技文献信息可视化分析

一、词频分析（Word Frequency Analysis）

词是文献中承载学术概念的最小单位，齐普夫定律是词频分析的理论基础。词频的波动与社会现象、情报现象之间存在内在的联系，一定的情报现象和社会现象势必会引起相应的词频波动现象。因此，通过统计标题、关键词、摘要、主题词等词汇在某一学科领域文献中出现的频次，可以识别该领域的研究热点和发展趋势。

二、引文分析（Citation Analysis）

英国学者 J. M. Zlma 指出：所有的科学论文都被深嵌在整个学科的文献体之中，而不是孤立存在的。引文分析是利用统计学方法、数学方法和逻辑方法（归纳、抽象、比较等），对科技期刊、学位论文等文献资源的引用或被引用现象进行分析研究，从而揭示其内在规律和数量特征，达到评价和预测科学发展趋势的目的。通过引文网络的稀疏与密集程度可以判断引文分布的分散与集中程度，从而反映出研究的热点及其发展演化规律。

三、共引分析（Co – citation Analysis）

共引（co – citation）又称同被引，是指两篇文献同时被后来一篇或多篇文献所引用。科学文献之间的关联度和内容的相似性可通过彼此间共引的强度体现，同时基于共引关系所形成的文献共引网络可以展现出不同学科之间的关联度与亲疏关系。共引分析就是将一组具有同引关系的文献作为分析对象，通过综合利用各种统计学、数学方法和逻辑分析方法，把对象间复杂的共引关系量化、抽象并简单表达的过程。共引分析包括期刊共被引分析（Journal Co – citation Analysis，JCA）、文献共被引分析（Document Co – citation Analysis，DCA）、作者共被引分析（Author Co – Citation Analysis，ACA）。

四、共词分析（Co – word Analysis）

共词分析方法（Co – word Analysis）最早由法国文献计量学家 M. Callon 提出。共词分析法通过统计一组词在同一篇文献中同时出现的次数，并且以此为基础对这些词进行聚类分析，从而揭示出这些词组之间的亲疏关系，进而分析文献所代表的学科领域中主题之间的关系。这一对关键词在同一篇文献中出现的次数越多，则表明它们之间距离越近、关系越密切，表明由这两个词代表的研究主题被该领域学者们所关注，同时这一研究主题也是该学科领域的研究热点主题。

五、聚类分析（Cluster Analysis）

聚类分析方法是一种对样本或指标进行分类的多元统计分析方法。根据样本的多个观测指标，将分类对象置于多维空间，按照研究对象空间关系的亲疏程度进行分类，关系密切的划分到一个小的分类单位，关系疏远的划分到一个大的分类单位。聚类算法不同产生的聚类结果不同，聚类分析的算法可以分为基于密度的方法（Density – Based Methods）、划分法（Partitioning Methods）、基于网格的方法（Grid – Based Methods）、基于模型的方法（Model – Based Methods）、层次法（Hierarchical Methods）等。

把聚类分析方法和共引分析、共词分析结合，可实现信息可视化功能，对高频词、高被引文献以及高被引作者进行聚类分析，可以反映学科主题领域结构、研究热点、研究团体及研究前沿。

六、社会网络分析（SocialNetworkAnalysis，SNA）

社会网络分析方法是由社会学家提出的，基于数学、图论等方法的定量分析方法。社会网络是由多个行动者（人、组织、群体、国家等）以及行动者之间的关系所组成的集合，因此，社会网络分析是研究一组行动者及其关系的研究方法。社会网络中用点（行动者）和线（行动者之间的连线）来描述网络。社会网络强调了行动者之间都存在一定的关系。目前社会网络分析方法主要用于学科主题、国家间关系、研究机构、作者合作的聚类和可视化分析。

中介中心度（Betweenness Centrality）是社会网络分析方法的主要指标之一，指的是网络中行动者作为中介者对资源控制的程度。如果网络中的一个点处于其它两点连接的最短途径上，这个点就具有相对较高的中心度，会有越多的行动者需要通过它才能发生联系，它具有控制其他两个行动者之间信息传递和交往的能力，所以就可以认为这个点在网络中居于重要地位，成为关键节点。本书使用的可视化工具之一— CiteSpace 就是利用中介中心度作为测度的指标。

第三节　专利文献信息可视化分析

专利信息分析通常包括专利定量分析、专利定性分析、专利拟定量分析。

一、专利定量分析方法

专利定量分析方法是使用科学计量、数理统计等方法对专利文献及其相关信息进行加工、整理和统计分析，利用不同方法对相关数据的变化进行合理解释以获取发展趋势方面的情报，并做出预测和推断。专利定量分析方法包括技术生命周期分析、专利分类分析、申请人分析、发明人分析等。

1. 技术生命周期分析法

技术生命周期理论由"产品生命周期理论"引伸而来，由 R. 弗能、M. G. 哈维提出。弗能认为，工业制成品从发明研制到进入市场销售，都要经历成长、成熟、饱和与衰退等不同阶段，他由此将体现在产品上的技术也划分为导入、成长、成熟与衰退四期。

技术生命周期分析法是专利定量分析中常用的方法之一，通过对一段时间内某一项技术的相关专利的专利申请人数量和专利申请量的周期性变化研究，可以绘制该项技术的技术生命周期图。技术生命周期的研究对象可以是某一技术领域整体技术生命周期，也可以是某件专利文献所代表技术的生命周期。

以技术领域整体为研究对象时，专利技术生命周期是指专利技术发展的不同阶段中，专利申请量与专利申请人数量的一般性的周期性的规律。这个规律在理论上遵循技术导入期、技术成长期、技术成熟期和技术衰退期四个阶段周期性变化。

（1）专利技术生命周期的阶段特征

① 技术导入期。在技术导入阶段，专利数量少，这些专利大多是原理性的基础专利，由于技术市场还不明确，只有少数几个企业、科研机构参与技术研究与市场开发，表现为重大的基本专利的出现。该阶段的特点是专利申

请人和申请数量都较少，集中度高。

② 技术成长期。随着技术的不断发展，市场扩大，介入的企业增多，技术分布的范围扩大，表现为大量的相关专利申请和专利申请人的激增。

③ 技术成熟期。当技术处于成熟期时，由于市场有限，进入的企业开始趋缓，专利增长的速度变慢。由于技术的成熟，只有少数的企业继续从事相关领域的技术研究。

④ 技术衰退期。当技术老化后，企业也因收益递减而纷纷退出市场，此时有关领域的专利几乎不再增加，每年申请的专利数和企业数都呈负增长。

（2）专利技术生命周期计算方法

测算专利技术生命周期的方法主要有三种，分别是指标法、图示法、TCT（Technology Cycle Time，技术生命周期）计算法。其中，指标法和图示法主要用于研究相关技术领域的技术生命周期计算，而 TCT 计算法主要用来计算单件专利的技术生命周期，但也可以计算企业专利技术的平均生命周期或技术领域的生命周期。

① 指标法

指标法通过计算技术生长率（v）、技术成熟系数（α）、技术衰老系数（β）、新技术特征系数（N）的值测算专利技术生命周期。

a. 技术生长率（v）：是指某技术领域发明专利申请或授权量占过去 5 年该技术领域发明专利申请或授权总量的比例，其公式为：$v = a/A$。其中，a 为该技术领域发明专利申请量或授权量；A 为追溯到 5 年的该技术领域发明专利申请或授权总量。如果连续几年技术生长率持续增大，则说明该技术处于生长阶段。

b. 技术成熟系数（α）：是指某技术领域发明申请或授权量占该技术发明专利和实用新型专利申请或授权总量的比率，其公式为：$\alpha = a/(a+b)$。其中，a 同上；b 为 a 为该技术领域当年实用新型专利申请量或授权量。如果技术成熟系数逐年变小，则说明该技术处于成熟期。

c. 技术衰老系数（β）：其公式为 $\beta = (a+b)/(a+b+c)$。其中 a、b 同上，c 为当年外观设计专利或商标申请数（或批准数）。连续计算数年，β 值递增，预示该技术日渐陈旧。

d. 新技术特征系数（N）：其公式为：$N = \sqrt{v^2 + \alpha^2}$sqrt（。其中 v 为技术生长率，α 为技术成熟系数。N 是反映某项技术新兴或衰老的综合指标，N 值越大，新技术特征越强，预示它越具有发展潜力。

表 8.3－1 技术生命周期与 4 个专利指标的关系。

表 8.3－1　技术生命周期内 v、α、β、N 变化情况

阶段	v	α	β	N
导入期	↑较小，逐年增长	↑	↑	↑
成长期	↑增速明显	↑	↑	↑
成熟期	↓	↓	↑或不变	↓
衰退期	↓	↓	↓	↓

（2）图示法

图示法通过对专利申请数量或获得专利权的数量与时间系列关系、专利申请企业数量与时间序列关系等问题的分析研究，绘制技术生命周期图（如图 8.3－1 所示），推算专利技术生命周期图。

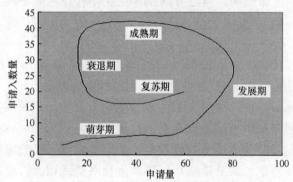

图 8.3－1　利技术生命周期图示法

（3）TCT 计算法

该方法主要针对的研究对象是某件专利文献所代表技术的生命周期。TCT 计算法基于以下理论：技术生命周期可以用专利在其申请文件扉页中所有引证文献技术年龄的中间数表示。

具体计算方法如下：

专利年龄 = 本专利授权年—参考专利授权年

TCT = 中间年龄 = 专利年龄由大到小排列位于中间位置的年龄

中间位置 = 参考专利数/2

TCT 用于捕获企业正在进行技术创新的信息，它测量的是最新专利和早期专利之间的一段时间。很显然，早期专利代表着现有技术，因此 TCT 其实就是现有技术和最新技术之间的发展周期。一个技术领域其技术生命周期 TCT 平均值可以从本质上区别于其他技术领域。TCT 具有产业依存性，相对热门的技术 TCT 较短，快速变化的技术领域，如电子技术，技术生命周期一般为三四年，而技术缓慢变化的技术领域，如造船技术，技术生命周期一般在 15 年或更长。实际工作中 TCT 主要用来计算单件专利的技术生命周期。研究表明：一个企业增加它的专利申请，而且这些技术有较短的技术生命周期，说明该企业的技术处于技术领域的前沿。

TCT 也可以计算企业专利技术的平均生命周期或技术领域的生命周期。然而计算企业或技术领域的生命周期时需要逐项计算 TCT，再求其平均值，操作起来过于繁琐，故一般不用于计算技术领域的生命周期。

2. 专利分类分析法

专利分类分析是根据专利分类号所揭示的技术内容所提供的一种简易与通用的技术分类分析方法。在该类分析中比较常见的是利用国际专利分类号（IPC）进行统计和频次分析，简称 IPC 分析。IPC 分析一般包括 IPC 趋势分析、IPC 构成分析、IPC 区域分析、IPC 申请人分析、IPC 发明人分析、技术关联度分析等。

（1）IPC 趋势分析

统计各个 IPC 对应技术领域专利数量年度分布情况，动态比较各个技术领域随时间的变化情况，进而分析技术发展趋势。

（2）IPC 构成分析

根据各个 IPC 对应技术领域专利数量的多少，进行统计和频次分析，进而分析研究发明创造活动最为活跃的技术领域、某一技术领域可能出现的新技术、某一技术领域中的重点技术等。

（3）IPC 区域分布分析

通过 IPC 与国家/地区/省市的矩阵分析，了解这些国家/地区/省市的技术领域发展重点，及专利布局情况，并相对其它国家/地区/省市具有的技术优势等。

（4）IPC 申请人分析

根据各个 IPC 对应申请人专利数量的多少，进行统计和频次分析，进而了解各细分技术领域中的申请人构成。

（5）IPC 发明人分析

与申请人分析相似。

（6）技术关联度分析

某一件专利往往涉及多个技术领域，直观表现为同一件专利文献会有几个分类号。根据该特征，通过研究分类号共同出现频率，并进行技术交叉分析，可以了解关键技术之间的联系及技术融合状况。

3. 专利申请人分析法

（1）申请人排名分析

对不同专利申请人的专利数量进行排名，可以发现行业内主要竞争者，以及处于行业中重要地位的申请人。

（2）申请人趋势分析

统计申请人的专利数量年度分布情况，分析其技术发展趋势。同时分析多个申请人时，可以了解哪些申请人较早进入该领域，哪些申请人持续时间更长，哪些申请人具有突变点等，进而了解申请不同时期里的不同专利战略，也可以预测其在未来一段时间内可能的发展趋势。

（3）申请人 IPC 分析

根据各个申请人对应 IPC 专利数量的多少，进行统计和频次分析，了解申请人研发重点、专利布局、技术优劣势等情况。

（4）申请人国家/区域分布分析

通过分析专利申请人在世界各国的专利申请情况，可以了解其对各国各地区的重视程度及市场布局战略。另一方面，申请人的数量按照地理分布的聚集程度体现了一个国家、地区在某领域科技活动中的投入规模，可以反映出该区域的竞争力大小，并进一步投射出研发与创新的战略与趋势。

（5）申请人合作分析

所谓专利合作申请，是指一项专利拥有两个或两个以上专利申请人或专利权人的联合申请。通过联合申请专利中的申请人分析，可以了解申请人手的技术合作者和合作领域，继而分析他们的关系，对比合作者之间的重要性程度。

（6）申请人综合分析

专利申请人综合分析的目的是构建一个评价体系，从专利角度，在总体上考察申请人的竞争力。目前，最有代表性的申请人综合分析方法是美国知识产权咨询公司 CHI 提出的"专利记分牌"法。该方法用技术实力（综合指标）及专利数量、当前影响指数、科学联系、技术生命周期等 5 项指标对申请人进行综合分析。

4. 发明人分析法

在分析方法上，发明人分析与申请人分析相似，不再赘述。

二、专利定性分析方法

专利定性分析方法是指运用归纳，演绎，分析，概括等方法，对专利文献所包含的技术内容等内在特征，进行质的分析，从而掌握专利技术发展状况、企业动向等方面的信息。专利定性分析一般包括技术功效矩阵分析法、权利要求分析法等。

1. 技术功效矩阵分析法

技术功效矩阵图是指分解专利技术手段与实现的目的或效果（功效），制成矩阵型的统计表或图。功效作为横（纵）轴，技术手段作为纵（横）轴，表或图中一般是专利数量或专利编号。技术功效矩阵同时从专利技术和功效两个视角对专利进行解读，通过专利的数量来衡量为了提升技术功效而投入的技术力量，便于研究人员掌握技术重点或技术空白点，同时也可以规避技术雷区。此外，通过技术功效矩阵还可以察看是否已经有竞争对手在该领域获得专利，进而可作为初步侵权判断的依据。研究机构（人员）通过识别存在侵权风险的技术区域、研发已经饱和的区域、技术空白的区域等，为研究机构的下一步研发提供参考意见。

2. 权利要求分析法

权利要求书是用于确定发明或者实用新型保护范围的法律文件。针对专利权利要求进行单纯数量统计分析并无太大意义。在分析专利权利要求时，选取的专利文献对象往往数量有限且针对性强，通常指向重要的专利文献（关键专利），并主要体现在两点：一是对专利权利要求的解释，二是特定技术类似专利权利要求范围的差异对比。分析手段主要有结构分析和语义分析。

三、专利拟定量分析方法

专利拟定量分析方法是指针对不同的分析目的，专利分析人员采用定量分析与定性分析相结合的分析方法。专利拟定量分析通常先对专利文献进行数理统计分析，然后进行全面、系统的技术分类和比较研究，再进行有针对性的量化分析，最后进行高度科学抽象的定性描述，使整个分析过程由宏观到微观，逐步深入进行。专利引证分析和专利数据挖掘方法是比较常见的拟定量分析方法。

1. 引证分析法

引证分析是指对目标专利的引用和被引用的情况进行分析。通过研究专利之间的引用关系及规律，探求技术之间的联系和发展规律，跟踪对应于不同技术的专利网络，反映特定技术领域的生命周期，以及竞争对手之间技术相互依赖关系。分析结果呈现主要有引证表、引证树和引证地图。

2. 数据挖掘法

专利数据挖掘方法中应用最频繁的是聚类分析法，即，利用聚类技术将同一数据集中的专利，按照技术分类聚成不同的子类，以揭示该特定技术领域内各个子领域的分布情况，分析各主要竞争对手在各子领域内的专利分布情况。目前专利聚类主要是按主题进行聚类，呈现结果可以按竞争对手和时间顺序进行浏览。聚类分析的结果展示方式主要有聚类地图、结构化数据聚类和非结构化数据聚类。

第四节　文献信息可视化分析工具

一、科技文献信息可视化分析工具

随着计算机技术的发展，以计算机技术为依托的信息分析工具迅速增多，其中既有只对科技文献著录项信息进行简单统计分析的工具，如，CNKI 中国知网在检索结果中提供的"分组浏览"功能；也有提供复杂引证分析或数据挖掘的工具，如 Web of Science、HistCite、Harzing Publish or Perish、ArnetMiner、Thomson Data Analyzer、CiteSpace 等。以下仅介绍几个代表性工具。

1. CiteSpace

CiteSpace 软件是由美国德雷克塞尔大学陈超美（Chaomei Chen）博士团队开发的，专门用于分析文献资源之间关系的可视化免费软件。CiteSpace 主要用来研究和监测学科领域随着时间的变化趋势和基础知识之间的关系，用户可以通过该软件识别与可视化科学文献中科学技术研究的新动态和新趋势。软件的主要数据来源是 Web of Science，同时软件内集成了包括 CNKI、CSSCI 在内的数据格式转换程序，方便国内研究人员处理中文文献。CiteSpaee 既可用于分析科技文献，也可以用于分析专利文献，功能主要包括文献共被引分析、作者合作分析、机构合作分析、关键词共现分析、期刊共被引分析、作者共被引分析等可视化功能，为科学计量学研究提供了研究途径。

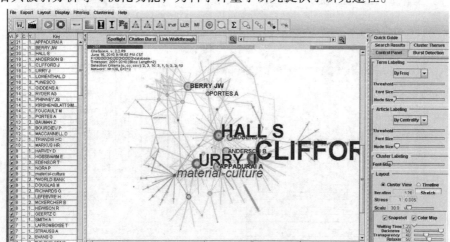

图 8.4 – 1　CiteSpace

2. Thomson Data Analyzer

Thomson Data Analyzer，简称 TDA，是美国汤森路透（Thomson Reuters）公司与 Search Technology 公司联合推出的数据挖掘和可视化分析工具，由美国 Search Technology 公司的 VantagePoint 引擎提供技术支持，具有 VantagePoint 的大部分功能。TDA 除支持德温特世界专利索引、Web of Science 和 Pubmed 等常用数据库外，还支持 MS Excel 数据的导入，不仅可以分析英文文献，也可以分析中文文献。TDA 软件提供强大的数据清洗功能保证了数据分析的准确性。和 CiteSpaee 一样，TDA 既可用于分析科技文献，也可以用于分析专利文献，在分析功能方面支持基本统计、共现分析、聚类分析，但不支持专利引文分析功能，结果显示方面可自动生成列表、矩阵、聚类图、报告等功能。

3. ArnetMiner

Arnetminer（www. arnetminer. org）是由清华大学计算机系软件研究所知识工程研究室开发的针对于科技文献领域的免费分析工具，是一个以研究者为中心的学术社会网络分析与挖掘系统。已搜集了上百万研究者信息，自动挖掘出研究者之间的师生关系、合作者关系；提供多个以研究者为中心的社会网络分析与挖掘功能，包括专家发现、专家页面自动生成、学术网络图搜索、课程搜索、热点话题发现等，如图 8.4 – 3。

图 8.4 - 2　TDA

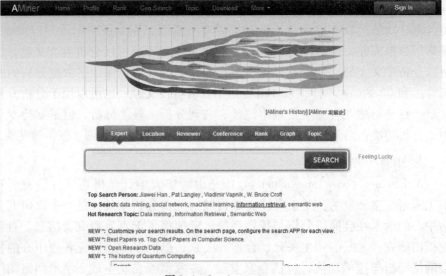

图 8.4 - 3　Arnetminer

与传统文献分析工具相比，ArnetMiner 提供了以下几个新颖功能：

（1）领域专家发现：输入领域检索词，如 data mining，系统将会返回这个领域的知名学者。同时，该领域内的顶级会议和重要文献信息也将呈献给用户。

（2）会议分析：输入会议名称，如 KDD，系统将会返回这个会议中最活跃的学者，以及重要的文献。

（3）学术排名：系统定义了 8 个指标来衡量一个学者的学术成就。用户可以限定一个领域查看排名信息，如数据挖掘领域。

（4）课程检索：输入课程的名称，如 machine learning，系统将会返回教授这门课程的学者以及课程的具体信息，如课程编号，所开设的学校等。

在信息可视化方面，ArnetMiner 结合了社会网络分析中的个人中心网络可视化概念，将一个作者的合作者以及合作信息通过拓扑图展现出来。

在作者详细信息页面中，用户可以多侧面、多维度地分析该作者的合作网络：

（1）按领域分析：用户可以选择领域信息，展示作者在不同领域的合作者；

（2）按角色分析：展示作者与合作者的角色关系，如教师 - 学生关系，普通合作关系。不同角色使用不同颜色渲染；

（3）按合作次数分析：可根据作者之间的合作强度展示相应的合作网络。

图 8.4 - 4 是 Lin Zhong 的合作网络图，在图中可以直观地看出哪些人是他的学生，谁曾经指导过他的研究以及他的普通合作者有哪些。

图 8.4 - 4　Arnetminer 学者信息页面

二、专利文献信息可视化分析工具

专利信息分析工具种类繁多，按软件形式划分，可分为在线分析工具和单机分析工具。前者如本书 5.2 节中介绍的 Thomson Innovation、Innography，以及 Orbit、TotalPatent、PatSnap、CNIPR 中外专利数据库服务平台、专利检索与服务系统、专利之星检索系统、Soopat 专利搜索系统等；后者如前面介绍的 Thomson Data Analyzer、CiteSpace，以及英国 Biowisdom 公司的 OminiViz、国家知识产权出版社 PIAS 专利信息分析系统、大为 PatentEX 专利信息创新平台、汉之光华专利情报分析系统、东方灵盾中外专利检索及战略分析平台、恒和顿 HIT－恒库专利分析软件等。

1. PIAS

PIAS 由家知识产权出版社公司开发，是对专利信息分析的要素进行定性、定量分析研究的信息分析软件。

PIAS 支持从 CNIPR 中心资源站点、国家知识产权局、美国专利商标局、欧洲专利局、日本特许厅检索、下载数据，并支持 trs 格式和 Execl 格式的专利数据导入。

在专利分析功能上，PIAS 提供 7 个分析模块，分别是：

（1）自定义分析：对任意不同专利著录要素和标引信息进行交叉组合分析。其中，条件 1、条件 2 和条件 3 均可选择包括申请年、公开年、申请人、发明人、区域、国际主分类_部、国际主分类_大类、国际主分类_小类、国际主分类_大组等九个著录要素和用户自定义的标引信息。

（2）趋势分析，包括：总体趋势分析、技术生命周期分析、增长率趋势分析。

（3）区域分析，包括：区域趋势分析、区域构成分析、区域 IPC 构成、区域申请人构成。

（4）申请人分析，包括：申请人趋势分析、申请人构成分析、申请人区域构成、申请人 IPC 构成、合作申请人分析、申请人综合比较、申请人阶段性排行榜分析。其中，"申请人构成分析"和"申请人综合比较"支持"增加约束条件"分析。

（5）IPC 分析，包括：IPC 趋势分析、IPC 构成分析、IPC 区域构成、IPC 申请人构成、IPC 发明人构成、技术关联度分析。其中，"IPC 构成分析"支持"增加约束条件"分析。

（6）发明人分析，包括：发明人趋势分析、发明人构成分析、发明人区域构成、发明人 IPC 构成、合作发明人分析。其中，"发明人构成分析"支持"增加约束条件"分析。

（7）专项分析，包括：中国专项分析、美国引证分析、聚类分析。中国专项分析包括：专利类型分析、申请类型分析、国省分布状况、代理机构分析、法律状态分析、区域专利状况、总体报表。其中，"专利类型分析"、"申请类型分析"、"国省分布状况"、"代理机构分析"支持"增加约束条件"分析。

除分析功能外，PIAS 还提供申请人管理、标引及标引管理、字段统计、IPC 查询、翻译工具、公知公用技术分析及自动生成分析报告等功能。

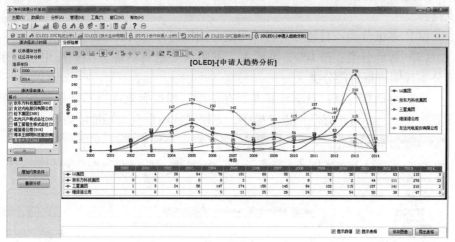

图 8.4 − 5　PIAS

2. PatentEX

PatentEX 由大为软件公司开发，数据来源于中国、美国、欧洲官方免费专利数据库，可扩展到日本、WIPO 官方免费专利数据库。

在专利分析方面，PatentEX 支持：

（1）技术生命周期分析：根据逐年专利申请件数和专利申请人（发明人）数量，生成技术生命周期分析图，直观揭示出技术发展的萌芽期、成长期、成熟期、衰退期。

（2）自定义矩阵分析：标引专利采取的技术手段与产生的功效，生成功效矩阵图，了解矩阵中的空白区、疏松区、密集区，以便于进行创新研发、规避风险、架构专利网或衍生新的专利。

（3）增长率分析：申请人、发明人、技术分类等年度申请量增减幅度分析，了解技术创新能力变化趋势。

（4）存活期分析：对行业、申请人、区域等专利法律状态、存活期进行分析，找出核心专利。

（5）引证分析：按专利的引证数量和相互引证关系生成引证图，分析技术演变过程。

（6）定量分析：对任意的专利著录项目或用户标引项目可进行简单统计分析和组合统计分析。

与同类软件相比，PatentEX 在数据管理与功效矩阵制作上具有特色，如支持：

（1）多级分类：自建分类树，用鼠标拖拉进行无限级数据分类管理。

（2）智能分类：按 IPC、申请人、发明人等进行智能分类；按用户设定的分类规则进行智能分类。

（3）存活期计算：自动计算专利存活期，根据有效性以不同颜色的条形图直观显示，并可按存活期进行排序，方便地找出最有市场价值的核心专利。

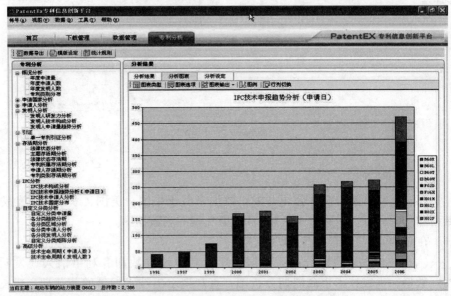

图 8.4－6　PatentEX

3. 汉之光华专利情报分析系统

汉之光华由上海汉之律师事务所、上海光华专利事务所和上海汉光知识产权数据科技有限公司组成。汉之光华专利情报分析系统包含专利信息宏观和微观分析功能，系统还可以直接链接全文，实现全文的在线浏览和下载。

在专利分析方面，汉之光华专利情报分析系统支持：

（1）宏观分析功能

① 构成分析功能，包括：区域申请人构成、区域 IPC 技术构成、区域发明人构成、申请人技术构成、申请人区域分布、申请人与发明人关系、发明人技术构成、发明人区域分布等分析功能。

② 排名分析功能，包括：申请人区域排名、申请人在 IPC 中排名、发明人区域排名、发明人在 IPC 中排名等分析功能。

③ 增长率分析，包括：区域年增长率、区域申请人年增长率、区域发明人年增长率、申请人年增长率、发明人年增长率、IPC 年增长率等分析功能。

④ 趋势分析，包括：专题总趋势、申请人趋势、发明人趋势、区域趋势、IPC 趋势等分析功能。

⑤ 人力投入分析，包括：区域技术发明人人力投入、区域技术申请人人力投入、IPC 申请人人力投入、4 IPC 发明人人力投入等分析功能。

⑥ 技术道路分析，包括：申请人技术道路、发明人技术道路、区域申请人技术道路、区域发明人技术道路等分析功能。

⑦ 中国专项分析，包括：中国区域类型、中国区域专利列表、中国申请人专利类别分析、中国区域专利类型比例、申请人类别等分析功能。

⑧ 同族专利分析。

⑨ 美国专项分析之引证率分析。

（2）微观分析功能

① 矩阵分析，包括：矩阵技术空白点、矩阵公告号、矩阵申请人分、矩阵时间序列、矩阵 IPC、矩阵区域、矩阵发明人、矩阵年增长率等分析功能。

② 技术功效分类分析，包括：技术功效分类、技术功效年度申请动态、技术功效对应的申请人动态分析功能。

③ 申请人分析，包括：申请人技术功效比例分析、年度申请动态、技术功效分析。

此外，在数据清洗整理和标引方面，汉之光华专利情报分析系统支持 IPC 修正、标引修正、结果修正、聚类修正、申请人发明人合并、申请人修正、专利日期修正、专利申请人修正、专利手工标引、专利自动标引等功能。

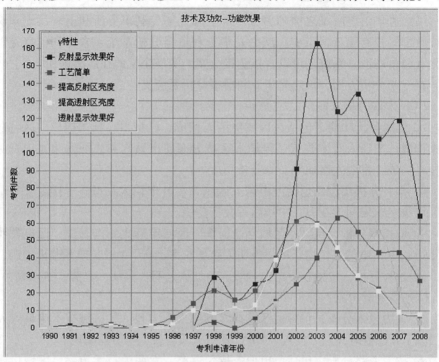

图 8.4 - 7　汉之光华专利情报分析系统

　　本书主要采用 CiteSpace 对铟镓锌氧化物科技论文和专利文献进行信息可视化分析，采用 PIAS 对 OLED 专利文献进行信息可视化分析。

第五节　文献信息可视化分析应用案例

　　本章通过三个案例展示科技文献和专利文献信息可视化分析过程。三个案例均来源于笔者参加的科研项目：① 福建省社科联研究项目"技术竞争情报支撑产业技术创新的机制与应用研究"（项目编号：2012B100）；②福建省科技厅软科学项目"福建省 OLED 新型显示产业技术发展研究——基于专利地图视角"（项目编号：2013R0066）。

　　需特别说明的是，在做某项技术/产品的科技文献/专利文献情报检索、分析前，需收集、阅读大量有关该技术/产品的资料，这些资料包括图书、学术文献（期刊论文、会议论文、学位论文）、新闻报道、产业研究报告、技术发展报告等。全面阅读这些资料不仅有利于把握技术/产品现状、挖掘检索词，也有利于后期的分析解读。

案例 1：基于 CITESPACE Ⅱ 的 IGZO 科技文献分析

一、背景介绍

平板显示产业是电子信息领域的"核心支柱产业"之一。平板显示器目前向着大尺寸、高分辨的方向发展，薄膜晶体管（TFT）作为平板显示行业的核心部件，其性能的好坏直接影响到平板产业的质量。随着液晶显示器尺寸的不断增大，现有的非晶硅薄膜晶体管迁移率很难满足，而高迁移率的金属氧化物薄膜晶体管可以更好地满足大尺寸的液晶显示器。氧化物 TFT 又称金属氧化物 TFT 或 Oxide TFT，是指半导体沟道层采用金属氧化物制备的薄膜晶体管，是目前薄膜晶体管液晶显示器（TFT LCD）的研究热点之一。其中，金属氧化物 IG-ZO（（indium gallium zinc oxide，铟镓锌氧化物）具有迁移率高、均一性好、透过率高、制作工艺简单等特征，被认为是未来显示领域制备高分辨率、大面积、柔性面板的最具潜力的材料之一，逐渐成为近几年的研究热点。

本书选取 SCIE 数据库作为数据源，检索 IGZO 相关科技论文。采用文献计量学方法，结合 CiteSpace、Excel 等分析工具，对 IGZO 相关文献进行分析。

二、数据来源及检索策略

1. 数据来源

科学引文索引（SCI）是汤森路透旗下著名的产品之一，该库选刊标准和评估程序严格，选刊原则明确，较全面地收录全世界最重要和最有影响力的科研成果。本案例选取 Web of Science 平台上的科学引文索引数据库网络扩展版（SCIE）作为数据来源。

2. 检索策略

在 Web of Science 界面使用高级检索方式，通过检索式 TS =（IGZO OR INGAZNO OR IN – GA – ZN – O OR "INDIUM GALLIUM ZINC OXIDE" OR IN – GA – ZN – OXIDE），时间跨度 = 所有年份，文献类型为"Article"，检索时间为 2013 年 1 月 10 日，排除不相关文献，共检索出 586 篇文献。

三、分析解读

1. IGZO 科技期刊论文时间分析

（1）载文量分布

　　文献数量在一定程度上能够反映一门学科领域的研究水平和发展程度，文献的数量变化能够直接反映出相应学科知识量的变化情况，因此文献数量是衡量学科发展水平的重要尺度之一。对 SCIE 数据库收录的 IGZO 论文的发表时间进行分析，如图8.5－1所示，其详细数据见表8.5－1。论文在2004－2006年间有连续产出，但是论文的数量较少，是 IGZO 发展的初期，2004年和2005年发文量只有2篇，2006年出现文献回落现象，年发文量为1篇；2007年开始，IGZO 论文数量开始显著增加；2009年开始，IGZO 论文数量开始高速增长，达到86篇，是2004年的43倍；到2012年，IGZO 论文已经达到195篇。

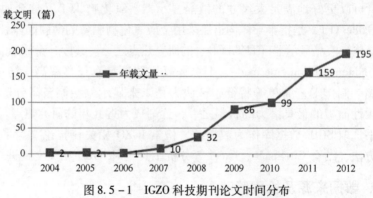

图8.5－1　IGZO 科技期刊论文时间分布

表8.5－1　GZO 科技期刊论文时间分布

时间	文献数量（篇）	所占比例（%）
2004	2	0.34
2005	2	0.34
2006	1	0.17
2007	10	1.71
2008	32	5.46
2009	86	14.68
2010	99	16.89
2011	159	27.13
2012	195	33.28

（2）生长曲线拟合

通常以文献累积量作为研究科技期刊论文的增长规律。根据 IGZO 论文累积数量的变化趋势，利用 SPSS18.0 软件将 IGZO 文献增长模型拟合为生长曲线模型（图 8.5 - 2）。得到其拟合方程为：$F（t）= exp（0.772t - 1546.679）$，$R^2 = 0.979$，表明模型拟合程度较好。$F$ 检验显著性 $p = 0.000 < 0.05$，方程具有统计学意义，说明论文增长服从指数增长。

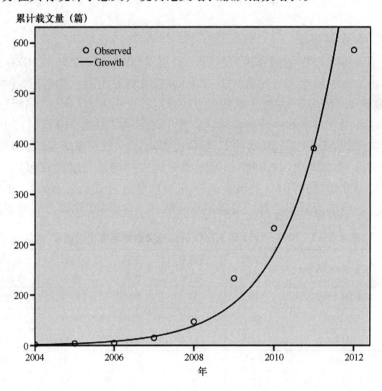

图 8.5 - 2　IGZO 科技期刊论文曲线拟合

普赖斯（D. S. Price）对各种科学指标进行了大量的统计分析，提出了科技文献增长四个阶段的理论。第一阶段：学科刚刚诞生，绝对论文数量少，增长不稳定，很难通过统计的方法求得相应的数学表达式；第二阶段：学科进入大发展时期，在此阶段，该专业理论迅速发展，论文数量急剧增加，较严格地服从指数增长；第三阶段：学科理论日趋成熟，论文数量增长减缓，演变为线性增长，仅维持固定的文献增长量；第四阶段：随着理论的完备，学科文献日趋减少，曲线逐渐平行于横坐标，或出现不规则各类振荡。

根据普赖斯科技文献增长理论，由于 IGZO 文献增长服从指数增长，并且近年来 IGZO 研究论文有增无减，且呈高速增长趋势，可以认为目前 IGZO 研究正处于第二阶段大发展时期。

2. IGZO 科技期刊论文国家和地区发展趋势分析

IGZO 科技期刊论文国家和地区的分析可以从发文量角度与中心度角度来分析。

（1）发文量角度

对第一作者所在的国家进行统计，列出了 2004 - 2012 年间 IGZO 发文量排名前十的国家和地区（见表8.5 - 2）。从发文数量上看，排名前5 的国家发表 IGZO 论文 569 篇，占总文献数的 97.09%，说明 IGZO 研究比较集中，主要分布在韩国、日本和中国台湾地区。其中韩国论文数为 310 篇，占 IGZO 领域总论文量的 52.90%；其次是日本和台湾地区，分别发表论文 86 篇和 84 篇，分别占 14.68% 和 14.34%；美国和中国大陆地区分别排在第四、第五。日本是最早开始研究 IGZO 的国家。韩国 2007 年才开始研究 IGZO，虽然起步时间较晚，但成为后起之秀，发文量跃居第一，在 IGZO 领域占有重要地位。

表8.5 - 2 2004 - 2012 年 IGZO 研究论文数排名前十的国家/地区

序号	国家/地区	论文数（篇）	领域 H 指数	被引次数	篇均被引次数	SCIE 首次收录论文年
1	SOUTH KOREA	310	24	2660	8.58	2007
2	JAPAN	86	20	3146	36.60	2004
3	TAIWAN	84	12	466	5.54	2008
4	USA	62	16	857	13.82	2007
5	PEOPLES R CHINA	27	5	66	2.44	2009
6	ENGLAND	6	3	40	6.66	2010
7	SWITZERLAND	6	2	21	3.5	2010
8	NETHERLANDS	3	0	0	0	2011
9	GREECE	2	0	3	1.5	2011
10	INDIA	2	0	0	0	2011

从被引次数上看，发文量排名第二的日本的论文被引次数和篇均被引次数分别达到 3 146 次和36.60 次，不仅远超发文数相近的台湾地区，也遥遥领

先发文数排名第一的韩国，显示出极强的研发领导力和竞争力。美国的篇均被引次数仅次于日本，为13.82。虽然韩国的发文量排名第一，但是篇均被引次数只有8.58，中国的篇均被引次数更低只有2.44。综合以上表明，日本、韩国、美国在IGZO研究领域占据主导地位。无论是从发文数量还是篇均被引次数上看，中国IGZO的研究在国际上的影响力还有待提高。

（2）中心度角度

利用CiteSpace II对IGZO科技期刊论文进行国家－突显术语共现可视化分析。具体参数设置如下：Node Types选择"Country"，Term Type选择"burst term"，分析时间为2004－2012年，"Time Scaling"值为3，阈值设置为（1，4，12）（1，4，15）（1，4，15），运行得到IGZO科技期刊论文进行国家－突显术语共现图谱（图8.5－3），以及中心度不为0的5个国家的相关信息（表8.5－3）。

表 8.5－3　2004－2012 年 IGZO 领域核心国家/地区

序号	中心度	国家/地区	合作国家数	主要合作国家（合作论文数）
1	0.63	美国	4	韩国（17）、日本（4）、英国（1）、中国（1）
2	0.47	日本	3	韩国（4）、美国（4）、台湾地区（1）
3	0.41	韩国	4	美国（17）、英国（6）、日本（4）
4	0.13	台湾地区	2	日本（1）、中国（1）
5	0.08	中国	2	台湾地区（1）、美国（1）

在研究论文国家——突显术语共现图谱中，各个国家的发文量和时间用"年轮"的大小和颜色表示出来，突现术语为前沿研究领域。每个节点代表一个国家地区，节点的大小表示该地区发文量的多少，节点外面的紫色圆圈的厚度表示该节点中心度的大小。节点之间的连线表示两个节点间的首次共现关系，其颜色代表了两个节点首次共现的年份（如共现图谱顶部的色带所示）。节点之间存在连线，表明两个节点之间存在合作关系；节点与突显术语之间存在连线，表明术语是该节点的研究前沿；节点之间通过突显术语连结，表明这两个国家之间在该研究领域有共同的研究，存在着合作或者竞争关系。CiteSpace中，节点的中心度是一个用来量化节点在网络中地位重要性的图论概念，节点的中心度越大，表明该节点对网络内其它节点互相间知识交流效率的影响越大，具有控制其他两节点之间交流与信息传递的能力越大。因此，中心度大的节点可以认为是网络中重要或者核心的节点。

从图 8.5 - 3 和表 8.5 - 3 可以看出，虽然日本发文量不是最多的国家，但日本的中心度较高，日本研究 IGZO 的时间长，其自主创新能力较强，同时掌握 IGZO 领域的关键技术。美国是因为与多个国家有合作，所以其中心度较高。2004 - 2007 年间，只有日本在进行 IGZO 的研究，所以这段时间只有日本本国内的合作，没有国家之间的合作。2007 年后，虽然韩国、台湾地区、美国、中国相继开始研究 IGZO，但是国家之间的合作较少。从 2009 年开始，国家之间的合作逐渐增多，其中，美国同日本、韩国、中国等都有合作。

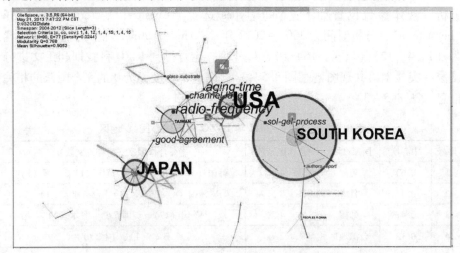

图 8.5 - 3　IGZO 研究论文国家 - 突显术语共现图谱

3. IGZO 科技期刊论文机构分析

同国家与地区的发展趋势分析，IGZO 领域机构的分析也可以从发文量角度与中心度角度来分析。

（1）发文量角度

对 2004 年至 2012 年发表 IGZO 研究论文排名前十的机构进行分析（见表 8.5 - 4），居于首位的三星以 72 篇文献领先于其他机构。三星包括三星尖端技术研究所、三星 SDI 有限公司、三星电子有限公司等一系列子公司，所以其发文量较大。排在第二位的是东京工业大学，发表论文数 48 篇，所发论文大都为高被引论文，被引次数高达 2804 次，篇均被引次数 58.42，在排名前十机构中最高，遥遥领先于其他机构，表明了其在 IGZO 领域占据领先优势以及强劲的科研领导力。此外，排名前十的机构共发文 421 篇，发文量占论文总数的 71.84%，充分说明了 IGZO 领域已形成较为稳定的核心研究机构，包括三星、东京工业大学、国立交通大学、延世大学、国立中山大学、韩国电子通信研究院等。

表 8.5 – 4　2004 – 2012 年 IGZO 研究论文数排名前十的机构

排序	机构	国家/地区	论文数（篇）	领域 H 指数	被引次数	篇均被引次数	所占比例（%）	SCIE 首次收录论文年
1	三星	韩国	72	16	1334	18.53	12.287	2007
2	东京工业大学	日本	48	17	2804	58.42	8.191	2004
3	国立交通大学	台湾地区	46	9	223	4.85	7.85	2009
4	首尔大学	韩国	45	8	198	4.40	7.679	2007
5	延世大学	韩国	44	10	336	7.64	7.509	2007
6	韩国国民大学	韩国	36	6	155	4.31	6.143	2008
7	韩国电子通信研究院	韩国	35	9	210	6	5.973	2008
8	韩国庆熙大学	韩国	33	7	123	3.73	5.631	2009
9	成均馆大学	韩国	32	5	68	2.13	5.461	2009
10	国立中山大学	台湾地区	30	8	207	6.9	5.119	2010

前十位的机构中，韩国有 7 个，台湾地区 2 个，日本 1 个，表明韩国在 IGZO 的研究中的优势地位。在前十位的机构中，高校有 8 个，企业 1 个，研究院 1 个，由此可以推断，目前，铟镓锌氧化物仍处于基础研究阶段，高校是研究主力军，离商业化应用还有一段距离。

（2）中心度角度

利用 CiteSpace 对 IGZO 科技期刊论文进行机构——突显术语共现可视化分析，具体参数设置如下：Node Types 选择"institution"，Term Type 选择"burst term"，分析时间为 2004 – 2012 年，"Time Scaling"值为 3，阈值设置为（1，3，6），（1，3，6），（1，3，7），运行得到 IGZO 科技期刊论文进行机构合作图谱（图 8.5 – 4）。

在机构合作图谱中，中心度高的节点表现为：一、该节点处于众多研究机构合作网络路径上；二、该节点处于学科前沿领域交流的网络路径上。因此，中心度高的机构在国际合作或者学科前沿领域的合作交流中较为活跃，处于重要地位。

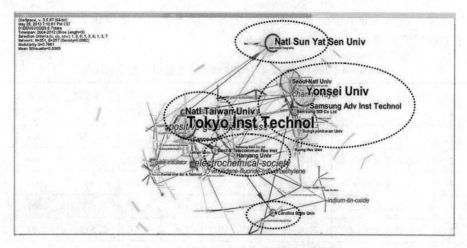

图 8.5 - 4　IGZO 研究论文机构合作图谱

表 8.5 - 5　2004 - 2012 年 IGZO 领域中心度排名前五的机构

序号	中心度	机构	合作机构数	主要合作伙伴
1	0.37	东京工业大学	24	佳能、日本龙谷大学、日本电气股份有限公司、NEC LCD、山梨大学
2	0.29	延世大学	22	LG 显示、首尔大学、昌原大学、三星电子有限公司、三星 SDI 有限公司
3	0.18	三星尖端技术研究所	30	三星 SDI 有限公司、三星电子有限公司、首尔大学、国民大学、延世大学
4	0.16	国立交通大学	18	国立中山大学、国立成功大学、台湾工业技术研究院、国立清华大学
5	0.14	首尔大学	29	LG 显示、中央大学、仁荷大学、三星电子有限公司、国民大学、延世大学

　　结合图 8.5 - 4 和表 8.5 - 5 整体来看，机构之间的合作还是以本国机构之间合作为主，大体上分为日本、韩国和中国台湾地区三个区域。东京工业大学中心度最高，东京工业大学是最早进行 IGZO 研究的机构，其在 IGZO 研究领域十分活跃，从图中可以看出，它和佳能之间的合作最多。2005 年，佳能与东京工业大学签定产学合作协议，与东京工业大学进行联合研究。此外，与东京工业大学合作的机构还有龙谷大学、日本电气股份有限公司、NEC LCD

等，可以看出，东京工业大学与企业合作较多，注重产学研合作。此外，可以看出，东京工业大学与国立台湾大学之间的合作也较为密切。

三星尖端技术研究所（Samsung Advanced Institute of Technology，SAIT），是三星的研发部门，它的中心度为 0.18。三星尖端技术研究所主要合作对象有三星 SDI 有限公司、三星电子有限公司、三星移动显示器有限公司等三星集团下属子公司，以及延世大学、首尔大学、国民大学等大学研究机构。2007 年三星才开始 IGZO 的研究，虽然三星进入 IGZO 领域时间较晚，但三星公司凭借其强大的研发能力，在自主研究的同时，积极与韩国高校进行合作研发。此外，中心度较高的还有延世大学、首尔大学。延世大学和首尔大学是韩国著名的高校，它们不仅同国民大学、仁荷大学等韩国高校进行合作研究，也积极同 LG 显示、三星电子有限公司等企业合作，共同推动 IGZO 技术的发展，使韩国在 IGZO 研究领域占有一定优势地位。

国立中山大学和国立交通大学、国立成功大学、台湾工业技术研究院等合作，促进台湾地区 IGZO 研究的发展。

4. IGZO 科技期刊论文作者分析

研究者是推动学科发展的力量。探讨作者的著述规律及其数量关系，可以发现和预测研究论文数量的增长和内容的分布及发展动向；从文献计量的角度出发也可预测科学家数量的增长和科学发展的规模及趋势等。本案例从核心作者和作者合作团体两个角度对国内 IGZO 研究文献的作者分布情况进行分析。

（1）高产和高被引作者分析

某个学术领域的奠基人或者是这个领域发展过程中贡献很大的作者通常是高频次的被引作者。高频次被引作者对该领域的贡献必然决定着该领域的发展。通过统计每篇文献的所有作者，表 8.5 - 6 列出了发表论文数大于 20 篇的 13 位高产作者的相关信息，表 8.5 - 7 列出了论文被引次数排名前十的高被引作者相关信息（因为 SCI 引文格式的限制，本书只统计被引用文献的第一作者）。

表 8.5 - 6 IGZO 领域高产作者分布分布

排序	作者	国家/地区	作者单位	发文量
1	*KenjiNomura*	日本	东京工业大学	46
2	*HideoHosono*	日本	东京工业大学	46
3	*ToshioKamiya*	日本	东京工业大学	46
4	Dae Hwan Kim	韩国	国民大学	35

排序	作者	国家/地区	作者单位	发文量
5	*JaeKyeongJeong*	韩国	三星SDI有限公司	31
6	ChiSun Hwang	韩国	韩国电子通信研究院	29
7	TingChang Chang	台湾地区	国立中山大学	28
8	*JinSeongPark*	韩国	檀国大学	27
9	Dong Myong Kim	韩国	国民大学	27
10	YeonGon Mo	韩国	三星移动显示器公司	25
11	Hyun Jae Kim	韩国	延世大学	21
12	SangHee Ko Park	韩国	韩国电子通信研究院	20
13	Jin Jang	韩国	韩国庆熙大学	20

表8.5-7　IGZO领域高被引高产作者分布

排序	作者	国家/地区	作者单位	被引次数	被引文献首现年
1	Nomura K	日本	东京工业大学	491	2003
2	Jeong JK	韩国	三星SDI有限公司	202	2007
3	Park JS	韩国	檀国大学	178	2007
4	Yabuta H	日本	大阪大学	177	2006
5	Suresh A	韩国	三星SDI有限公司	143	2007
6	Hosono H	日本	东京工业大学	143	2004
7	Kamiya T	日本	东京工业大学	132	2008
8	Fortunato EMC	葡萄牙	新里斯本新大学	101	2005
9	CHIANG HQ	美国	俄勒冈州立大学	92	2004
10	Barquinha P	葡萄牙	新里斯本新大学	91	2006

　　表8.5-6中加粗斜体的作者表示同时在表8.5-6和表8.5-7中出现，既是高产作者也是高被引作者，是IGZO领域的核心作者，他们是：Kenji Nomura、Hideo Hosono、Toshio Kamiya、Jae Kyeong Jeong与JinSeong Park。

　　从表8.5-6可以看出，发表论文最多是东京工业大学的Kenji Nomura、

Hideo Hosono 和 Toshio Kamiya，发表论文均为 46 篇，同时 Kenji Nomura 也是被引用次数最多的作者，被引用次数为 491 次。Kenji Nomura、Hideo Hosono 和 Toshio Kamiya 是 IGZO 领域的先驱，在 IGZO 的研究上做出了巨大的贡献，他们在 IGZO 领域的学术影响力很大。三星 SDI 有限公司的 Jae Kyeong Jeong 发文量 31 篇，排在第五，被引次数 202，排在第二，说明其发表了许多高质量的论文。

对国内而言，武汉大学物理科学与技术学院的赵兴中教授（Zhao，XZ）和方国家教授（Fang，GJ）教授均发文 5 篇，上海大学新型显示技术及应用集成教育部重点实验室的张建华（Zhang，JH）教授发文 5 篇，并列成为我国发文量最高的作者。

（2）合作团体分析

经过统计，2004 – 2012 年间，IGZO 发表的 586 篇论文，共有 1 275 位作者，人均发文量 0.46 篇，合作度为 2.18 人/篇，表明 IGZO 研究以合作研究为主，且合作现象非常广泛，说明 IGZO 是个需集体智慧与力量的研究领域。科学合作是一种科学活动，研究者通过协同互助的科学合作实现各自的科研目标或者产生新的科学知识。通过分析作者合作团体，可以更好地理解和把握 IGZO 的研究状态。

CiteSpace 具有突现词（burst term）检测功能，通过考察术语频次的时间分布，将其中词频变化率高的词从大量的术语中检测出来，不仅仅是依靠频次的高低，同时依靠频次的变动趋势，来确定某领域研究的前沿演进过程。利用 CiteSpace 对 IGZO 科技期刊论文进行作者——突显术语共现的可视化分析。具体参数设置如下：Node Types 选择 "author"，Term Type 选择 "burst term"，分析时间为 2004 – 2012 年，"Time Scaling" 值为 3，阈值设置为（1，3，5），（7，8，5），（7，9，5），运行得到 IGZO 科技期刊论文作者合作图谱（图 8.5 – 5）。图中，每一个节点代表一个作者，节点大小表示该作者的发文量，节点与突显术语之间的连线表示突显术语是该作者的研究前沿，节点之间的连线表示作者之间存在合作关系，节点通过突显术语连结，表示作者在该领域有合作关系或者竞争关系。

根据 CiteSpace 自动聚类以及节点信息，将 IGZO 研究领域作者划分为不同的作者团体，并统计出各个团体的主要成员、主要突显术语及其所属机构（表 8.5 – 8）。

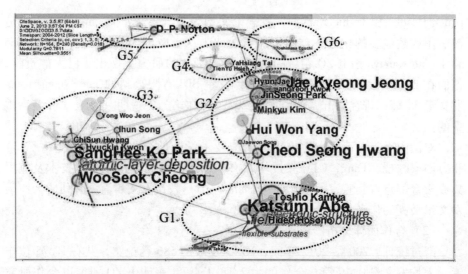

图 8.5 - 5　IGZO 科技期刊论文作者合作图谱

表 8.5 - 8　IGZO 领域主要合作团体

团体序号	主要成员（中心度）	主要突显术语	主要机构
G1	Katsumi Abe（0.39）、Toshio Kamiya（0.23）、Hideo Hosono（0.22）、Kenji Nomura（0.09）、Hideya Kumomi（0.04）、Hisato Yabuta（0.03）、Masahiro Hirano（0.02）Akihiro Takagi	flexible substrates（柔性基板）、field effect mobilities（场效应迁移率）、electronic structure（电子结构）	东京工业大学
G2	Jeong Jae Kyeong（0.34）、Cheol Seong Hwang（0.36）、JaeWon Song（0.12）、Jin - Seong Park（0.22）、JangYeon Kwon（0.17）、Min - Kyu Kim（0.02）	sol gel process（溶胶 - 凝胶法）、gate insulator（栅极绝缘层）、visible range（可见光区）	三星尖端技术研究所/三星SDI/三星移动显示器有限公司/延世大学/首尔大学
G3	Sang - hee Ko Park（0.36）、Chisun Hwang（0.19）、Woo - Seok Cheong（0.35）、Hyuck - In Kwon（0.2）、In - Tak Cho（0.1）、Yong Woo Jeon、Ihun Song、Dae Hwan Kim、Sungchul Kim	etching process（刻蚀过程）、atomic layer deposition（原子层沉积）、ionized physical vapor deposition（离子化物理气相淀积）	韩国电子通信研究院（ETRI）/国民大学

续表

团体序号	主要成员（中心度）	主要突显术语	主要机构
G4	Ya – Hsiang Tai（0.15）、Tien – Yu Hsieh（0.14）、ShengYao Huang、Yu – Chun Chen	positive gate bias stress（正栅压应力）	国立中山大学/国立交通大学
G5	D. P. Norton（0.24）、Pearton, S. J（0.02）、Fan Ren	pulsed laser deposition（脉冲激光沉积）、rf magnetron sputtering（射频磁控溅射）、ionized physical vapor deposition（离子化物理气相淀积）	佛罗里达大学
G7	Toshimasa Eguchi、Mitsuru Nakata、Setsuo Kaneko	excimer – laser（准分子激光退火）、plastic – substrates（塑料衬底）	新一代移动显示材料技术研究协会（TRADINEC LCD）

结合图 8.5–5 和表 8.5–8 信息可以得到，IGZO 领域已经初步形成几个规模不同并且相对稳定的作者合作团体。

G1 团体为东京工业大学，主要人物是 Hideo Hosono、Kenji Nomura、Katsumi Abe 等，研究前沿是柔性基板、场效应迁移率、电子结构等。Hideo Hosono 教授在东京工业大学建立了 TAOS（Transparent Amorphous Oxide Semiconductors，透明非晶系氧化物半导体）研究团队，IGZO 是 TAOA 其中的一种。由 Hideo Hosono 教授带领的研究团队在 IGZO 领域的研究领先全球，其发表的论文得到其他研究者的大量引用，成为 IGZO 研究领域的最重要团体。

G2、G3 是韩国的两个研究团体。G2 团体是由三星尖端技术研究所、三星 SDI 有限公司、三星移动显示器有限公司等三星团队和延世大、首尔大学组成的团体。团体中主要人物有 Jeong Jae Kyeong、Jin – Seong Park、JangYeon Kwon，他们均来自三星的研发部门——三星尖端技术研究所（SAIT），Cheol Seong Hwang 来自首尔大学。他们的研究前沿是溶胶 – 凝胶法 Sol Gel Process（制备 IGZO TFT）、Gate Insulator（栅极绝缘层）、Visible Range 可见光区。G3 团体是韩国电子通信研究院（ETRI）和国民大学。主要人物是 Sang – hee Ko Park、Woo – Seok Cheong、Yong Woo Jeon、Ihun Song、Dae Hwan Kim。他们的研究前沿是 Etching Process（刻蚀过程）、Atomic Layer Deposition（原子层沉积)、Ionized Physical Vapor Deposition（离子化物理气相淀积）等薄膜制作工业，以及在平板显示领域应用的研究。韩国的几个主要团体间，在相同的研究领域上有大量合作。其中，三星同各个高校的合作最多。

G4 团体是来自中国台湾地区的国立中山大学大学和国立交通大学。主要成员是 Ya – Hsiang Tai、Tien – Yu Hsieh。他们的主要研究前沿是进行 Positive Gate Bias Stress（正栅压应力）等条件下 IGZO TFT 的可靠性研究。

G5 团体是来自美国的佛罗里达大学，主要成员有 D. P. Norton，Pearton，S. J，Fan Ren。他们的研究前沿是 Pulsed Laser Deposition（脉冲激光沉积）、RFMagnetron Sputtering（射频磁控溅射）、Ionized Physical Vapor Deposition（离子化物理气相淀积）等薄膜制作方法，同韩国 G3 团体有相同研究领域，且同 G3 团体国民大学有较为密切的合作。

G6 团体是来自日本的新一代移动显示材料技术研究协会（Technology Research Association for Advanced Display Materials，TRADIM）。主要成员有 Toshimasa Eguchi、Mitsuru Nakata、Setsuo Kaneko。他们的主要研究领域是研究激光退火等工艺、有源层厚度等对 IGZO TFT 性能的影响。

目前，我国大陆地区研究 IGZO 的单位已逐渐增多，也行成了初具规模的研究团体，如上海大学的张建华团队，武汉大学的赵兴中、方国家团队。部分高校还成立了新型显示技术相关的研究组或实验室，比如上海大学的新型显示技术及应用集成教育部重点实验室等，主要进行新型显示的材料、封装技术、薄膜工艺等研究。

5. IGZO 科技期刊论文期刊分析

研究和评价期刊的质量，对于科学地确认核心期刊的范围，建立收藏单位基本的核心馆藏，获得高密度的情报源，有选择的阅读本专业核心文献，特别是对学术评价、科研管理等各项过程来说，都有着重要的实际指导作用。

分析 SCIE 收录的 IGZO 科技期刊论文显示，2004 – 2012 年间，共有 586 篇 IGZO 研究论文刊载在 40 种期刊上，载文量排名前十的期刊分布情况如表 8.5 – 9 所示。

表 8.5 – 9　IGZO 领域高载文期刊分布

排序	期刊名称	出版地	载文量
1	*AppliedPhysicsLetters*	美国	114
2	*IEEEElectronDeviceLetters*	美国	81
3	*ThinSolidFilms*	美国	41
4	Japanese Journal of Applied Physics	日本	39
5	IEEE Transactions on Electron Devices	美国	31
6	Electrochemical and Solid State Letters	美国	29
7	Journal of The Korean Physical Society	韩国	29
8	Journal of The Society for Information Display	美国	18
9	Journal of Applied Physics	美国	13
10	Journal of The Electrochemical Society	美国	13
11	Solid State Electronics	英国	10

　　核心期刊可以通过布拉德福定律确定。根据布拉德福定律，将发表 IGZO 领域论文的相关期刊按载文量的多少，以递减顺序排序，分为核心区、相关区和非相关区，其结果列于表 8.5 – 10 中。其中，各区的论文数大体相等，且各区的期刊数基本上成等比数列 2:8:30 ≈ 1:3:32，公比近似等于 3。按照布拉德福定律，统计出 IGZO 领域核心期刊 3 种：Applied Physics Letters、IEEE Electron Device Letters、Thin Solid Films。

表 8.5 – 10　IGZO 期刊布拉德福分区表

分区	载文数	期刊数	论文数
核心区	≥80	2	195
相关区	13 – 80	8	213
非相关区	≤12	30	180

　　根据引文法，期刊在某领域内的被引频次越高，其在该领域的重要性就越突出。因此，通过 CiteSpace Cite – Journal 分析，发现 2004 – 2012 年间发表的 IGZO 研究论文共引证了 152 种期刊，在表 8.5 – 11 中列出了排名前十的期刊，其 IF、EF 数据来自 2012 年的 JCR 报告，表中粗体部分为同时在表 8.5 –

9 中出现的期刊。选取被引次数大于 250 的 6 种期刊为 IGZO 领域的重要期刊，发现通过布拉德福定律确认的 3 种核心期刊（但排序不同）都包含在这 6 种期刊内，并增加了 Nature、Journal of Applied Physics 和 Japanese Journal of Applied Physics 三种。

由表 8.5 – 9 和表 8.5 – 11 可以看出，IGZO 领域期刊主要分布于物理学科、材料科学、半导体材料、薄膜材料等领域。Applied Physics Letters 无论是在载文量还是在被引次数上都领先于其他期刊，是 IGZO 研究领域的重点核心期刊。

表 8.5 – 11 高被引期刊分布

排序	期刊名	被引次数	IF	5 年期 IF	EF
1	**APPLPHYSLETT**	680	3.844	3.787	0.67541
2	NATURE	513	36.28	36.235	1.65658
3	**THINSOLIDFILMS**	379	1.89	2.014	0.0864
4	**JAPPLPHYS**	361	2.147	2.321	0.01725
5	**JPNJAPPLPHYS**	357	1.058	1.036	0.05875
6	**IEEEELECTRDEVICEL**	299	2.849	2.705	0.04116
7	**IEEETELECTRONDEV**	237	2.318	2.476	0.04011
8	J NON – CRYST SOLIDS	227	1.537	1.51	0.03187
9	ADV MATER	193	0.926	0.938	0.00199
10	**JELECTROCHEMSOC**	191	2.59	2.793	0.073
11	**ELECTROCHEMSOLIDST**	186	1.995	2.212	0.0261
12	PHYS REV B	166	3.691	3.405	0.7561
13	SCIENCE	143	31.201	32.452	1.41282

6. IGZO 科技期刊论文研究热点分析

关键词在一篇文章中所占的篇幅虽然很小，但却是文章主题的高度概括和凝练，是文章内容的核心与精髓。共词分析是利用文本知识单元共现的特点，判断学科领域中主题之间存在的联系，展现出该学科的研究结构，进而发现学科的研究热点，共词分析通常以可视化图谱表现出来。因此本论文选择对文献的关键词进行分析，通过对关键词词频统计分析和可视化分析，确定 IGZO 领域的研究热点问题。运行 CiteSpace 软件，Node Types 选择 "keyword"，Term Type 选择 "Burst Term"，分析时间为 2004 – 2012 年，"Time Scaling" 值为 3，阈值设置为 (1, 3, 5)、(5, 8, 20)、(5, 8, 20)，通过对 IGZO 论文的关键词进行聚类分析，得到 IGZO 研究热点图谱（图 8.5 - 6）。图中每个节点代表一个关键词，节点的大小与关键词的出现的词频成比例，节点之间的连线表示两个关键词之间存在共现现象，连线的颜色表示关键词共现的时间。经过整理，将具有相同意义的关键词合并，如 IGZO 和"Indium Gallium Zinc Oxide"，Semiconductor 和 Semiconductors 等，按照关键词词频进行降序排列，得到高频关键词表（表 8.5 - 12）。

表 8.5 - 12　IGZO 高频关键词表

序号	关键词	词频	序号	关键词	词频
1	Thin Film Transistor（薄膜晶体管）	384	14	Stability（稳定性）	26
2	Amorphous Oxide Semiconductor（非晶氧化物半导体）	290	15	Performance（性能）	26
3	Igzo（IGZO）	240	16	Transport（输运性）	24
4	Room Temperature（室温）	121	17	Electrical Properties（电子性能）	23
5	Transparent（透明）	71	18	Zinc Oxide（氧化锌）	22
6	Mobility/High Mobility（迁移率）	53	19	Silicon（硅）	22
7	Channel Layer（沟道层）	52	20	Semiconductor Thin Films（半导体薄膜）	21
8	Carrier（载流子）	43	21	Density Of States（Dos）态密度）	18
9	Sputter Deposition（溅射沉积）	38	22	Optical Properties（光学性质）	16
10	Fabrication（制备）	36	23	Flexible（柔性）	14
11	Oxide（氧化物）	30	24	Display（显示）	13
12	Field Effect Transistor（场效应晶体管）	29	25	Amoled（有源矩阵有机发光二极体面板）	13
13	Electronic Structure（电子结构）	28	26	Annealing（退火）	12

结合图 8.5 - 6 和表 8.5 - 12，可以得出 IGZO 的几个研究热点：

第一个研究热点是液晶显示领域。从表 8.5 - 12 可以看出，出现频次最高的关键词是 Thin Film Transistor（薄膜晶体管），频次为 384，排在第二位的是 Amorphous Oxide Semiconductor（非晶氧化物半导体），词频为 290。IGZO 是一种半导体材料，目前研究最多的就是使用 IGZO 半导体材料制成平板显示中控制像素的 TFT 技术，即 IGZO TFT 背板技术。关键词 Transparent（透明）排在第五，词频为 71，结合 Flexible（柔性）、Amoled（有源矩阵有机发光二极体面板）等关键词，可以看出 IGZO TFT 因为拥有高迁移率、对可见光不敏

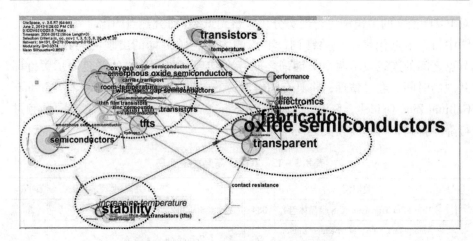

图 8.5 – 6　IGZO 研究热点可视化图谱

感、高电流开关比、可制作柔性显示产品和生产成本低等技术优势，被应用于 OLED、AMOLED 等显示屏，具有巨大的应用价值。Hajime Yamaguchi 等人开发了基于 IGZO TFT 的 11.7 寸柔性 AMOLED 显示屏。

　　第二个研究热点是 IGZO 薄膜的制备工艺。关键词 Sputter Deposition（溅射沉积）是由 RF Sputter（射频溅射）、DC Magnetron Sputtering（直流磁控溅射）、Atomic Layer Deposition（原子层沉积）等关键词合并，表明采取不同制备工艺，提高 IGZO 薄膜性能是 IGZO 研究中值得关注的热点领域。结合关键词 Annealing（退火）、Fabrication（制备）Room Temperature（室温）等，可以看出研究人员通过采用不同的薄膜制备技术、改善沉积条件及退火温度等方式，改进 IGZO 薄膜的成膜工艺，同时也相应对 IGZO TFT 各层薄膜材料与结构进行了改进。

　　第三个研究热点是 IGZO TFT 稳定性研究。关键词 Stability（稳定性）出现 26 词，但中心度较高，表明 IGZO TFT 稳定性是 IGZO 的一个研究热点。IGZO TFT 在空气中不稳定，如何提高 IGZO TFT 的稳定性，是研究者的主要研究方向。三星尖端科技研究所分别在干燥空气、潮湿空气和氮气环境中对 IGZO TFT 制作的显示面板进行稳定性测试。Munzenrieder 等通过增加保护膜的方式提高 IGZO TFT 稳定性。

　　此外，沟道层（Channel Layer）的研究、IGZO 光照稳定性（Optical Properties）、增大 IGZO TFT 场效应迁移率（Mobility/High Mobility）等也是 IGZO 研究人员关注的热点研究方向。

案例 2：基于 CITESSPACE Ⅱ 的 IGZO 专利文献分析

一、背景介绍

本节内容是案例 1. IGZO 科技文献分析的延续，主要针对 IGZO 专利进行分析。采用专利计量分析方法，结合 CiteSpace 等分析工具，对 IGZO 专利文献的优先权年、技术生命周期、优先权国、申请人（机构）、德温特手工代码、关键词等进行分析，把握 IGZO 专利的竞争态势。

二、数据来源及检索策略

1. 数据来源

本案例选择德温特创新索引（Derwent Innovation Index，简称 DII）数据库作为 IGZO 专利计量研究的数据来源。

2. 检索策略

在德温特索引数据库中，通过检索式 TS ＝（IGZO OR INGAZNO OR IN－GA－ZN－O）OR（TS ＝（（INDIUM－GALLIUM－ZINC）OR IN－GA－ZN）AND TS ＝（OEYGEN OR OXIDE）），时间跨度＝所有年份进行检索，排除不相关专利，共检索出专利 233 件，数据下载时间为 2012 年 10 月 30 日。

需要注意的是，由于申请日期和专利公告日期之间具有时间滞后性以及德温特数据库中的检索时间为德温特入库时间，2011 年、2012 年数据不全，不做分析用，仅供参考。

三、分析解读

1. IGZO 专利优先权年分析

专利优先权年分布用柱状图表示，横坐标表示申请年，纵坐标表示专利申请量。通过专利优先权年分布，可以判断该项技术的发展趋势。通过分析采集到的德温特数据库 IGZO 专利，统计了 2005—2012 年间的 IGZO 专利申请量的基本情况（如图 8.5－7）。其中，每条记录的申请日以字段 AD（申请详细信息和日期）中最早的申请日进行统计。

图 8.5 - 7　IGZO 专利申请量的年度分布状况（2005 - 2012）

表 8.5 - 13　IGZO 专利优先权年分布

时间	专利数量（件）	所占比例（%）
2005	10	4. 29%
2006	10	4. 29%
2007	16	6. 87%
2008	33	14. 16%
2009	46	19. 74%
2010	77	33. 05%
2011	39	16. 74%
2012	2	0. 86%

　　由图 8.5 - 1 可以看出，在 2005—2010 年间，IGZO 的专利申请量呈快速增长的趋势。2005 年时，只有 10 项 IGZO 专利申请；从 2008 年开始，IGZO 专利数量开始增多，呈现快速成长期，保持着较为稳定的增长速，专利申请量达到 33 项，是 2005 年申请量的 3 倍；2010 年时，已有 77 项专利，是 2005 年申请量的近 8 倍。IGZO 专利申请量发展变化的趋势，反映了 IGZO 技术正处于快速发展阶段，是一项不断发展的技术，正在受到世界各国相关研究人员和机构的关注。

　　2. IGZO 专利技术生命周期分析

　　通过分析采集到的德温特数据库 IGZO 专利，利用专利申请量与专利申请人随时间的推移而变化的数据绘制 IGZO 专利技术生命周期图（见图 8.5 - 8，其中 2011 年、2012 年因为数据不全，不作统计分析）。专利申请量反映了技术开发活动程度，专利申请人数反映了该技术领域参与技术竞争的企业和个人。通过了解他们之间的相互关系，可以推断技术的生命周期，从而指导企业技术投入与开发策略。

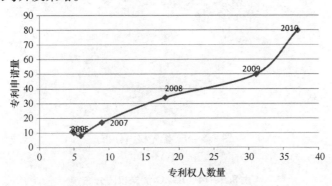

图 8.5 – 8　IGZO 专利技术生命周期图

新兴技术在被市场接受的过程中，都会存在特定的生命周期，能经历起步期、发展期、成熟期、下降期、复苏期等几个阶段。在技术起步初期，专利数和专利申请人数均较少；随后随着技术的发展，和人们对技术理解的深入，专利数量大幅上升，申请人数量也迅速增加，技术进入发展期；技术进入成熟期以后，专利数量将持续增长，但申请人数量则相对保持稳定，而且专利申请多为改进型专利；之后，经过市场和技术的淘汰，专利申请数量和申请人数量都将有所下降，申请的专利多为在已知技术上的小幅度改进，进展不大，技术进入下降期；如果之后专利申请量和申请人数量又有大幅增加，则说明技术进入复苏期，企业又找到了新的技术空白点，向新的技术方向发展。

通过对 IGZO 技术的生命周期图观察，2005 年—2007 年间，IGZO 技术处于第一阶段萌芽期，从 2008 年开始，IGZO 技术开始明显进入发展期，专利权人数量和专利数量大幅增长，目前 IGZO 依然处于技术发展期，这一趋势也与专利年度走势相吻合，进一步证实了 IGZO 越来越受关注。

3. IGZO 专利优先权国分析

一般来说，专利申请人首先在其所在国申请专利，然后在一年内利用优先权申请国外专利。因此，对专利的优先权国分布情况的分析，便于我们总体上掌握全球 IGZO 技术分布以及各个国家在该领域的专利产出情况及技术实力。

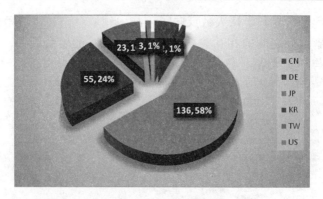

图 8.5 – 9　优先权国分布

表 8.5 – 14　IGZO 优先权国分布

序号	优先权国/地区	专利数（件）	所占比例
1	日本	136	58.37%
2	韩国	55	23.61%
3	台湾地区	23	9.87%
4	中国	14	6.01%
5	美国	3	1.29%
6	德国	2	0.86%

　　从图 8.5 – 9 可以看出，IGZO 专利申请地区较为集中，主要集中在日本、韩国、中国台湾地区以及中国。日本以专利申请量 136 项，占总申请量 58.37% 位居榜首。韩国以专利申请量 55 项，占总申请量 23.61% 稳居全球第二。日韩属于技术研发型国家，IGZO TFT 的主要生产厂商和研发机构都集中在这里，因此，在这些国家的专利申请量很大。中国台湾地区以专利申请量 23，占总申请量 9.87% 排名第三。通过对 IGZO 专利优先权国分布分析，可以看出日本、韩国和中国台湾地区在 IGZO 技术领域的研发实力较强，是该领域的主要研发力量。

　　4. IGZO 专利权人分析

　　专利权人是指专利权的所有人及持有人的统称。通过分析某一领域的专利权人，可以找到该技术领域的领导者和竞争对手，企业可以通过分析结果，结合自身情况制定相应发展战略，还可以技术领域寻找合作伙伴。

通过对 DII 数据库收录 IGZO 专利权人机构进行分析，得到排名前 10 的申请人和所有的中国申请人（见表 8.5 – 15）以及主要专利权人年度申请分布情况（见图 8.5 – 10）。日本半导体能源研究所是拥有 IGZO 专利最多的机构，专利数量达到 38 件。从机构所属国家来看，排名前十位的都是日本、韩国和中国台湾地区。日本的机构有 7 个，日本的研发机构主要有富士、夏普、佳能、住友电工、出光兴产等。其中，夏普于 2012 年 4 月实现 IGZO TFT 的量产，成为全球首家实现 IGZO TFT 面板量产的公司。韩国的主要研发机构为 LG 显示，申请量为 27 件，排名第二。中国台湾地区的研发机构为友达光电和元太科技。中国大陆地区 IGZO 的主要申请人有北京工业大学、复旦大学和上海大学等高校。

表 8.5 – 15　IGZO 申请人情况

序号	申请人	申请量	国家/地区	序号	申请人	申请量	国家/地区
1	半导体能源研究所	38	日本	8	日本出光兴产	7	日本
2	韩国 LG 显示	27	韩国	9	大日本油墨有限公司	7	日本
3	日本富士	24	日本	10	台湾元太科技	5	台湾地区
4	台湾友达光电	19	台湾地区	11	北京工业大学	4	中国
5	日本夏普	11	日本	12	复旦大学	1	中国
6	日本佳能	10	日本	13	上海大学	1	中国
7	日本住友电工	8	日本	14	西安交通大学	1	中国

备注：选取专利申请量排名前 10 的申请人和所有的中国申请人

从图 8.5 – 10 可以看出，半导体能源研究所（Semiconductor Energy Laboratory）和 LG 是最早申请专利的机构。半导体能源研究所和 LG 在 2005 年 – 2011 年期间都有申请专利，半导体能源研究所专利申请量主要集中在 2005 – 2009 年，2010 年以后，专利申请数量逐渐减少；2006 年开始，LG 的专利申请量逐渐增加，主要集中在 2010，发展势头迅猛。友达光电和夏普分别于 2009 年和 2010 开始在 IGZO 领域申请专利，并且专利申请数量逐年增加。总体来看，IGZO 技术发展很快，LG、友达等厂商发展势头迅猛。

从表 8.5 – 15 申请人机构情况还可以看出，国外 IGZO 相关技术专利申请的申请人大多是公司企业，而国内的主要申请人大都是高校，这是因为 IGZO 属于前沿技术，高校及科研院所能够广泛的接触到国际先进技术的研发动向，

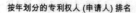

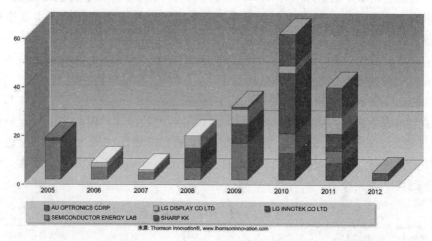

图 8.5 - 10　主要专利权人年度申请分布情况

从而使得该技术的研发与国际接轨，因此，这些机构成为我国 IGZO 领域的主要研发团队。另一方面也说明，国内产业界尚未介入 IGZO 技术的研发，整体落后于日、韩和台湾地区。

5. IGZO 专利核心专利分析

如果一项专利被后续的多项专利所引用，则表明该项专利所涉及的是重大的、关键性的、原创性的技术。而专利共被引反映的是专利之间相互引用关系，通过图谱可以形象的反映出专利之间的联系，也能够分析出核心专利的影响力情况。另外，同族专利的数量也是作为确定核心专利的有效方法。通过 CiteSpace II 的引文分析功能，对 IGZO 领域专利的参考专利进行分析，分析的时间段为 2005—2012 年，"Time Scaling" 值为 2，阈值设置为 TOP 50%，运行得到 IGZO 领域参考专利可视化图谱（图 8.5 - 11）。该图谱中有 314 个节点，1 083 条连线，图中每一个节点代表一项专利，节点颜色节点的大小与该项专利被引次数成比例，节点标签的大小与该项专利的中心度成比例。研究发现共被引网络可视化图谱中的关键节点应当是图谱中中心度较大且被引频次较高的节点。因此，本书将图谱中被引用专利分别按照被引用次数和中心度排序，找出排名前五的专利，如表 8.5 - 16 和表 8.5 - 17 所示。

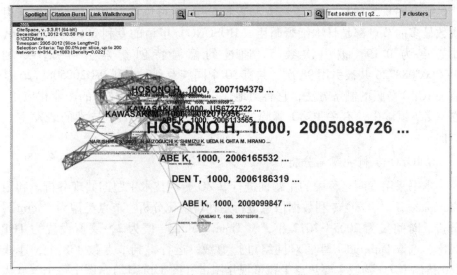

图 8.5 – 11 参考专利共被引可视化图谱

表 8.5 – 16 IGZO 领域主要共被引专利（按频次排序）

序号	频次	中心度	作者	被引用专利
1	5	0.19	HOSONO H	WO2005088726
2	5	0.15	ABE K	US2006113565
3	4	0.12	HOSONO H	US2007194379
4	4	0.02	YABUTA H	US2006110867
5	4	0.02	KUMOMI H	US2006113536

表 8.5 – 17 IGZO 领域主要共被引专利（按中心度排序）

序号	中心度	频次	作者	被引用专利
1	0.19	5	HOSONO H	WO2005088726
2	0.15	5	ABE K	US20060113565
3	0.13	4	KAWASAKI M	JP2002076356
4	0.13	2	KAWASAKI M	US6727522
5	0.13	1	AHN T	JP2009021536

　　结合图 8.5 – 11、表 8.5 – 16 和表 8.5 – 17，可以看出中心度最高和被引次数最多的节点都是日本细野晴臣（HOSONO）申请的专利 WO2005088726，中心度为 0.19，被引次数 5。通过的德温特创新索引可知，专利 WO2005088726 共被引用 98 次，共有 30 个同族专利。专利 WO2005088726 是有关 IGZO 薄膜的制备方法，它有力地促进了氧化物 TFT 技术的产业化应用。在 IGZO 领域中，有关 IGZO 薄膜的形成方法是 IGZO TFT 技术的研发重点方向。

　　6. IGZO 专利主题词分析

　　本书采用发明名称中的主题词进行 IGZO 专利技术主题词共现分析。利用 CiteSpace II 对 IGZO 专利数据信息进行主题可视化分析。节点类型为 "term"，分析的时间段为 2005—2012 年，"Time Scaling" 值为 2，阈值设置为 TOP 40%，选取 Pathfinder 算法对网络进行剪裁，运行得到节点数 438 个，连线 880 条的 IGZO 领域主要热点主题可视化图谱（图 8.5 – 12）。图中每个节点代表一个主题词，节点的大小与主题词的词频成比例，节点之间的连线表示两个主题词之间存在共现现象，连线的颜色表示主题词共现的时间。

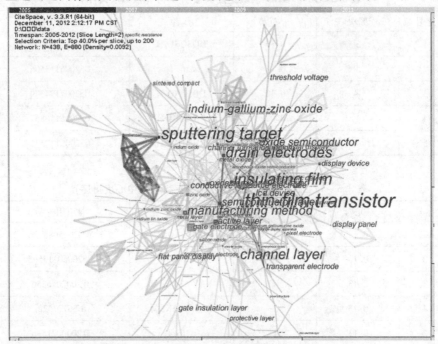

图 8.5 – 12　　IGZO 技术领域热点主题可视化图谱

从图 8.5 - 12 可以看出，在 IGZO 领域中，中心度较高的主题词很丰富，其中中心度大于 0.1 的主题词有 18 个。中心度较高的主题词有薄膜晶体管（Thin Film Transistor）、漏极（drain Electrode）、氧化物半导体层（Oxide Semiconductor Layer）、沟道层（Channel Layer）、制造方法（Manufacturing Method）、溅射靶（Sputtering Target）、有源层（Active Layer）、栅极绝缘层（Gate Insulation Layer）、半导体器件（Semiconductor Device）和液晶显示器件（LCDDevice）等。这些热点主题词展现了 IGZO 技术领域在 2005—2012 年间的前沿热点主题。词频高于 20 的主题词有 13 个，如表 8.5 - 18 所示。

表 8.5 - 18　IGZO 技术领域频词高于 20 的主题词

序号	关键词	词频	序号	关键词	词频
1	Gate Electrode（栅极）	76	8	Active Layer（有源层）	37
2	Drain Electrode Layer（漏极）	75	9	Semiconductor Device（半导体器件）	28
3	Oxide Semiconductor Layer（氧化物半导体层）	69	10	Semiconductor Layer（半导体层）	26
4	Indium Gallium Zinc Oxide（IGZO）	53	11	Insulating Film（绝缘薄膜）	25
5	Source Electrode（源极）	48	12	Zinc Oxide（氧化锌）	25
6	Channel Layer（沟道层）	39	13	Thin Film Transistor（薄膜晶体管）	22
7	Insulating Layer（绝缘层）	39	14	Protective Film/Layer（保护膜/保护层）	12

栅极（Gate Electrode）、绝缘层（Insulating Layer）、绝缘薄膜（Insulating Film）词频高，中心度也高。栅极绝缘层成膜的好坏直接影响着 IGZO TFT 的性能，不同参数的绝缘层材料对载流子迁移率有着很大的影响。通过选取高介电常数材料作为绝缘层、栅极绝缘层的等离子体修饰等方法可以提高 IGZO TFT 的性能。

沟道层（Channel Layer）、沟道区（Channel Region）等高频主题词表明围绕沟道层的研究是 IGZO 领域的研究热点。研究主要包括沟道工艺（包括沟道层厚度、沟道层长度对 TFT 性能的影响）以及沟道保护（在背沟道上增加保护层）。在 IGZO TFT 的背沟道层上加上 SiOx、SiNx、Al2O3 等材料的保护层，可以有效地提高 IGZO TFT 器件的稳定性。

7. IGZO 专利 MC 代码分析

本书采用德温特手工代码对 IGZO 技术热点领域进行可视化分析。德温特手工代码（Derwent Manual Code）由 Derwent 的标引人员分配给专利，用于表示某项发明的技术创新点及其应用的专用代码，可以更好的表明专利的技术创新，揭示专利的外部特征和应用领域。经多次测试，选取 "Time Scaling"值为 2，阈值设置为（1，2，3），（1，2，3），（1，2，3），选取 Pathfinder 算法对网络进行剪裁，以时间线（timeline）的可视化形式展现，最终得到网络节点 524 个，节点之间连线 954 条的 IGZO 德温特手工代码可视化图谱（图8.5-13），每一个水平线上的节点形成一个聚类，每一个水平线的最右段标注了该聚类的聚类标签，节点的大小与该节点的频次成比例，聚类标签的大小与聚类规模成比例。

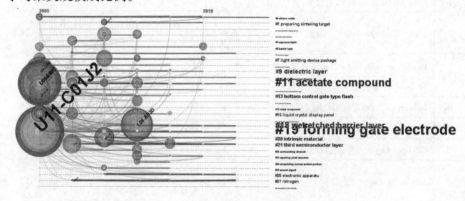

图 8.5-13　IGZO MC 代码可视化图谱

图 8.5-13 显示了 IGZO 技术领域的主要节点和聚类标签，根据德温特创新索引分析结果，选取数量排名前 10 的 MC 代码及其专利数量如表 8.5-19。

表 8.5-19　IGZO 技术领域主要 MC 代码及其专利数量

序号	MC 代码	技术领域	专利数量	百分比
1	U11-C01J2	Semiconductor amorphous/polycrystalline film 半导体非晶/多晶薄膜	114	45.97%
2	L04-E01E	Thin film transistors（TFT）薄膜晶体管（TFT）包括有源矩阵液晶设备的薄膜晶体管的开关元件	109	43.95%

续表

序号	MC 代码	技术领域	专利数量	百分比
3	U12 - B03A	Thin/thick film transistors（inorganic）薄/厚膜晶体管（无机）覆盖材料和结构细节包括共面型，交错结构的薄膜晶体管	102	41.13%
4	L04 - A03D	Zinc oxide（2010 - ）　氧化锌	70	28.23%
5	L04 - C11C	Semiconductor processing - electrodes 半导体加工 - 电极	68	27.42%
6	U11 - C18A1	Thin film transistor manufacture 薄膜晶体管制造	61	24.60%
7	L03 - G05F	Electroluminescent displays（EL）电致发光显示器（EL）	54	21.77%
8	L03 - G05A	Liquid crystal display devices 液晶显示器件	51	20.56%
9	L03 - G05B6	Transistors for LCDs 液晶显示器的晶体管	51	20.56%
10	L04 - C11C1	Gate electrodes 栅极	49	19.76%

通过图 8.5 - 13 和表 8.5 - 19 可以看出，U11 - C01J2（半导体非晶/多晶薄膜）的专利申请数量最多，有 114 件，占据专利总申请量的 45.97%。L04 - E01E（薄膜晶体管（TFT）包括有源矩阵液晶设备的薄膜晶体管的开关元件）的专利申请量为 109 件，占据专利总申请量的 43.95%。此外，U12 - B03A（有关薄膜晶体管的制造）、L04 - C11C（电极）、L04 - C11C1（栅极（包括栅极绝缘层））的研究的数量也较多，所占比例都超过 19%。可以看出，有关 IGZO 薄膜制造工艺以及 IGZO TFT 结构的研究占据 IGZO 领域申请专利的大部分，是 IGZO 领域的主要研发方向。

图 8.5 - 13 右半部分表明了 IGZO 技术领域的 28 个聚类标签。选取聚类规模最大的前四位 MC 代码聚类，如表 8.5 - 20 所示。

表 8.5 - 20　规模最大的 4 个聚类及其高频主题词

聚类	规模	标签（LLR）	主要领域
19	150	Forming Gate Electrode 栅极（38.18, 1.0E - 4） Thin Film Transistor 薄膜晶体管（30.91, 1.0E - 4） Light Absorbing Layer 光吸收层（30.32, 1.0E - 4）	IGZO TFT 结构研究
11	95	Acetate Compound 醋酸复合物（29.11, 1.0E - 4） Purified Water 纯净水（29.11, 1.0E - 4） Etchant Composition 刻蚀液（29.11, 1.0E - 4）	IGZO 薄膜制造工艺（刻蚀）

聚类	规模	标签（LLR）	主要领域
18	49	Wet Etched Barrier Layer 湿蚀刻阻挡层（49.6，1.0E－4） Source Drain Electrode 源漏极（45.48，1.0E－4） Oxide Film Transistor Array 氧化物薄膜晶体管阵列（45.48，1.0E－4）	IGZO TFT 阵列研究
9	25	Dielectric Layer 绝缘层（11.28，0.001） Gate Insulation Film 栅极绝缘膜（11.28，0.001） Trench 沟道（11.28，0.001）	IGZO TFT 栅极绝缘层研究

　　从表 8.5－20 可以看出，最大的聚类是包括 150 个 MC 技术小类的 19 号聚类，主要是 IGZO TFT 整体结构的研究。目前 IGZO TFT 的结构主要有背沟道刻蚀型、刻蚀阻挡型和共面型三种类型，其中较为主流的 IGZO TFT 结构是刻蚀阻挡型。各研究机构围绕 IGZO TFT 结构开展研究，如三星和 LG 分别提出了基于 6 步光掩模工艺的刻蚀阻挡结构 IGZO TFT 的开发和在 IGZO 层上形成 TiOx 膜的新结构 IGZO－TFT 的开发。

　　第二位的是有 95 个 MC 技术小类的 11 号聚类。从刻蚀液（Etchant Composition）、醋酸复合物（Acetate Compound）等主题词可以看出是关于 IGZO 薄膜制作工艺的研究。IGZO 薄膜的成膜方法一直是 IGZO TFT 技术的研究重点。IGZO 薄膜的主要成膜方法有溅射、溶胶凝胶法、脉冲激光沉淀（和分子束外延。通过调节实验参数（功率、氧分压、温度）控制薄膜的厚度和性能，从而提高 IGZO TFT 的性能。

　　第三位的是聚类规模 49 的 18 号聚类，该聚类主题可以概括为 IGZO 薄膜晶体管的阵列研究。第四位的是含有 25 个 MC 技术小类的 9 号聚类，该聚类主题是关于栅极绝缘层（绝缘膜）的研究。

案例 3：基于 PIAS 的 OLED 专利文献分析

一、背景介绍

1. OLED 简介

根据《全国科学技术名词审定委员会公布名词》，OLED（Organic Light-

Emitting Diode）的汉语推荐使用规范名词为"有机发光二极管"，是指用有机材料作为发光层制成的发光二极管。

OLED 的发光属于电激发光（Electro Luminesence，EL）。电激发光也称场致发光、电致发光。因此，OLED 也称为场致发光二极管、电致发光二极管、有机电激发光显示/有机电致发光显示（Organic Electro Luminesence Display，OELD）等。在产业界中，OLED 与有机电致发光显示器，有机发光显示器，有机发光显示屏等词同义。

1973 年，P. M. Kallmann 首次发现有机物的电致发光现象，并制作了简单的电致发光器件。1979 年，美国伊斯曼柯达公司的邓青云博士发现具有突出性能的有机小分子电致发光二极管，能够产生强烈的电光效应。1987 年，柯达发布了以真空蒸镀法制成多层式结构的 OLED 器件，可使空穴与电子局限在电子传输层与空穴层的界面附近再结合，大幅提高了器件的性能，其低工作电压与高亮度的商业应用潜力吸引了全球的目光，从此开启了 OLED 风起云涌的时代。此后，很多研究机构、企业开始开发有机发光显示器件。

据 Display 预测，未来几年 OLED 显示器出货量和产值将大幅增长，OLED 是目前发展潜力最大的新型平板显示技术。目前各国都在加紧 OLED 的研发和生产，积极备战 OLED 即将爆发的市场，占据有利的份额。

OLED 器件制作主要包括如下步骤：基板制作→光刻→基片处理→成膜→封装→老化测试→IC 连接。OLED 工艺和 LCD 工艺有许多相似之处，如基板制作、基板光刻工艺等，但由于 OLED 的有机薄膜层的厚度约为 2 纳米，且所成的膜对其显示效果影响很大，因此成膜工艺以及封装工艺是 OLED 生产过程的关键工艺。

2. 研究项目简介

平板显示产业在我国七大战略性新兴产业之一——新一代信息技术产业中居首要位置。在福建省，平板显示产业是电子信息支柱产业和出口大户，已经形成以厦门火炬、福清融侨、福州马尾为主的平板显示产业集群，年产值超 1 000 亿元以上，并在 TFT - LCD（薄膜晶体管液晶显示器）中下游拥有制造优势。但不容回避地是，福建省平板显示产业仍然处于"两头在外，有产业无技术"的尴尬格局，对外依存度高，产业发展易受国际环境及外部经济体影响。另外，随着 OLED（有机发光显示）等新一代显示技术的成熟，福建省 TFT - LED 中下游制造优势也有归零的危险。因此，有效分析 OLED 等新型显示产业的技术走向与产业链结构，密切监视产业内技术发展动态，成为福建省抓住平板显示产业变革机会，发挥有限资源的杠杆效应，利用科技创新推动产业升级，破解平板显示产业核心技术"空心化"困境的必然选择，也是落实福建省"十二五"信息产业发展专项规划——"着眼布局 OLED 等未来发展趋势良好的相关产业"的现实需求。

国际上对 OLED 的研究始于 1987 年，产业化则从 20 世纪 90 年代后期开始，OLED 的出现给中国显示产业实现"拥有自主知识产权，平等参与国际竞争"的跨越式发展提供了难得的历史机遇。本节以 OLED 产业为研究对象，应用 PIAS 专利信息分析系统，从专利计量角度对主要参与厂商、技术发展趋势、核心技术分布、合作联盟等产业链结构要素进行分析。

二、数据来源与检索策略

1. 数据来源

本案例选择国家知识产权局专利数据库作为 OLED 专利分析研究的数据来源。

2. 检索策略

（1）选择 OLED 同义词，用逻辑或关系构成检索式：

S1：OLED OR OELD OR OEL OR 有机电激光显示 OR 有机电激发光 OR 有机电致发光 OR 有机发光二极管 OR 有机场致发光 OR 有机 EL OR PLED；

S2：（（有机 OR 电致 OR 场致）AND 发光）OR OLED OR OEL OR 有机 EL。

（2）选择与 OLED 相关的 IPC 分类号，用逻辑或关系构成检索式：

S3：H01L21 OR H01L27 OR H01L31 OR H01L33 OR H01L51 OR H05B33 OR G02F1 OR G09F9 OR G09G3 OR C09K11 OR C23C14。

在 PIAS 中，在"数据"模块中选择"国家知识产权局网站"，进入检索页面，按以下方法检索：

检索方法①：在标题中检索 S1，得到中国相关专利 6 950 件。

检索方法②：在摘要中检索 S1，得到中国相关专利 9 655 件。

检索方法③：在摘要中检索 S2 * S3，得到中国相关专利 11 926 件。

合并以上三种方法检索到的专利，得到中国相关专利 12 783 件。

三、分析解读

1. 当前国内 OLED 领域技术发展分析

涉足某种产品、技术的市场竞争前，了解并预测产品及其技术的总体发展趋势状况，是投资决策的重要参考依据。通过统计专利年申请量或公开量可揭示历年专利申请/公开情况，进而掌握技术发展趋势。

（1）总体趋势分析

截止到 2014 年 6 月，在国家知识产权局专利数据库中采集有关 OLED 的专利，共 12 783 件。如图 8.5 - 14，从年份上看，在 OLED 领域，国内外企业在华的研究与布局始于上个世纪 90 年代初，但直到 2002 年，OLED 的技术研究才取得较大进展，并于 2005 年达到高峰，但随后进入 3 年的低速发展期，直至 2009 年才进入新的增长期。

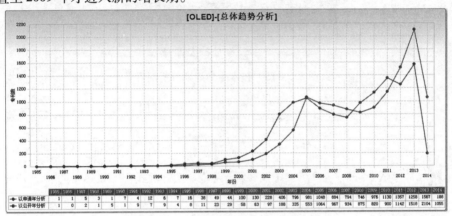

图 8.5 - 14　OLED 的专利申请趋势图

注：因液晶显示器的降价，致使 OLED 的应用陷入困境，2005 年 - 2007 年 OLED 步入低谷，许多从事 OLED 技术研发和应用企业倒闭，各公司纷纷调整战略，或退出 OLED 市场，或停止研发，或固守手机等小尺寸领域。2007 年底，SONY 11 吋 OLED TV 的发售，开启了 OLED 电视的新纪元，成为有机半导体工业发展的强大推动力。自此，OLED 进入快速发展期。受专利申请公开制度限制，2005 - 2007 年的短暂衰退期反映为图 8.5 - 14 中的 2005 - 2008 年间专利申请数量的下降。

（2）技术生命周期分析

判定技术的生命周期状况，可协助预估潜在的市场价值和潜力，指导选择技术开发和技术创新决策。PIAS 支持用指标法和图示法描述专利技术生命周期。

① 指标法。如图 8.5 - 15，选择"以申请年分析"，选择年份为 1995 至

2013，勾选"技术生长率"、"技术衰老系统"、"技术成熟系数"和"新技术特征系统"，分析结果如图 8.5 - 16。

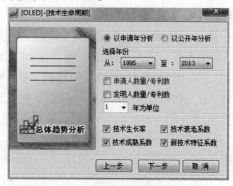

图 8.5 - 15　技术生命周期分析配置

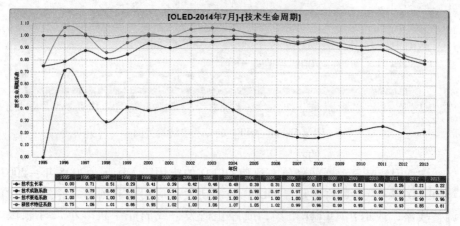

	1995	1996	1997	1998	1999	2000	2001	2002	2003	2004	2005	2006	2007	2008	2009	2010	2011	2012	2013
技术生长率	0.00	0.71	0.51	0.29	0.41	0.39	0.42	0.46	0.49	0.39	0.31	0.22	0.17	0.17	0.21	0.24	0.26	0.21	0.22
技术成熟系数	0.75	0.79	0.88	0.81	0.85	0.94	0.90	0.95	0.95	0.98	0.97	0.97	0.94	0.97	0.92	0.89	0.90	0.83	0.78
技术衰老系数	1.00	1.00	1.00	0.98	1.00	1.00	1.00	1.00	1.00	1.00	1.00	1.00	0.99	0.99	0.99	0.99	0.99	0.98	0.96
新技术特征系数	0.75	1.06	1.01	0.86	0.95	1.02	1.02	1.06	1.07	1.05	1.02	0.99	0.96	0.96	0.95	0.92	0.93	0.85	0.81

图 8.5 - 16　OLED 技术生命周期（指标法）

　　从图中可看出，1998 - 2003 年间，OLED 专利技术生长率、技术成熟系数、技术衰老系数、新技术特征系数均呈增长态势，在生命周期中属于成长期。2004 - 2013 年间，技术生长率、技术成熟系数、新技术特征系数正逐年变小，但技术衰老系数仍呈递减趋势，并保持较高水平。因此，可以认为，目前 OLED 技术刚进入成熟期，技术远未衰老。另外，尽管 OLED 新技术特征系数也逐年变小，但其数值仍然比较大，因此，OLED 技术仍属于是高新技术范畴。

　　② 图示法。在图 8.5 - 15 中，选择 1985 至 2012 年间，以 2 年为单位，

按申请人数量/专利数方法进行分析，得到如图 8.5 – 17 所示的 OLED 技术生命周期曲线。

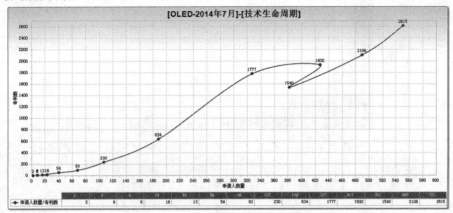

图 8.5 – 17　OLED 技术生命周期（图示法）

从图中可看出，OLED 技术在 2006 – 2008 年间出现一个短暂衰退期后，进入新的技术成长期。2005 – 2007 年的短暂衰退期反映为上图中的 2006 – 2008 年的折线。

2. OLED 技术研究重点与发展趋势分析

企业涉足某种产品、技术的市场竞争，必须了解其技术发展重点、变化趋势以及影响这些变化的技术因素、申请人因素，以帮助企业了解竞争的技术环境，增强技术创新的目的性。

（1）OLED 技术研究重点

为了解目标技术领域的具体构成情况，需针对目前分析的主题，进行 IPC 构成分析，以揭示不同的目标技术领域内的专利申请情况，进而分析技术研究重点。

对 OLED 领域内前 20 名 IPC 小组分类号进行分析（如图 8.5 – 18）可知，关于 OLED 的技术研究主要集中于显示屏与显示器件（H01L27/32、H01L51/50、H01L51/52）、驱动电路（G09G3/32）、有机发光材料（C09K11/06）等领域，如表 8.5 – 21 所示。

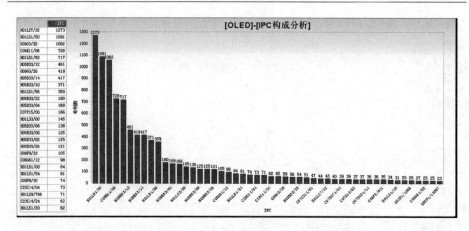

图 8.5 – 18　　OLED 技术构成（IPC 小组）

表 8.5 – 21　OLED 重点技术（IPC 小组）

序号	IPC	含义	专利数量
1	H01L27/32	OLED 平板显示器	1 273
2	H01L51/50	OLED 或 PLED 固态器件	1 091
3	G09G3/32	驱动电路	1 062
4	C09K11/06	含有机材料的电致发光材料	728
5	H01L51/52	器件零部件	717
6	H05B33/12	具有二维辐射表面的电致发光光源	461
7	G09G3/30	面板驱动芯片	419
8	H05B33/14	电致发光光源	417
9	H05B33/10	专门适用于制造电致发光光源的设备或方法	371
10	H01L51/56	制造或处理显示器件或其部件的方法或设备	359

（2）IPC 趋势分析

通过分析不同技术领域历年专利申请情况，可了解目标技术领域的衍变过程和变化周期，并有助于对指定时期该技术领域的技术衍变过程进行描述。

如通过对前 5 名 IPC 大组分类号进行历年专利申请量统计分析，如图 8.5 – 19。从图中可看出，从趋势上看，在前 5 类重点技术中，OLED 光源（H05B33）技术专利申请量于 2004 年达到高峰，2005 年以后则迅速下降，2006 – 2011 年间稳定在年均 100 件左右，2012 年后进一步下降，并趋向个位数，说明场致发光光源技术已经成熟。当前 OLED 领域内热点技术主要是 H01L51（显示器件）、G09G3（控制电路/驱动 IC）、H01L27（显示屏）上。而发光材料（C09K11）作为 OLED 的基础，一直得到持续关注，专利年申请数量稳定在 60 件左右。

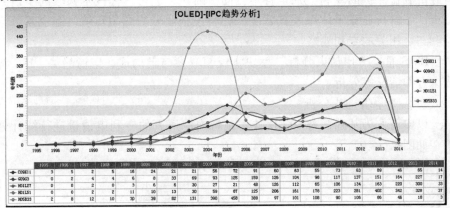

图 8.5－19　IPC 趋势分析（大组）

进一步地，通过对 IPC 小组分类号进行历年专利申请量统计，如图 8.5－20，可知在当前热点技术中，H01L27/32（OLED 显示器）、G09G3/32（驱动电路）、H01L51/52（器件零部件）是当前发展最快的三种子技术，说明 OLED 已进入关键的显示器整机产品研制和完善阶段，离商品化阶段已为期不远。

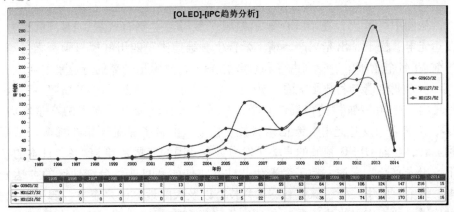

图 8.5－20　IPC 趋势分析（小组）

3. OLED 行业研发生态分析

行业竞争决定于行业的供方、买方、竞争者、新进入者和替代产品，不同的企业提供的产品技术不同，决定了其在行业中扮演的角色也不同，为自身经济利益保护的专利类别也各不相同。因此，进行目标技术领域的申请人分析，了解行业竞争体系及其状况，有利于企业分析竞争环境，制定竞争策略和与之相关的专利战略。

PIAS 通过"申请人分析"模块实现领域参与者构成、申请趋势、IPC 构成、合作情况等分析。

（1）竞争者构成分析

以申请人为基础，对 OLED 技术领域内申请人的专利申请量进行统计分析，如图 8.5 – 21。

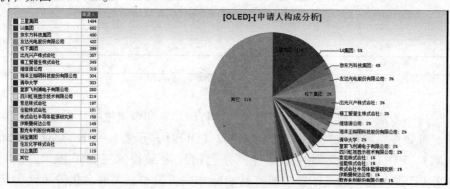

图 8.5 – 21　申请人构成分析

从图中可看出，在 OLED 显示领域，参与者主要有三星、LG、京东方、友达光电、松下、出光兴产、精工爱普生、维信诺、四川虹视显示、索尼等，这前 20 名企业所申请专利占专利总数的 49%，显示出较高的行业集中度。

从企业申请专利数量上看，如表 8.5 – 22 所示，当前国内 OLED 显示领域呈现出"一超多强"的格局。其中，三星在该领域拥有最强大的竞争实力，LG、京东方、友达光电、维信诺科技、松下、虹视等则处于第二梯队。从国别上看，当前 OLED 领域的主要研发力量有韩国的三星系和 LG 系，日本的松下、出光兴产、索尼、精工爱普生、住友、佳能和夏普，台湾地区的友达光电、统宝、中华映管、铼宝和悠景科技，以及大陆地区的京东方、四川虹视、维信诺科技、华星光电、彩虹集团、天马微和东莞宏威等，已基本形成中日韩三国四地鼎足而立的格局。

　　此外，OLED 技术的创始企业，也是小分子 OLED 阵营的领导厂商，掌握了大部分 OLED 材料和器件设计核心技术的美国伊斯曼柯达因经营不善，已于 2009 年后退出该领域的竞争，其 OLED 核心专利被三星收购。同时，LGD、铼宝、东元激光、光磊及联宗光电等企业也获得了柯达的部分专利授权。而 LG 系中，LG. 菲利浦 LCD 株式会社因菲利浦撤资而于 2008 年改名为 LG Display，即乐金显示，并继续深耕 OLED。

　　另一个值得注意的是，以照明领域，海洋王照明、飞利浦电子、第壹有机光电为代表的企业在专利申请数量上同样表现不俗，说明 OLED 照明将成为显示之后的另一大应用。

表 8.5－22　　OLED 专利申请人构成

序号	申请人	专利数量	序号	申请人	专利数量
1	三星集团	1512	26	通用显示公司	72
2	LG 集团	744	27	昆山工研院新型显示公司	70
3	京东方科技集团	490	28	信利半导体有限公司	68
4	友达光电股份有限公司	422	29	三菱集团	66
5	松下集团	399	30	中华映管集团	65
6	出光兴产株式会社	357	31	株式会社丰田自动织机	62
7	精工爱普生株式会社	351	32	东莞宏威数码机械有限公司	62
8	维信诺公司	319	33	全球 OLED 科技有限责任公司	61
9	海洋王照明科技股份有限公司	304	34	巴斯夫股份公司	60
10	皇家飞利浦电子股份有限公司	232	35	上海天马微电子有限公司	55
11	四川虹视显示技术有限公司	219	36	3M 创新有限公司	52
12	住友集团	207	37	新日铁化学株式会社	52
13	索尼株式会社	197	38	彩虹集团	49
14	佳能株式会社	181	39	吉林奥来德光电材料股份有限公司	48
15	伊斯曼柯达公司	149	40	胜华集团	47
16	默克专利股份有限公司	149	41	上海广电子股份有限公司	46
17	统宝集团	142	42	悠景科技股份有限公司	45
18	日立集团	119	43	东芝株式会社	42
19	TCL 集团	96	44	保土谷化学工业株式会社	40
20	罗门哈斯集团	90	45	通用电气公司	38
21	日本东北先锋株式会社	90	46	罗姆股份有限公司	36
22	铼宝科技股份有限公司	89	47	昆山允升吉光电科技有限公司	35
23	富士集团	83	48	东莞彩显有机发光科技有限公司	32
24	南京第壹有机光电有限公司	76	49	绍和电工株式会社	32
25	夏普株式会社	76	50	大日本印刷株式会社	30

注：为专利信息分析更加准确，在做申请人分析前一般要对申请（专利权）人名称的进行统一修正，以避免原始专利数据加工过程中的错误。同时，申请（专利权）人名称的改变、从属公司、关系企业等应视为同一申请（专利权）人来分析，如，三星集团包括三星移动显示器株式会社、三星 SDI 株式会社、三星电子株式会社和三星日本电气移动显示株式会社。其它经过修正、合并的竞争者包括三星、LG、京东方、友达光电、松下、维信诺、海洋王、住友、索尼、统宝、日立、先锋、富士、TCL、夏普、三菱、中华映管、彩虹、天马微、胜华等。

（2）竞争者趋势分析

通过分析各个申请人在该技术领域内历年专利申请情况，了解目标申请人的发展历史，进而预测其发展战略。

如图 8.5 - 22，通过查看主要申请人的申请趋势可发现，在 OLED 领域，存在四种类型企业：

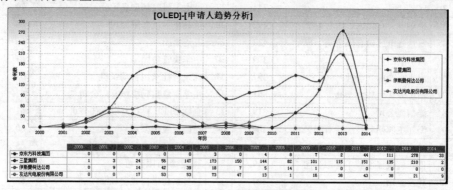

图 8.5 - 22　申请人趋势分析

① 持续研发型，这类企业包括：三星、LG、出光兴产、维信诺等。如，领头羊三星集团自 2000 年进入该领域以来，持续研发，即使在 2005 - 2007 的低谷期中仍保持较高投入，专利申请数量基本保持行业最高水平。

② 战略摇摆型：这类企业包括：松下、索尼、夏普、友达光电、中华映管、奇美电子、胜华科技等。如，友达光电在 2005 - 2007 年的产业低谷期大幅减少，甚至暂停了研发投入，反映在专利申请数量上的急剧下降。

③ 新进入型：这类企业主要是中国大陆企业，包括京东方、四川虹视、TCL（华星光电）、东莞宏威等。如，京东方于 2011 年大举进入该领域，专利申请数量迅速增长，成为该领域的重要竞争者。

④ 中途退出型：这类企业包括：伊斯曼柯达、铼宝、丰田织机等。如 OLED 技术开创者——伊斯曼柯达则因经营不善，于 2009 年宣告破产，停止技术研发，原有专利被打包出售。

（3）竞争者技术构成分析

通过分析申请人专利 IPC 分布情况，可发现申请人之间的技术差异。如，在"申请人"栏选择三星、LG、京东方、维信诺、虹视、华星光电、昆山工研院新型显示、宏威、信利、天马微，在"项目"中选择 IPC"小组"、"前 10"，对中国大陆主要 OLED 企业与韩国主要 OLED 企业的技术差异进行分析，如图 8.5 - 23。

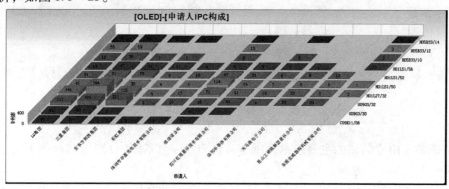

图 8.5 - 23　申请人 IPC 构成分析

从图中可看出，与中国大陆企业相比，韩国三星和 LG 专利覆盖范围广阔，在 OLED 材料、器件、驱动电路、光源、显示模组、设备等方面均有建树，尤其在显示器件（H01L27/32）、驱动电路（G09G3/32）领域技术积累相当深厚。大陆企业中，维信诺和京东方的技术覆盖面较为完整，但总体而言，与处于第一梯队位置的韩国企业仍有较大差距，在发光材料（C09K11/06）、面板驱动芯片（G09G3/30）、电致发光光源（H05B33）领域尤为明显。

（4）合作申请人分析

通过分析申请人相互之间的合作专利申请情况，可了解申请人的技术合作者，以及他们的合作关系、合作领域。

如图 8.5 - 24，OLED 领域中存在大量合作申请情况，根据合作方情况，可分为三类：

① 产学研合作申请，该合作模式的典型代表是清华大学、维信诺（北京公司、昆山公司）和昆山工研院新型平板显示技术中心，清华大学是北京维

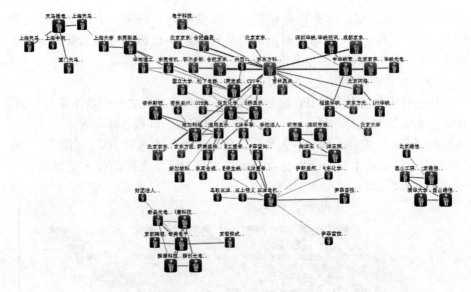

图 8.5 − 24　合作申请人分析

信诺和昆山维信诺的主要技术提供方，自 2003 年以来，分别与其合作申请了 246 件和 206 件专利。

　　② 集团公司内母公司与子公司/关联公司间的合作申请，这是专利合作申请的主要形式，如京东方、友达光电、奇美、中华映管、天马微不仅通过集团研发部门申请了大量专利，还与子公司、关联公司合作申请了许多专利，在合作申请人分析图中形成了以母公司为中心的辐射图。此外，企业并购或合并后也常常存在合作申请，如住友化学并购剑桥显示后，在华合作申请了 16 项专利，群康与奇美合并后共同申请了 22 项专利。

　　③ 企业间的合作申请，该类申请一般是企业间为实现优势互补或引进先进技术、完善专利布局达成的，如，2004 − 2005 年间，奇美与京瓷共同申请了 10 件有关图像显示装置及驱动方法的专利。

　　（5）申请人综合比较

　　对主要专利申请人的专利件数、活动年期、发明人数、评价专利年龄进行统计可知，OLED 领域主要参与企业（专利申请量排名前 30）的活动年期为 10.77 年，平均专利年龄为 5.47 年，如表 8.5 − 23。

表 8.5 - 23　主要专利申请人综合比较

序号	申请人	专利件数	活动年期	发明人数	平均专利年龄	人均专利申请量
1	三星集团	1512	15	1230	5	1.23
2	LG 集团	744	17	654	6	1.14
3	京东方科技集团	490	9	298	1	1.64
4	友达光电股份有限公司	422	13	275	6	1.53
5	松下集团	399	17	351	7	1.14
6	出光兴产株式会社	357	16	106	8	3.37
7	精工爱普生株式会社	351	17	202	9	1.74
8	维信诺公司	319	12	124	4	2.57
9	四川虹视显示技术有限公司	219	7	85	2	2.58
10	住友集团	207	17	232	6	0.89
11	索尼株式会社	197	15	160	6	1.23
12	佳能株式会社	181	13	153	5	1.18
13	伊斯曼柯达公司	149	9	191	9	0.78
14	默克专利股份有限公司	149	11	170	6	0.88
15	统宝集团	142	11	131	7	1.08
16	日立集团	119	13	139	6	0.86
17	日本东北先锋株式会社	90	9	122	9	0.74
18	罗门哈斯集团	90	7	61	5	1.48
19	铼宝科技股份有限公司	89	7	90	10	0.99
20	富士集团	83	12	141	5	0.59
21	深圳市华星光电技术有限公司	78	4	42	1	1.86
22	南京第壹有机光电有限公司	76	4	46	1	1.65
23	夏普株式会社	76	10	66	5	1.15
24	通用显示公司	72	13	114	5	0.63
25	昆山工研院新型显示公司	70	4	35	2	2.00
26	信利半导体有限公司	68	10	40	4	1.70
27	三菱集团	66	11	126	6	0.52
28	中华映管股份有限公司	65	9	97	5	0.67
29	东莞宏威数码机械有限公司	62	6	44	4	1.41
30	株式会社丰田自动织机	62	5	57	9	1.09
	平均值	233.47	10.77	186.07	5.47	1.34

　　表8.5-23中企业按地区进行分类统计（表8.5-24）可知，中（大陆、台湾）日韩三国四地主要OLED企业中，韩国、日本企业具有平均活动年期长，平均专利年龄长的特点，显示出其在该领域不仅研究持续时间长、专利质量高，专利布局时间也较持久。中国大陆企业的专利活动年期和平均专利年龄则均处于最低位置，同时，平均专利年龄远远小于专利活动年期，说明在该领域，中国大陆企业属于产业新兴力量，技术创新年龄较短，技术积累远未达到日、韩、台企业水平。

表8.5-24　国家/地区综合比较

国家/地区	平均活动年期	平均专利年龄
日本	12	6.38
韩国	16	5.50
中国台湾	9	7.17
中国大陆	7	2.91

　　与企业相比，大陆高校在OLED领域的研究积累则较为深厚，平均活动年期为11.10年，平均专利年龄为5.40年，如表8.5-25。其中，清华大学，其活动年期达16年，平均专利年龄为5年，与三星、LG基本处于同一水平，显示出较强的竞争力。

表8.5-25　国内科研院所综合比较

申请人	专利件数	活动年期	发明人数	平均专利年龄
清华大学	303	16	162	5
电子科技大学	81	12	95	5
中科院长春应用化学研究所	79	13	110	6
上海大学	76	10	148	3
复旦大学	73	10	112	8
陕西科技大学	67	10	71	3
南京邮电大学	65	8	123	3
北京大学	41	12	98	6
北京交通大学	35	9	63	7
中科院长春光学精密机械与物理研究所	34	11	68	8
平均值		11.10		5.40

（6）产业联盟分析

中国 OLED 产业联盟是由彩虹、长虹、京东方、南京第壹有机光电等国内 19 家从事 OLED 产品及应用研究、开发、制造、服务的企、事业单位及有关机构自愿组成的全国性社会组织，2011 年 6 月 2 日，在广东惠州正式宣布成立。

中国 OLED 产业联盟发起单位包括彩虹集团，维信诺，京东方，虹视，天马，南京第壹有机光电，上海微电子（SMI），北方奥雷德（OLIGHTEK），中显（SDT），宏威（Anwell），西安瑞联，TCL，UPERMASK，允升吉电子，阿格蕾雅，奥莱德，东旭，New Way。

对联盟内主要企业的专利申请趋势（图 8.5 – 25）进行分析可发现，联盟企业中维信诺最早进入 OLED 领域，从 2003 年开始持续研发至今；其它企业大都 2006 年以后进入，部分企业甚至在 2010 年才开始有专利申请活动，如中显、奥雷德、允升吉。联盟企业中，京东方表现最为引人瞩目，自 2011 年以来，其年专利申请量迅速增长，2013 年达到 278 件，反映出其在该领域的巨大投资和进取心。

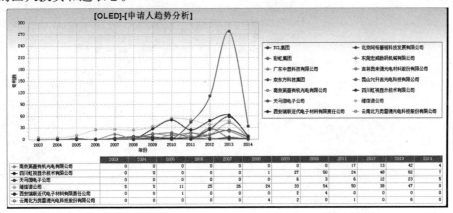

图 8.5 – 25　中国 OLED 产业联盟企业专利申请趋势

通过对中国 OLED 产业联盟企业 IPC 分析（图 8.5 – 26）可知，联盟企业涵括了产业链上下游企业，较好地实现了优势互补。如，京东方科技在驱动电路（G09G3/32）、维信诺在器件及其制造方法、设备（H01L51/50）上拥有较强实力，具有明显互补性；吉林奥莱德、昆山允升吉、东莞宏威则分别在有机发光材料（CO9K11/06）、关键制造工艺——蒸镀掩模板（C23C14/

04）和制造设备、工艺（H01L51/56）领域为联盟提供支撑。

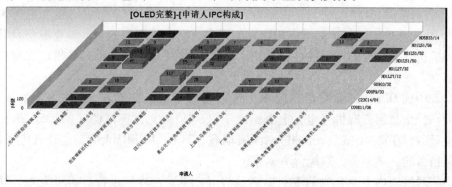

图 8.5 − 26　中国 OLED 产业联盟企业 IPC 分析

参考文献

[1] 陈蔚杰，徐晓琳，谢德体．信息检索与分析利用（第 3 版）［M］．北京：清华大学出版社，2007.

[2] 《中国图书馆分类法》编辑委员会［EB/OL］．http：//clc. nlc. gov. cn/，2014 - 06 - 08.

[3] ISSN 中国国家中心简介［EB/OL］．http：//www. nlc. gov. cn/newissn/，2015 - 06 - 06.

[4] 李澄君，罗学妹．社科信息检索与利用．北京：人民出版社，2011.

[5] 陈岚，王凤翠等．数字信息资源检索方法与实践（社科版）［M］．武汉：华中科技大学出版社，2011.

[6] 孟俊娥主编．专利检索策略及应用［M］．北京：知识产权出版社，2010.

[7] 谢新洲，滕跃．科技查新手册［M］．北京：科学技术文献出版社，2004.

[8] Google 学术搜索帮助［EB/OL］．http：//scholar. google. com. hkintlzh - CN/scholar/about. html，2014 - 02 - 06.

[9] Google 图书搜索帮助［EB/OL］．http：//books. google. com. hkintlzh - CN/google-books/about. html，2014 - 03 - 03.

[10] 百度指数帮助［EB/OL］．http：//index. baidu. com/Helper/？tpl = help&word = ，2014 - 03 - 09.

[11] KDN 手册［EB/OL］．http：//acad3. cnki. net/help/AssistDocument/KDN/html/main. htm，2014 - 03 - 15.

[12] 朱红，朱敬，李淑青．网络信息检索与利用［M］．北京：人民邮电出版社，2010.

[13] CNKI 专业表达式语法［EB/OL］．http：//epub. cnki. net/kns/help/help. aspx? helpType = zhuanye&url = help_ yufa. htm，2014 - 03 - 25.

[14] PairQuery 查询语法［EB/OL］．http：//wanfang. lib. bnu. edu. cn：8088/Help/cqlpq. html#PairQuery，2014 - 04 - 07.

[15] 维普资讯在线帮助［EB/OL］．http：//vip. calis. edu. cn/help_ js. htm，2014 - 05 - 12.

[16] 读秀文献搜索［EB/OL］．http：//www. duxiu. com/bottom/help _ search _ skills. html，2014 - 05 - 20.

[17] CNKI 中国引文数据库使用指南［EB/OL］．http：//ref. cnki. net/ref，2015 - 03 - 20.

[18] Web of Science 数据库帮助［EB/OL］．http：//images. webofknowledge. com/WOKRS519B3/help/zh_ CN/WOK/hp_ search. html，2014 - 12 - 20.

[19] scopus 数据库帮助 ［EB/OL］. http：//www. scopus. com/, 2015 – 03 – 26.

[20] 陈燕，黄迎燕，方建国等. 专利信息采集与分析 ［M］. 北京：清华大学出版社，2006.

[21] 方曙，张娴，胡正银编著. 知识产权信息资源使用指南 ［M］. 北京：科学出版社，2012.

[22] WIPO 参考资料 ［EB/OL］. http：//www. wipo. int/reference/zh/, 2014 – 06 – 10.

[23] 专利之星帮助文档 ［EB/OL］. http：//211. 160. 117. 107/, 2014 – 06 – 20.

[24] 广东省家具行业外观设计专利图像检索服务平台在线帮助 ［EB/OL］. http：//183. 62. 9. 134：8081/onlinehelp. aspx, 2014 – 08 – 10.

[25] 尚唯产品样本数据库 ［EB/OL］. http：//gpd. sunwayinfo. com. cn, 2015 – 02 – 18.

[26] 国家标准文献共享服务平台 ［EB/OL］. http：//www. cssn. net. cn, 2014 – 11 – 23.

[27] 商标网上查询系统 ［EB/OL］. http：//sbcx. saic. gov. cn：9080/tmois/wscxsy_ get-Index. xhtml, 2014 – 11 – 18.

[29] 集成电路布图设计保护条例 ［EB/OL］. http：//www. sipo. gov. cn/zcfg/flfg/qt/xzfg/201310/t20131025_ 863219. html , 2014 – 03 – 10.

[30] 集成电路申请常见问题解答 ［EB/OL］. http：//vlsi. sipo. gov. cn/jichengdianlu/standard/1601. jsp . 2014 – 03 – 10.

[31] 中国集成电路产业知识产权年度报告（2013 版） ［EB/OL］. http：//www. pcbchinanet. com/newsview. asp? NewsID = 14340. 2014 – 03 – 08.

[32] 李璐，江葆红，孙红红. 科研工作者如何掌握文献信息检索技术 ［J］. 科技文献信息管理. 2009, V23 (4)：40 – 42.

[33] 曹利亚，陈月影，张永梅. 科研项目立项前的文献检索利用 ［J］. 长安大学学报：自然科学版. 2 0 0 5, 25 (6)：40 – 42.

[34] 甘绍宁，曾志华. 专利信息利用实践 ［M］. 北京：知识产权出版社，2013.

[28] 毛金生，冯小兵，陈燕. 专利分析和预警操作实务 ［M］. 北京：清华大学出版社，2009.

[35] 李春燕. 基于专利信息分析的技术生命周期判断方法 ［J］. 现代情报. 2012, 32 (2)，98 – 101.

[36] 肖沪卫. 专利地图方法与应用 ［M］. 上海：上海交通大学出版社，2011.

[37] 王敏，李海存，许培扬. 国外专利文本挖掘可视化工具研究 ［J］. 图书情报工作，2009, 24：86 – 90.

[38] 田宏桥，吴斌. 基于 Web 的科技文献分析工具综述 ［J］. 数字图书馆论坛，2010, (8)：9 – 19.

[39] 汉之光华 ［EB/OL］. http：//www. iprtop. com/pages/view/fn/hg_ fxxt/? tp = hg, 2014 – 12 – 20.

[40] 邱均平，文庭孝．评价学：理论．方法．实践［M］．北京：科学出版社，2010．

[41] 邱均平．信息计量学［M］．武汉：武汉大学出版社，2007．

[42] 邓珞华．词频分析［J］．武汉大学学报（哲学社会科学版），1987．

[43] 陈超美．转折点：创造性的本质［M］．北京：科学出版社，2015．

[44] 张红春，卓越．国内社会保障研究的知识图谱与热点主题——基于文献计量学共词分析的视角［J］．公共管理学报，2011，8（4）．

[45] 张秀梅，吴巍．科研合作网络的可视化及其在文献检索服务中的应用［J］．情报学报，2006，25（1）．

[46] 方曙，张娴，肖国华．专利情报分析方法及应用研究［J］．图书情报知识，2007（4）：64-69．

[47] 郭婕婷，肖国华．专利分析方法研究［J］．情报杂志，2008，1：6．

[48] 陈颖，张晓林．基于特征度和词汇模型的专利技术功效矩阵结构生成研究［J］．现代图书情报技术，2012，2：13．

[49] 鲍志彦，张红芹．基于专利地图的竞争情报挖掘及实证研究［J］．情报杂志，2011，30（9）：20-23．

[50] 刘则渊，陈悦，侯海燕．科学知识图谱：方法与应用［M］．北京：人民出版社，2008．

[52] 周宁，程红莉，吴佳鑫．信息可视化的发展趋势研究［J］．图书情报工作，2008，08：35-38．

[53] 杨峰．从科学计算可视化到信息可视化［J］．情报杂志，2007，01：18-20+24．

[54] 郭颖，朱东华，汪雪峰，张巍，陈建领．科学技术可视化［J］．科学学与科学技术管理，2011，12：36-44．

[55] 唐伏良，张向明，茅及愚，刘令勋．科学计算可视化的研究现状和发展趋势［J］．计算机应用，1997，03：10-12．

[56] 杨峰．从科学计算可视化到信息可视化［J］．情报杂志，2007，01：18-20+24．

[57] 靖培栋．信息可视化—情报学研究的新领域［J］．情报科学，2003，（07）：685-687．

[58] 杨彦波，刘滨，祁明月．信息可视化研究综述［J］．河北科技大学学报，2014，01：91-102．

[59] 栾春娟．基于专利计量与可视化手段的技术前沿探测——以波音公司为例［J］．情报理论与实践，2009，08：68-71．

[60] 冯永琴，张米尔．基于专利地图的技术标准与技术专利关系研究［J］．科学学研究，2011，08：1170-1175+1215．